내가 주식을 사는 이유

자본주의 생존 공략집

오정훈(오박사) 지음

데이원

사랑하는 아내 현주와 아들에게 이 책을 바친다.

내 의식이 생기기 시작한 때부터 나를 돌봐 주었던

외할아버지, 외할머니, 그리고 부모님…

마지막으로 하늘나라에서 이 책을 보게 될,

나에게 큰사람이 되라고 말했던 외삼촌 여성관 챔프와

간절한 DNA를 남기고 가신 친할아버지에게도

이 책을 바친다.

내 주변, 훌륭한 철학과 목적의식을 갖고 투자하는 모든 친구에게도.

자본주의 생존 공략집

1. 자본주의 1교시 207

생존 더하기

+ 생존 더하기 323

프롤로그

한 다큐멘터리에서 재미있는 질문이 나왔습니다. "고대 이집트인들은 어떻게 거대한 피라미드를 세울 수 있었던 걸까요?" 학자들이 여러 의견을 내놓았지만, 답은 간단했습니다. 저는 피라미드를 세운 일등 공신이 '체계적이고 꾸준한 기록'이라는 그 다큐멘터리의 결론에 무척 감동했습니다.

이집트인들은 하루 동안 자재가 얼마나 투입되었고 몇 명의 인부가 일했고 날씨는 어떤지 매일 꼼꼼히 기록했다고 합니다. '기록 인류'가 많아지면서 수학과 건축학이 발달하고, 불가사의할 정도의 엄청난 건축물을 세울 수 있었던 것이죠.

이러한 기록 정신을 계승하고자 2011년부터 저의 시도와 실패를 블로그에 기록했습니다. 특히 주식 투자에 관해 많은 시간 몸으로 부딪쳐 얻은 것들을 많이 남겼습니다.

저는 이 책을 통해 한 번 더 제 경험을 정리하고 진정성 있는 투자 이야기를 나누고자 합니다. 대학에서 '경제 금융학'을 전공했지만, 저 역시 투자 초기에는 이런 생각을 하고 있었습니다.

'주식 투자는 고급 정보가 따로 있다.', '성공적인 투자는 일정 수준 종잣돈이 있는 사람들의 이야기일 뿐 나하고는 상관없다.' 그러나 실상은 그렇지 않았습니다. 주식 투자에는 고급 정보가 아니라 상식과 논리, 가격에 흔들리지 않는 가치에 대한 믿음이 필요했습니다.

1억 원, 2억 원의 종잣돈이 없어도 매달 꾸준히 1주, 2주씩 사 모을 수 있는 저축 개념으로도 접근할 수 있었습니다. 투자할 기업을 찾는 것은 생각보다 어렵거나 위험한 일이 아니었습니다. 여러분의 이해를 돕기 위해 전설적 투자자 필립 피셔의 『위대한 기업에 투자하라』에 나온 졸업식 제안을 소개하겠습니다.

졸업하는 날, 함께 졸업하는 여러분의 친구들 중 열 명이 각자 재미있는 제안을 합니다.

"취업한 첫해에 받을 연봉의 열 배를 지금 빌려준다면, 죽을 때까지 매해 연봉의 25%를 줄게."

예를 들어 초봉 3천만 원을 받게 되는 친구에게 당장 3억 원을 빌려주면, 매해 25%씩 그 친구의 연봉을 갖게 되는 것이죠. 나중에 그 친구가 연봉이 1억 원이 되는 해에 당신은 2,500만 원을 얻게 됩니다. 다만 친구의 경제활동이 중단된다면 배가 고파져서 손가락을 빨게 됩니다.

단 한 명의 친구에게만 돈을 빌려줄 수 있다면 여러분은 어떤 친구에게 투자하시겠습니까? 유머 감각이 있는 친구, 말을 잘하는 친구, 인기가 많은 친구보다는 앞으로 많은 돈을 벌 능력이 있는지를 중점적으로 분석할 것입니다.

또한, 갑자기 범죄를 저질러서 감옥에 가 버리면 경제활동이 끊기니 되도록 착하고 정직한 친구를 선택할 것입니다. 한때 반짝 열심히 하는 친구보다는 한결같고 꾸준해 보이는 친구를 선택할 것입니다.

여러분이 투자할 친구를 고르는 이 사고 흐름은 현명한 주식 매수 방식과 매우 흡사합니다. 주식 투자는 어려운 것이 아니라 매우 상식적인 것입니다.

이 글은 '주식' 관련 이야기지만 독자 여러분 마음속에서는 '기업과 투자' 이야기로 분류되었으면 좋겠습니다. 유동적인 기업 환경의 특성상 일부 기업의 상황이 집필 시점(2017~2018)과 다를 수 있습니다. 이 점을 고려하시고 여기서 제가 전하는 것 이상을 소화 흡수하셔서 여러분의 머릿속 지도를 구축하는 데 도움을 얻기를 바랍니다.

2018년 8월

오정훈(오박사)

자본주의와 주식 투자

내가 주식을 사는 이유

오박사의 이야기를 시작하며

우리가 저녁 식사를 기대할 수 있는 건 푸줏간 주인, 양조장 주인, 빵집 주인의 자비심 덕분이 아니라, 그들이 자기 이익을 챙기려는 생각 덕분이다. 우리는 그들의 박애심이 아니라 자기애에 호소하며, 우리의 필요가 아니라 그들의 이익만을 이야기할 뿐이다.

-애덤 스미스

대학 시절, 잘 아는 사이는 아니었으나 주변 친구들과 워낙 친했기에 얼굴만 아는 선배가 있었습니다. 그 선배는 증권사에 취업하였는데 졸업 후에 더 유명해졌습니다. 투자 실력이 좋아 금방 4억 원짜리 집을 샀다고 했고 그 집에 놀러 갔다 온 친구들도 많았습니다.

역시 세상은 넓고 뛰어난 사람(천재형)은 많구나, 나는 나(범재형)의 길을 걷자고 다짐했었죠.

친구들 대부분은 졸업 후 은행, 증권사 등 금융권에 취업했지만, 그때의 저는 왜인지 금융권에는 가지 않으리라 마음먹었습니다.

식품회사의 재무팀 인턴을 마치고 보다 중후 장대한 산업군-철강, 조선, 건설 등-에서 일하고 싶어 건설사에서 본격적인 일을 시작했습니다.

정신없이 일하며 한 해를 넘길 때쯤 증권사에서 투자 솜씨를 뽐냈던 그 형이 지인들의 돈을 투자받은 후 잠적해 버렸다는 소식을 전해 들었습니다. 저는 사람들의 피해 금액을 알았기에 아직 젊은 그가, 이제는 절대 일반적인 삶을 살지 못하겠다는 생각이 들었습니다.

경찰이 수사를 시작해 전국을 뒤지고 있다거나, 더 큰 지하경제의 돈을 썼기 때문에 무서운 사람들이 그를 찾고 있다는 소문이 돌았습니다. 차라리 경찰한테 잡히는 게 낫다는 말도 있었습니다. 그리고 몇 달 뒤, 친구 한 명이 신문 기사 하나를 메신저로 보내 주었습니다. 한강에서 달리기 중이던 시민에 의해 한겨울 마포대교 인근에서 그 선배는 정장을 입은 채 발견되었습니다.

그는 주식 워런트 증권(ELW) 투자자금을 모아 투자를 하였는데 처음에는 수익이 높아 여러 사람의 투자금을 끌어모을 수 있었습니다. 초기에는 약속한 수익을 나누어 줄 수도 있었죠. 그렇게 사람들은 큰 의심 없이 그에게 돈을 맡겼고, 집중적으로 몇 개의 종목만을 거래하였다고 나중에 알려졌습니다. 그리고 약 15~20억 원의 손실을 낸 채, 비극적인 일이 일어나고야 말았습니다. 그의 친구들은 친구도 잃고 돈도 잃었습니다. 당시 스물일곱 살이던 저는 돈에 대해 다시 많은 생각을 하게 되었습니다.

'돈은 대체 무엇인가? 대다수의 사람이 돈이 인생의 전부는 아니라고들 말하지만, 어떤 이는 돈 때문에 최고 전성기를 구가하더니 어느 날 한강에서 시체로 발견된다. 돈은 무엇인가? 욕망은 무엇인가?'

저는 답을 얻지 못하자 어찌 보면 살짝 이상한 행동을 했습니다. 사전에서 '자본주의'를 검색한 것입니다.

자본주의(資本主義): 명사. 〈경제〉 생산 수단을 자본으로서 소유한 자본가가 이윤 획득을 위하여 생산 활동을 하도록 보장하는 사회 경제 체제.

-국립국어원 표준국어대사전

저는 '생산 수단'이라는 용어에 집중하게 되었습니다. 자본주의에서는 생산 수단을 소유한 자를 자본가라 말하고 그렇지 않으면 자본가가 아니라 하죠.

'한강에서 발견된 그는 생산 수단을 과연 보유했던 것일까? 그가 갖고 있었던 것은 남의 생산 수단이 아닐까? 생산 수단을 소유하면 죽지 않을 수 있을까? 이름부터가 '자본주의' 사회인데 어찌 보면 답을 미리 이 단어 자체에서 준 것이 아닌가?'

경제학의 기본 가정이 생각났습니다. 옆집 빵집 아저씨의 이타심 때문이 아니라 돈을 벌겠다는 인간의 이기심들이 모였기 때문에 당신이 빵을 사 먹을 수 있는 것이라는 애덤 스미스의 말이 다시 한번 무섭게 느껴졌습니다. 그때 저는 진정한 생산 수단을 소유하자고, 손에 잡히지 않는 허상을 좇지 말자고 다짐했습니다. 그리고 항상 느껴 왔던 것이지만 돈은 조심해서 다루어야 하고, 투자는 아름답게 빛나는 예리한 칼과도 같다고 믿게 되었습니다.

칼은 잘 쓰면 요리도 잘할 수 있고, 생활이 편하고 윤택해집니다. 그러나 잘못 쓴다면 그 칼에 찔릴 수도 있습니다. 사실 이 말은 2006년 영화 〈타짜〉에서도 나오죠(저는 이 영화를 50번 넘게 보았습니다).

"정 마담, 그 여자 예쁜 칼이야. 조심해서 만지라."

자본주의는 '화폐를 모아 가는 게임'과 유사합니다. 대신 이 게임은 중간에 함정이 많고 플레이어가 어떤 가치를 중시하느냐에 따라 매우 다른 레벨업 속도로 펼쳐지게 됩니다.

교환 가치와 축적 가치

화폐에는 교환 가치와 축적 가치가 있습니다. 음료수 하나를 고른 뒤 천 원을 점원에게 내면 그 음료수는 내 것이 되는데 이것이 화폐의 교환 가치입니다. 반면에 축적 가치는 화폐의 신기한 속성 중 하나로 많이 축적되면 축적될수록 다른 화폐들을 끌어당기는 힘이 강해진다는 것입니다. 즉, 자본금이 많으면 많을수록 자본주의에서는 유리한데, 이것은 화폐가 축적 가치를 발휘하기에 가능한 일입니다.

담보 대출을 생각하시면 편하실 겁니다. 더 많은 돈을 가진 사람은 더 많은 돈을 빌릴 수가 있습니다. 은행은 우량한 고객에게는 앞다투어 돈을 빌려주려고 난리입니다. 역설적으로 돈이 필요하고 돈이 급한 사람들은 대개 돈이 많지 않은 사람들입니다. 이들은 돈을 빌리기가 힘듭니다. 화폐를 축적해 놓지 않았기 때문에 다른 화폐를 끌어당기는 힘이 약한 것입니다. 그렇다면, 일정 수준의 자본금을 모으기 위해서는 화폐의 어느 가치에 집중해야 유리할까요? 당연히 '축적 가치'에 집중해야 합니다. '되면 되고 아니면 말고'와 같은 주먹구구식이 아닌 '반드시 모은다'는 다짐으로 종잣돈을 만들어야 합니다. 그러기 위해서는 우리의 작은 태도부터 달라져야 합니다.

월 소득의 많고 적음에 우쭐거리거나 실망해서는 안 됩니다. 한 달, 두 달이 지나면서 적은 자본이더라도 축적했다는 사실에 집중해야 합니다. 축적했다는 사실은 자연스레 자신감으로 이어집니다.

돈을 써 본 사람은 과거 회상을 많이 하고, 돈을 한번 제대로 모아 본 사람은 자신감이 생깁니다. 과거 회상을 하고 싶은가요, 아니면 자신감을 가지고 싶은가요? 답은 정해져 있습니다.

사람들은 투자를 위해서는 우선 종잣돈이 있어야 한다고 이야기하니다. 그것도 아주 많아요. 분명 틀린 말은 아니긴 하지만, 그러면서 동시에 '돈이 있어야 투자하지, 투자할 돈이 어디 있나?'라는 생각과 함께 투자를 애초에 마음에서 제외하는 것이 문제라고 봅니다. 정확히 말하면 투자 시점을 미래의 어느 시점으로 멀리 미뤄 버리는 것입니다.

제 경험상, 제로 상태에서 종잣돈 1억 원, 2억 원이라는 큰 숫자는 힘만 빠지게 할 뿐입니다. 초등학교 수학을 마치기 전에 고등학교 수학 문제에 도전하는 것과 같죠. 저는 오히려 우선 '천만 원'을 모으는 것에만 집중했습니다. 그다음은 3천만 원, 5천만 원, 이렇게 의식적으로 구간별로 끊어 생각했습니다. 이 생각이 종잣돈을 모으는 데 많은 도움이 되었습니다.

마라톤을 해 본 분들은 알겠지만 10km 코스 완주도 쉽지 않습니다. 그럴 때는 '우선 3km만 뛰어 보자.', '조금만 더 가서 5km까지 해 보자.', '뛴 만큼만 더 가면 10km다.' 이렇게 구간을 의식적으로 분리해서 생각하는 것도 도움이 됩니다.

구간별로 끊어 생각하는 것과 동시에 중요한 점이 한 가지 더 있습니다. 단순히 예금과 적금만으로 돈을 모으는 것이 아니라 주식으로도 종잣돈을 모아 갈 수 있다는 점입니다. 영업이익도 꾸준하고 매년 주주들에게 배당금도 많이 주는 배당주를 한 달에 1, 2주씩 사 모으는 것입니다.

예를 들어 KT&G 1주(2018년 1분기 말 기준 주가 100,000원), 삼성화재 우선주 1주(2018년 1분기 말 기준 주가 184,500원), 이렇게 한 달에 1주씩 산다고 가정하면 30만 원이 채 되지 않습니다. 또한, 이 두 주식은 시가배당률이 3~4% 수준입니다.

그렇다면 연말까지 보유하면 다음 해에 주당 4,000원(KT&G, 2017년 배당금), 10,005원(삼성화재 우선주, 2017년 배당금)씩 배당금을 받을 수 있습니다. 열두 달 내내 모았다고 하면 결코 무시할 수 없는 금액입니다. 이때 주의할 점은 지금의 수익을 좇지 말고 매일 변동하는 주가를 보면서 우울해하지 않는 것입니다. 아예 관심을 끊으면 위험하고, 일주일에 한 번 정도 뉴스 기사 등을 검색해 가며 이익이 꾸준한지 회사가 영업은 잘하고 있는지 확인합니다. 참으로 마음 편한 투자입니다.

옷을 사거나 피부 관리를 받았던 돈, 술자리 한 번 가지 않고 아껴서 모은 돈으로 주식을 1주, 2주씩 모아 가는 행위에 집중하다 보면 시각이 많이 달라집니다. 그러나 이렇게 자본금을 모아 가며 우량주를 1주씩 모아 가는 일에 가장 방해가 되는 것은 무엇일까요? 우리 마음속에 자리한 '자기 합리화'입니다.

"내가 이렇게 고생했으니 이 정도쯤은 살 수 있잖아?", "이 정도쯤은 나를 위해 쓸 수 있지, 안 그래?" 같은 생각을 매번 쉽게 가지는 것입니다. 누가 시키지도 않았는데, 자기 마음속에서 스스로 명쾌하게 결론 내 버리는 합리화야말로 자본금을 모으는 데 치명적인 걸림돌이 됩니다.

삼성전자의 성과급 지급 시기에는 회사 앞에 외제 차 딜러들이 많다고 합니다.

"1년 동안 고생하셨으니 이제 이 차 타고 집에 가시는 겁니다!"

여러분이 종잣돈을 모아 가는 데 방해가 되는 유혹은 BMW일 수도, 명품가방일 수도, '택시 한 번 타 볼까?'라는 생각일 수도 있습니다. 유혹은 우리 주변에 너무나 많죠. 그 순간을 참고 견딘 후 복리로 자산을 증식시켜 가다 보면 재밌는 일이 벌어집니다. 어느 순간에 다다르면, 원금은 건들지 않고 그 자산에서 나오는 수익금만으로 본인이 원했던 일을 할 수 있다는 점입니다. 투자의 신기한 속성입니다.

예를 들어 봅시다. 해외여행을 참고 매해 200만 원을 5년간 모아 가며 주식 투자로 13%(자본수익 10%+배당 수익 3%=13% 가정) 수익률을 복리로 얻는다면 어떻게 될까요? 5년 뒤 최종원금과 수익금의 합은 12,960,541원. 5년 뒤에 수익금 296만 원으로 해외여행을 갈 수 있게 됩니다. 원금은 전혀 건드리지 않고 말이죠.

그러나 1년 차에 투자의 시작점이 될 수도 있었던 200만 원을 갖고 바로 인천공항으로 떠나 버리면 동시에 투자 시작의 기회조차 떠나게 됩니다. 즐거운 추억과 사진 몇 장은 남겠지만 종잣돈과는 멀어질 수밖에 없습니다.

자산 가치의 상승

1977년, 압구정 현대아파트는 당시 평당 30만 원에 분양되었습니다. 1층과 5층이 1,260만 원, 2층과 4층이 1,300만 원이었습니다(3층은 1,340만 원). 2017년 매매가는 29억 원(평당 6,800만 원)에 육박합니다. 지난 40년간 227배가 상승했습니다.

저는 친한 친구들에게 가끔 말합니다.

"종잣돈을 모아서 어서 좋은 자산을 사야 한다. 노동력을 투입해서 얻는 노동 소득보다 자산 가치의 상승이 훨씬 빠르니까 말이다. 한쪽 눈으로는 본업에 집중하는 한편, 절약하면서 좋은 자산을 볼 줄 아는 눈을 길러야 한다. 두 개의 눈!"

노동의 가치를 깎아내리는 것이 아니라, 이미 자본주의의 현실이 이렇다는 것입니다.

조금씩 모으다

첫 월급으로 주식을 사다

막 스물여섯 살이 되던 해의 추웠던 겨울이 생각납니다. 오른쪽 어깨에는 유치원생처럼 노트북 가방을 메고, 엄청난 일을 할 것이라는 부푼 기대감에 국내에서 제법 크다는 식품회사에서 첫 인턴 생활을 시작했습니다. 첫 달 월급으로 받은 돈이 당시 인턴으로는 꽤 컸던 120만 원가량이었습니다. 삼성전자 1주를 사고 좋아했던 기억이 있습니다. 이후 건설회사 입사 초기부터 첫 월급 대부분을 적금으로 돌렸습니다.

아직도 많은 사람이 블로그나 이메일을 통하여 제게 가끔 물어 옵니다. 대표적인 질문이 바로 '이자도 적은데 적금은 언제까지 해야 할까요?'입니다. 저의 대답은 매우 간단합니다. '최대한 쓰지 말고 1억 원까지 일단 모으세요.'

제 주변에는 저보다 배울 점이 많은 사람이 다수 있습니다. 그중 저보다 먼저 1억 원의 고지에 도달했던 대학 동기 형이 어느 날 제게 했던 말이 있습니다.

'원래 200백만 원을 벌면 150만 원, 250만 원을 벌면 200만 원, 300만 원을 벌어도 250만 원이 적금이다.'

당시도 그랬고 지금도 깊게 공감하는 것이 있습니다. 무언가 나보다 먼저 이룬 사람이 툭 던진 말에 새겨진 깊은 뜻을 알아야 한다는 것이죠. 가장 중요한 점은 소비를 최소한으로, 마치 가두리양식처럼 가둔다는 점입니다. 그래서 저는 일정 수준까지는 수비(절약)가 공격(투자)보다 최우선이라고 믿고 있습니다.

수비는 산수로 치면 기본적인 '더하기 빼기' 연산입니다. 덧셈, 뺄셈(절약)이 잘 안 되는데 곱하기(투자)를 섣불리 공격적으로 시도하면 안 됩니다. 그런데 대부분의 사람이 '더하기 빼기 단계'에서 실패하게 됩니다. 제 경험으로는 이 단계에서 대다수 게임의 승패가 갈리는 것 같습니다.

본인이 생각하기에 정말 소비 절제가 힘들다면 아주 좋은 방법이 한 가지 남아 있긴 합니다. 그것은 바로 많이 버는 것인데요, 많이 버는 게 쉬운지, 절약하는 게 쉬운지는 아마 여러분이 잘 아실 겁니다.

축구의 호날두나 복싱의 메이웨더처럼 한 분야에서 특출한 재능을 가진 사람이 아닌 이상 소득을 단기간에 올리는 데는 한계가 있습니다. 갑작스럽게 본인의 노동 가치를 증가시켜 많은 돈을 버는 것보다는 소비를 절제하는 게 훨씬 쉽습니다.

1억 원 모으기

자본주의는 화폐 모으기 게임에 가깝다고 말씀드렸습니다. 보유 화폐가 많을수록 더 많은 화폐를 가져올 확률이 높은 게임이죠. 그렇다면 얼마나 모아야 할까요? 저보다 자산을 상당히 모은 분들은 우선 1억 원부터 모아야 길이 보인다고 입을 모았습니다.

제가 가 보지 않은 길을 먼저 경험한 사람들이 모두 비슷한 기조로 이야기하면 분명히 무슨 이유가 있기 때문이겠죠. '1억 원 모으기'는 많은 사람이 세우는 재정 목표이기도 합니다. 하지만 정작 왜 모아야 하는지 가슴으로 받아들이지 못하면 구체적인 실천이 따라 주지 않아 목표를 이루기 어렵습니다.

제가 운영 중인 카페에도 1억 원 모으기 관련 글이 올라왔습니다. 회식 자리에서 접한 조언을 정리한 내용으로, 요약하면 다음과 같습니다.

'친구랑 생각 없이 놀지 말고, 가끔 만나라. 술 먹지 말고 야쿠르트에 에이스 몇 조각 먹고 헤어져라. 영화도 보지 말고, 몸값을 올려서 취직하고 미친 듯이 일해서 1억 원을 만들어라, 그다음부터는 길이 보인다.'

저는 이러한 조언들을 상당히 좋아합니다. 명확한 목표와 실제로 포기해야 하는 것들이 담겨 있죠. 막상 모으고 싶다는 생각을 하면 '대체 1억 원을 언제 모으나?'하는 생각도 따라옵니다. 그럴 때는 간단하게 앞서 말한 것처럼 우선 1천만 원 모으기로 목표치를 낮게 잡습니다. 빗장 수비로 1천만 원을 달성하면, 그다음 목표는 3천만 원, 그 이후에는 5천만 원을 목표로 잡으세요.

오늘 하루 아낀 돈이 위대한 투자의 출발점입니다. 중요한 점은 속도에 크게 개의치 않고 꾸준히 모아 가는 것이죠. 진도가 느리더라도 꾸준히 보면 수학의 정석을 1회독 할 수 있는데 매일 제자리걸음만 하면 1단원인 집합에서 벗어나지 못한다는 것을 우리는 너무나 잘 알고 있습니다.

사실 일정 수준의 종잣돈이 형성되기 전까지는 참고 인내하는 것이 진리입니다. 너무 당연한 말을 해서 실망하신 분에게는 죄송합니다. 그러나 저는 부모님의 지원이나 유산을 제외하고는 꾸준한 노동을 통한 소득 및 절약 외에 다른 방법으로 종잣돈을 모은 사람을 보지 못했습니다.

2016년 실시된 마스터카드 보고서에 의하면 한국인의 금융지식이 스리

랑카나 인도네시아보다 낮은 것으로 나타납니다(조사 대상국: 아시아 및 태평양 17개국). 싱가포르가 1위를 차지한 것에는 수긍할 수도 있겠지만, 중국(8위)과 인도네시아(10위)보다 우리나라 국민의 금융지식이 낮은 것에는 놀라는 사람이 많을 듯합니다.

구체적으로 한국인들이 약점을 보인 항목은 '매일의 소비 규모를 잘 관리할 수 있다.'는 예산 관리 항목과 '예비용 목돈을 유지하는 게 쉽지 않다.'는 자산 관리 항목이었습니다. 한국인들이 이 항목들에 하위권을 기록했다는 사실만 보더라도 모두가 소비 및 지출 관리에서 어려움을 겪고 있음은 자명합니다.

사실 소비와 지출 관리는 자본주의에서 가장 중요한 삶의 전략 중 하나인데, 학창 시절에는 배우지 못하였죠. 저 역시 경제학을 전공했지만, 대학에서 그 누구도 절약해서 종잣돈을 모아야 한다고 말하지 않았습니다. 이는 금융 교육에 관심이 없던 교육 시스템의 문제도 있었겠지만, 무분별하게 남들이 하는 대로 하는 우리 세대들의 심리도 한몫했다고 봅니다.

스무 살 때 복싱 프로 테스트 경기에 출전한 날, 관장님이 가드와 방어가 좋으면 적어도 KO패를 당하지는 않으니 정신 바짝 차리라고 당부하셨습니다. 경기에서 상대를 이기는 것도 중요하지만, 최우선은 상대에게 맞는 복싱을 하면 안 된다는 점이었습니다.

유도에도 비슷한 명언이 있습니다.

"낙법만으로는 우승할 수 없지만, 낙법을 잘하지 못하면 죽는다."

이는 자본주의에서도 통용됩니다. 아무리 투자를 잘하고 사업적 능력이 좋아 월 수익이 많더라도, 절약과 같은 방어 기술이 선행되지 않는다면 모두 무용지물입니다.

지킬 때는 확실히 본인의 자산을 지켜 낼 수 있는 용기와 자세가 필요합니다. 강력한 수비(소비 절제)를 통하여 일정 금액까지 모으게 되면 자신감이 생기기 시작합니다.

소비를 하면 내가 이 물건을 소유했다는 데서 생기는 쾌감이 한동안 자신을 감쌉니다. 그러나 이내 쾌감은 사그라지죠. 하지만 돈을 모았다는 '축적에서 오는 자신감'은 쉽게 사라지지 않습니다. 자신감을 가지시기 바랍니다. 사실 말은 쉽지만, 인내의 순간순간에서 오는 고통은 매우 강합니다.

저는 1억 원을 모으기 이전까지는 생수도 사 먹기 아까워서 가끔 근처 기숙사에서 떠다 먹고, 머리도 직접 자른 적이 있음을 고백합니다. 무모했지만, 택시비가 아까워서 강남역에서 왕십리까지 걸어온 적도 있습니다. 다시는 하지 않겠다고 다짐했지만요.

모두가 이렇게까지 할 필요는 없지만 아마 저보다 더 처절하게 모은 사람들이 많으면 많았지, 적지는 않을 것입니다. 세상에 간절한 사람들이 항상 내 예상보다 많다는 것을 기억해야 합니다.

사실 1억 원까지는 현란한 투자 기술과 투자 철학보다는 본인의 일(본업)을 잘해서 사회로부터 얻는 대가를 꾸준히 가져가야 합니다. 더불어 허튼 곳에 돈을 쓰지 않는 강력한 수비를 통하여 흘러 나가는 돈을 막아야 합니다.

같은 말을 반복해서 죄송하지만, 매우 중요한 부분이고 쉬워 보이나 실천이 매우 어렵습니다. 본업이란 절도나 사기, 지하경제 활동 등과 같은 불법을 제외한 모든 일을 의미합니다. 불법이 아니라면 일의 종류는 크게 문제 되지 않는다는 말입니다.

제 블로그를 통해 많은 상담 메일을 받는데, 읽어 보면 대부분 고민이 비슷합니다.

"현재 내가 하는 공부(전공)나 일이 너무 적성에 맞지 않는다(혹은 너무 단순하다), 미래가 없다, 사양 산업이다, 그래서 떠나고 싶다."

그러나 제가 아는 한 진정한 사양 산업은 그리 많지 않습니다. 지극히 단순한 일이나, 지금 당장에는 큰 소득이 되지 않는 하찮아 보이는 기술이라도 괜찮습니다. 중요한 것은 현금 흐름을 빨리, 그리고 꾸준하게 발생시키는 것입니다. 동시에 월급의 일정 비율을 따로 빼내어 조금씩 주식을 사 모으는 것입니다. 하지만 이 비율은 유동적으로 변하기 쉽습니다. 그래서 강제 주식 저축이 가장 좋은 방법인데, 예를 들어 '나는 올 한 해 매달 급여일 다음 날 우량주 A를 1주씩 산다' 같은 자기만의 시스템을 설정하는 것입니다.

그렇다면 어떤 주식을 골라 투자해야 할까요? 질문을 바꿔, 어떤 주식을 피해야 할까요? 다음에는 우리가 투자에 임할 때 착각하기 쉬운 것들에 관해 이야기해 보겠습니다.

투자에 대한 착각 세 가지

모든 산업, 모든 지역에서 위대한 성장기업을 먼저 찾아낸 이들은 전문가 집단이 아닌 주의 깊은 개인 투자자였다.

-피터 린치

주식 투자를 한다고 하면 아직 많은 이들이 도박하는 것 아니냐는 잘못된 선입견을 품습니다. 그리고 실제로 주식을 사는 사람들 역시 착각에 휩싸이고는 합니다.

첫 번째, 투자만 잘해서 부자가 될 수 있다는 착각

2014년부터 방영한 채널A의 다큐멘터리 프로그램 〈서민 갑부〉를 즐겨 보는 편입니다.

'저 사람은 저렇게도 돈을 버는구나!' 다양한 삶의 방식을 보는 재미도 있지만 동시에 어떻게 하면 자본가가 될 수 있는지에 대한 생각거리가 상당히 숨겨져 있는 프로그램입니다.

자본주의 사회에서 업종을 불문하고 자본가(부자)가 되어 본인의 환경을 한 단계 업그레이드시키는 전형적인 방법들을 보여 줍니다. 사실 '서민 갑부'라는 말 자체가 모순이긴 합니다. 서민은 갑부가 아니며 갑부는 서민이 아니기 때문입니다.

보통 순자산 10억 원 근방, 많게는 그 이상을 이룬 사람들이 나오는데, 유산을 물려받지 않고 자신의 힘으로 본업에 승부를 걸어 미래를 개척해 온 사람들의 이야기입니다. 삶을 대하는 자세, 말하는 것, 그리고 일을 하며 만나는 사람과 작업물을 대하는 자세를 보면 역시 이 사람은 갑부가 될 수밖에 없음을 알 수 있습니다.

투자 이야기를 하다가 갑자기 왜 서민 갑부 이야기를 할까요?

현재 저는 투자와 관련된 글을 쓰고 있지만, 성실한 직장인이기도 합니다. 절대 주식 투자 혹은 부동산 투자만으로 부자가 될 수 있다고 생각하지 않습니다. 오로지 투자만 잘해서 평범한 사람이 부자가 되었다는 말을 하거나, 혹은 그렇게 만들어 주겠다고 홍보하는 사람이 있으면 의심을 해 보십시오.

투자로 부를 이룬 대부분의 사람들은 그 이전에 본인의 본업을 열심히 해낸 사람들입니다. 고정적인 소득 흐름이 전혀 없이 바로 투자로만 뚝딱 부를 이루는 것은 불가능합니다. 성공한 개인 투자자 중 대부분은 최소 수년 이상의 근로소득이 뒤를 받쳐 주고 있었음을 알아야 합니다.

만약 당신의 자본금이 부족하거나 아예 없다면, 본업이 우선입니다. 엄밀히 말해 1억 원 이전까지는 절약과 예·적금의 조합이 답입니다. 물론 그 이후에는 투자 능력이 점점 더 중요해집니다. 투자란 본업에서 쌓은 부를 공고히 하고 더 증가시키는 도구니까요.

근로소득 단계를 건너뛰고 바로 자본 소득으로 넘어가는 건 불가능이자 욕심에 가깝다고 봅니다.

똑똑한 이십 대 대학생들이 자본금 몇천만 원을 갖고 오피스텔에 들어가 전업 투자를 하는 것을 저는 좋게 생각하지 않습니다. 아무리 못해도 서른 살 이전에는 직장 생활을 경험해 보는 것이 낫다는 생각을 하고 있습니다. 하지만 놓쳐서는 안 될 중요한 부분이 또 있습니다. 근로소득에만 안주하면 안 된다는 것입니다.

조선 시대로 보면 죽었다 깨어나도 대대손손 노비 신세를 면치 못하는 굴레를 지게 됩니다. 대부분 급여 생활자들의 정해진 루트라고 보면 되겠지요.

바보가 아닌 이상 연습장을 펴고 옆에 계산기를 놓고 찬찬히 계산해 보면 평생 벌어들일 소득을 계산할 수 있습니다. 그러나 이마저도 잦은 야근, 비전 없는 회사 문화 등으로 인해 근로소득의 영속성마저 보장받기 쉽지 않은 것이 요즘 현실입니다. 그래서 노동력에만 의지하는 단순한 더하기, 빼기의 삶은 답이 뻔히 정해져 있는 것입니다.

당신은 어떠신가요? 그런 삶을 살고 싶은가요? 그렇지 않고 본인과 본인 가족의 삶에 긍정적 변화를 주고 싶은 사람이라면, 본업에 집중하면서 투자 공부를 꾸준히 해야 합니다. 당신의 생산 함수 F(L, K)가 있다면 L(노동력)과 K(자본) 모두 가동하는 것이 한 가지를 돌리는 사람보다 구조적으로 유리합니다. 우리가 투자와 금융 공부를 소홀히 할 수 없는 중요한 이유입니다.

두 번째, 전문가는 잘 해낼 것이라는 착각

자신이 직접 투자를 결정하고, 집행하고 그 투자 결과가 온전히 본인의 것으로 귀속되는 것이 직접 투자입니다. 간접 투자는 타인에게 투자 결정 및 집행을 위임하고, 필연적으로 그에 상응하는 수수료를 주는 것이지요.

2009년도, 복학 후 대학 2학년 때였습니다. 당시 나름의 공부를 통해 일본 주식형 펀드를 사야겠다고 마음먹었습니다. 그달 받은 과외비 40만 원을 소비하지 않고 온전히 들고 학교에서 버스를 탔습니다. 압구정에 있는 한국투자증권 지점으로 가기 위해서였습니다. 결과론적이지만 2009년이라면 한국이나 일본, 미국 모두 주식 시장에 투자하기 매우 좋은 시점이었습니다.

그러나 문제는 얼마 지나지 않아서 발생했습니다. 몇 개월 지나지 않아 해당 펀드가 소멸하였다는 소식을 들었습니다. 이후 35만 원과 한 장의 A4 편지로 첫 해외 주식 투자는 종결되고 말았죠.

나중에 안 것이지만 설정액이 너무 적은 것을 무시한 것이 화근이었습니다. 당시 지점에 계시던 분이 설명을 해 주었는데, 저는 큰 문제가 되지 않으리라 생각하고 넘어갔습니다. 그 일 이후부터 다른 생각이 샘솟았습니다. '나의 운명을 내가 통제하고 싶다. 적어도 나의 소중한 돈만큼은 100% 컨트롤하고 싶다.'라는 다소 거창한 생각이었습니다.

내 돈만큼은 남에게 맡기지 않고, 수수료도 주지 않고 나 스스로 관리하자는 결심이 섰습니다. 아직도 판매 보수, 운용 보수 등을 합쳐 총 보수가 연 2% 혹은 그 이상에 달하는 펀드들이 많습니다.

아무리 펀드의 운용 성과가 좋더라도 매년 2%씩 배당금을 받지는 못할망정, 2%씩을 수수료로 내야 하는 펀드라면 속이 쓰릴 것 같았습니다. 올바른 투자 판단과 결정이라면 당연히 간접 투자보다는 직접 투자가 당신 손에 더 많은 돈을 쥐어 줍니다. 운명을 스스로 결정짓고 싶지 않은가요?

몇몇 분들은 제 블로그를 보고 위험한 메일이나 쪽지를 보내시기도 합니다. 무작정 종목 추천을 부탁한다거나 제 블로그에 올라 있는 포트폴리오나 기업 분석만 대강 보고 저를 따라서 주식을 매수하겠다는 것이죠. 특히 기업 분석이 전혀 없는 상태에서 단순한 주가와 기업명만 이야기하실 때, 저는 두려움과 위험을 느낍니다.

스스로 조사하고 공부하는 습관을 길러야 합니다. 물론 심정적으로 이해는 갑니다. 사람들은 대부분 누가 자기에게 꿀단지를 안겨 주는 것을 원하기 때문입니다. 꿀을 준다는데 마다할 사람은 없습니다. 게다가 기왕이면 알짜를 안겨 줬으면 하는 마음조차 가지고 있습니다. 그러나 중요한 점은 타인에게 의지하지 않고 스스로 공부해서 철학과 경험치를 쌓아 가야 한다는 것입니다.

본인의 선택과 논리, 그리고 기업의 여러 숫자-매출, 영업이익, 부채비율 등-가 여러분의 기대와 예상에 맞으면 되는 것입니다.

세 번째, 주식 시장 상황이 매우 중요하다는 착각

일명 '시황중독'입니다. 종종 제 주변 사람들이 '지금 주식에 투자하기에 괜찮아? 시장은 좀 어때?'라고 묻곤 합니다. 제 대답은 항상 같습니다. '시장이 어떤지는 잘 모르겠어.'

시장은 별로 중요하지 않습니다. 저 역시 대학생 때 처음 주식 계좌를 열고 투자를 시작했을 무렵, 바로 이 시장 상황에 많이 집착했습니다. 특히 거시경제지표나 그날의 코스피지수에 집착했습니다. 그 시간에 책을 읽고 더 공부하거나 기업 분석을 해야 했는데 지금 생각하면 참 아쉬운 시간입니다.

영화 〈타짜〉에서 평 경장은 제자인 고니에게 마지막으로 이런 조언을 합니다.

"이 바닥에는 영원한 친구도 영원한 적도 없다."

이것을 타짜의 세계가 아닌 주식 시장으로 가져오면 어떤 메시지가 될까요? 바로 "주식 시장엔 영원한 약세장도 없고 영원한 강세장도 없다."
가 되겠습니다.

얼마 전 전설적 투자자 피터 린치의 2003년 1월 CNN 머니 인터뷰를
보았습니다. 2003년 초는 극심한 약세장의 한복판이었습니다.

미국 S&P 500 지수는 2000년 −10.1%, 2001년 −13.0%, 2002년
−23.4%를 기록하고 2003년 1월을 맞이하게 된 것입니다. 피터 린치는
그때 어떤 인터뷰를 하였을까요? 그리고 이 인터뷰 후 미국 주식 시장은
어떻게 되었을까요?

린치는 2003년 초 당시 인터뷰에서 이렇게 답했습니다.

"역사를 보세요. 예전에도 우린 이런 일을 겪어 왔습니다. 저는 1990
년 여름에 주식을 샀습니다. 아마 폭락보다 3~4개월 일찍 샀을 겁니
다. 하지만 우린 1991년에 엄청난 랠리를 맞았죠. 몇몇 사람들은 얘기
해요. '팔아 버리고 떠나고 싶다.' 그리고 그들은 틀리죠. 그렇죠? 하지
만 시장에 계속 머무른 이들은 오늘까지도 자축하고 있습니다. 이렇게
말하면서요. '그 당시 팔지 않고 있는 건 매우 힘들었지. 하지만 그 대
가를 받았어.' 그래서 전 최근의 조정을 돈을 벌 기회로 봅니다."

피터 린치의 이 인터뷰 후 미국 S&P 500 지수는 2003년 +26.4%, 2004
년 +9.0%로 상승 마감하게 됩니다.

영원한 약세장도 없고 영원한 강세장도 없습니다. 현재 시장 상황이
영원할 것이라는 보장은 없습니다. 시장 자체를 예측하려고 노력하기보
다는 기업이 사업을 잘하고 있는지, 실적과 스토리에 집중해야 합니다.

투자할 기업 찾기

매한사모 운동(매달 한 주씩 사 모으기 운동)

사회 초년생들은 돈을 벌기 시작하면서 '나도 차를 한번 사 볼까?'하는 생각을 합니다.

차를 살 때는 이것저것 굉장히 많이 따집니다. 브랜드, 가격은 당연하고, 연비 역시 꽤 중요한 고려 대상입니다. 옵션도 따져 보고, 색상도 쉽게 결정하는 법이 없습니다. 정말 엄청난 고민을 하며 갖가지 정보를 취합하고 여러 사람에게 의견을 구하기도 합니다. 화장품 하나를 사도 쉽게 사는 법이 없습니다. 가격, 유해 성분, 발림성, 미세한 색상 차이를 놓고 고민하며 어떤 때에는 두세 가지 파운데이션을 혼합해서 쓰기도 합니다. 이러한 노력을 배분해서 주식 투자에 조금이라도 관심을 쏟으면 새로운 열매를 얻을 수 있습니다. 아껴서 당장 집 한 채를 살 수는 없어도 주식은 한 주씩 살 수 있습니다.

주위에서 "이제는 투자를 좀 해 보고 싶다, 주식 투자를 시작하고 싶다."라며 조언을 구하는 사람들에게 제가 늘 하는 말입니다. "큰 욕심 버리시고 한 주씩 모아 간다는 마음으로 접근하고, 괜찮은 기업은 주변의 말이 아닌 스스로 찾아가야 합니다."

이 말과 항상 같이 떠올리셔야 할 피터 린치의 명언이 있습니다.

"사람들은 집을 선택하는 데는 몇 달을 투자하지만, 주식을 고르는 일에는 단 몇 분밖에 들이지 않는다."

주식 선택에 시간을 투자하지 않는 습성은 미국인들이나 한국인들이나 큰 차이가 나지 않나 봅니다.

휴가철이 다가오면 직장인들은 최저가 여행 상품을 찾는 일에 전력투구합니다. 최저가 항공, 최저가 숙소를 찾기도 하고, 스스로 짠 여행 계획을 보며 자부심을 느낍니다.

휴가철마다 최적의 여행을 기획하는 열정으로, 평생 보유해도 후회 없을 주식을 찾는 데 시간을 써 보면 어떨까요? 주식을 매수하는 데 있어 엄청나게 많은 기업을 반드시 알아야 하고 고급 정보가 필요한 것은 아닙니다. 지금은 잘 몰라서, 나중에 돈이 모이면 해 보자 등 당장은 무리라는 생각이 제일 아쉽습니다.

경제나 경영을 전공하지 않아도 철저히 상식적으로 접근하면 더 유리할 수도 있습니다. 주식 투자는 어렵지도 거창하지도 않습니다. 학생들은 용돈을, 직장인들은 월급을 조금 모아서 한 주씩이라도 살 수 있습니다. 부동산과 달리 큰 종잣돈이 필요하지 않습니다.

증권 계좌를 여는 것은 은행에서 일반 계좌를 여는 것과 비슷하고, 요즘은 모바일 계좌 개설 등으로 더 쉬워졌습니다.

주식 투자를 하면 어떤 점이 좋을까요? 질문을 바꿔서, 투자를 전혀 하지 않았을 때 우리가 잃을 것은 무엇일까요? 우리의 노동력은 한계가 분명히 있습니다. 시간이 흐를수록 우리들의 몸과 감각은 조금씩 우리가 눈치채지 못할 정도로 둔해지고 있습니다. 물론 운동 등을 통해서 더욱 완만한 기울기로 하강이 가능하겠지만, 이것이 자연의 섭리입니다. 즉,

이 자본주의 사회에서 소득의 근원을 전부 본인의 노동력에만 의지하는 일은 엄청난 리스크를 내포하고 있는 투자방법입니다. 바로 이 정확한 표본이 '직장인'입니다.

직장인들은 더 노력해야 하지만 주변에서 쉽게 볼 수 있는 모습은 다음과 같습니다. 늘 걱정을 많이 합니다. 결혼은? 아이는? 집은? 그러나 현실은 대부분 주말에는 쉬거나 놀러 가고, 겨우 저축하며, 그마저도 액수가 불규칙하기 일쑤입니다.

일 년에 천만 원 정도만 모아도 훌륭합니다. 그러나 삶에 대한 열정이 남아 있으신 분들은 다르게 접근하셔야 합니다. 노동력에는 한계가 있기에 우리의 자본이 우리가 자는 사이에도 일하게끔 만들어 놓아야 합니다. 우리는 자는 동안 일할 수 없지만, 기업에 투자된 우리의 자본은 계속 일을 하고 있습니다. 무엇인가 해야 할 것 같다는 것을 머리로는 알지만, 가슴과 손과 발이 움직이지 않는 사람들이 대부분입니다. 물론 본인의 시간을 쪼개서 투자 공부를 한다는 것이 쉽지 않습니다. 하지만 이 말을 저는 굳게 믿습니다.

"지금 투자하지 않으면 나중에 하기 싫은 일을 해야 한다."

주식 투자는 세상을 보는 눈을 달라지게 만들어 줍니다. 우선 현실적으로 그럴 수밖에 없는 이유는 피 같은 자기 돈이 투자되었기 때문입니다. 관심을 가지고 기업을 바라볼 수밖에 없습니다.

예를 들어 KT&G에 투자했다면 사람들이 명절 선물로 정관장을 주는지, 한삼인을 주는지 유심히 바라볼 것입니다. 자연스러운 일입니다. LG생활건강에 투자했으면 아모레퍼시픽보다는 더페이스샵에 가서 화장품을 살 것이고요. 본인이 어차피 지출할 금액이라면 본인이 투자한 기업의 매출로 잡히는 게 낫겠지요?

매일유업에 투자했으면 편의점에 갔을 때 남양유업의 우유보다는 될 수 있으면 매일우유를 사려고 할 것입니다. 왜냐하면, 적은 지분이더라도 그 회사의 지분을 소유한 주식회사의 주인이기 때문입니다.

주식 뒤에는 기업이 있고 그 기업들은 비즈니스 모델과 브랜드 등을 가지고 있습니다. 주식 투자는 단순히 컴퓨터나 휴대전화 화면 속에서 위아래로 움직이는 숫자 게임이 아닙니다.

아직도 우리나라에서는 주식 투자에 얽힌 잘못된 편견들이 많습니다. 그래서 오히려 기회입니다.

서점의 부동산 서적 판매대에 가면 항상 사람들이 많습니다. 신간들도 많습니다. 그러나 주식 서적 판매대는 신간도 그다지 많지 않고, 그 앞에 서 있는 사람들도 많아야 한두 명입니다. 게다가 그분들조차 제대로 된 책을 잡는 경우가 별로 없습니다. 주식 투자는 미술이 아닌데, 차트로 도배된 책들을 주로 들고 계시더군요.

"나 주식으로 전업 투자자가 될 거야."라고 말하면 손가락질받거나 불쌍하게 쳐다보는 시선을 느끼게 됩니다. 그러나 "나 부동산 투자자가 될 거야."라고 말하면 '건물주?'라는 반응을 받습니다. 부동산은 안전하고 주식은 위험한 도박인 걸까요?

"나 요새 월세 100만 원씩 받아!" 하면 은행 대출 이자, 보유세, 건강보험료 상승분, 종합 부동산세, 유지 관리 비용, 중개 수수료, 공실 위험 등은 생각하지 않는 것 같습니다. 그러나 "올해 주식 배당금 1,200만 원 받았다."라고 말하면 주식에 대한 위험성은 무엇보다 크게 느끼고 말립니다.

저는 가끔 생각해 봅니다. 투자의 끝, 투자의 최고봉 단계는 과연 어디일까요? 제 생각엔 '죽을 때까지 팔지 않는 것'이 바로 투자의 최고 단계입니다. 투자의 대가 필립 피셔(Philip Fisher, 1907~2004)처럼 모토로라를 사서 죽을 때까지 팔지 않고 보유하다가 죽는 것입니다. 그가 모토로라를 처음 매수한 시기는 무려 1955년이었고 그가 하늘로 떠난 해는 2004년이었습니다.

일찍이 필립 피셔는 1950년대 뉴욕 경찰과 일부 택시 회사에서만 쓰던 양방향 전자통신장비의 가능성을 보았습니다. '경찰차들끼리 차 안에서 이야기를 한다.' 정도에서 생각을 멈출 수도 있었지만, 필립 피셔는 곧 미국 전역에서 나아가 전 세계 사람들이 이 양방향 전자통신장비를 쓰겠구나 하고 생각을 이어 간 것입니다.

갑자기 왜 투자의 끝을 이야기하는 걸까요? 만약 여러분이 현재 주식 투자에 관심이 아예 없다고 가정해 봅시다. 그러나 갑자기 정부에서 이제부터 개인은 평생 단 한 주식만 보유할 수 있고, 다른 주식에는 투자할 수 없다는 법이 제정된다면 어떤 생각이 들까요? 아마 주식 투자에 관심이 없던 사람이라도 평생 한 번밖에 투자를 못 한다면 귀를 기울이고 관심도가 올라갈 것입니다.

이것저것 염두에 두고 걱정하고 의심할 것이며, 궁극적으로는 주식을 이리저리 씹고 뜯고 맛본 뒤 매수할 것입니다.

지금의 소비도 좋지만, '내가 죽을 때까지 절대 망하지 않는 비즈니스는 무엇이 있을까?'라고 한번 본인에게 물어보세요. 화장품 로드숍에서 새로운 색깔의 립스틱을 살 돈, 친구들과 어울려 술 한 번 먹을 돈을 모아 우량주를 사는 것입니다. 내가 가던 화장품 로드숍은 어느 기업이 운영하는지, 친구들과 먹었던 소주는 어느 회사에서 만든 것인지를 인터넷 검색으로 찾아 그 기업들의 지분을 한두 주씩 모아 가는 것입니다. 그것이 액수의 많고 적음을 떠나 학생 자본가, 직장인 자본가가 되는 첫걸음입니다.

주식을 보유하면 그때부터 단순 소비자의 편에 서 있던 시야가 조금씩 바뀝니다. 그 기업의 성장이 바로 투자한 여러분의 몫이 되기 때문입니다. 그 회사가 돈을 잘 벌면 다른 투자자들이 몰려들 것이고, 주식 가격은 올라가겠지요. 그리고 회사는 벌어들인 이익으로 배당금을 지급할 것입니다. 그래서 여러분이 가진 주식의 주당 배당금 또한 매년 올라가게 되어 여러분의 계좌에 입금됩니다. 소비하고 싶은 욕망을 몇 번 참고 축적하면 가능한 일입니다.

한편, 저 역시 '우리나라에서 절대 망하지 않을 비즈니스는 무엇이 있을까?'라는 질문으로 여러 방면에서 생각을 해 보았습니다. 그중 몇 가지를 예를 들어 설명하고자 합니다.

가장 먼저 이야기할 기업은 바로 술과 관련된 곳입니다. 우리나라 사람들이 계속 소주를 찾고 마시는 이상 평생 지분을 모아 가야 할 것만 같은 기업, '진로발효'입니다.

진로발효

술자리에서 혼자 거뜬히 소주 두세 병 이상을 비우거나 때로는 폭탄주를 연속으로 말아 무섭게 먹는 사람들을 보면, 저는 한 기업이 떠오릅니다. 소주의 원재료인 주정(酒精)을 만드는 회사입니다. '소맥' 제조 시 투입되는 소주와 시음 및 행사용까지 계산해 본다면 소주는 쉽게 사라지지 않을 것이란 걸 알 수 있습니다.

매체들은 이제 '혼밥'과 '혼술'이 사회적 트렌드로 자리 잡아 회식 자리도 줄어들 것이고, 맥주나 와인 등 다른 종류 술들이 더 잘 팔릴 것이라고 이야기합니다. "요즘 누가 소주 마시냐!"라며 막연하게 앞으로는 소주 소비가 줄어들 것으로 생각하기 전에 분석해야 합니다.

소주의 연간 출하량은 1996년 80만kl를 시작으로 2005년 약 120만kl, 2015년 140만kl로 꾸준히 증가해 왔습니다. 따라서 소주의 출하량이 증가할수록 그 원료가 되는 주정 역시 출하량이 증대합니다.

주정 주식에 투자하는 것은 시대에 뒤처진 발상처럼 보이지만 고리타분하고 성장이 없을 것 같은 업종에 진주가 숨어 있는 법입니다.

저는 투자 결정의 마지막 단계에 갈수록 상식으로 되돌아보려고 노력합니다. 장기적인 시각에서 한국 사람들은 결국 삼겹살에 소주를 끊지 못할 것이라고 확신했습니다.

약 2040년쯤 되면 첨단 IT 기술은 우리들의 상상 이상으로 발전해있겠지만, 한국인들은 여전히 삼겹살에 소주를 즐겨 먹을 것입니다. 이렇게 흔들리지 않고 안정적이고 중독적인 시장에서 꾸준히 이익을 내주는 회사를 여러분은 눈여겨보셔야 합니다.

참고로 현재 소주 100병이 팔린다면 그중 약 16~17병에는 진로발효에서 만든 주정이 들어갑니다(진로발효의 M/S=16.44%).

외국계 운용사 피델리티는 진로발효의 주가가 계속 하락 추세이던 2016년도 약 1년에 걸쳐 진로발효의 주식을 꾸준히 매수했습니다. 그리고 결국 2017년 1월에 6.16% 지분 공시를 하였습니다. 2016년도 이전에 보유하던 기존 지분 5%에서 보유 지분을 1년여에 걸쳐 점차 늘린 것입니다.

주식의 가격이 횡보하거나 하락할 때도 사업에 흔들림이 없다면, 기업에 대한 믿음을 적극적 매수로 증명하는 투자 활동을 저는 아주 의미 있게 봅니다. 아무도 주목하지 않을 때 해당 기업에 대한 보유 지분을 늘리는 일 말입니다.

기업을 본인이 좋아하는 가수로 가정해서 생각해 볼 수도 있습니다. 진정한 팬은 어떤 사람일까요? 그 가수가 활동 공백기에 있더라도 기본기나 태도에 문제가 없고 다음 활동을 위해 열심히 노력하고 있다면 꾸준히 그들의 팬임을 자처하는 것이 진짜 팬 아닐까요?

음주운전 등의 사고를 저지르지 않고 건전한 사고방식과 행동을 유지하며 그들의 작업 활동에 집중하고 있는 예술가가 있다고 가정해 봅시다. 일시적으로 인기가 주춤한다 해서 팬을 그만두기 전에, 처음에 그를 좋아했던 이유를 되돌아보아야 합니다.

걸그룹 EXID는 활동 공백기(2013~2014)를 길게 가지면서 무명 생활이 길었습니다. 긴 공백기였지만, 지지를 아끼지 않았던 소수의 팬은 꾸준히 남아 있었습니다. 그들은 공원 계단에서 팬 미팅을 가질 정도로 그들과 매우 가까운 관계를 유지할 수 있었고요. 이후 소위 '직캠'이 화제가 되면서 EXID는 차트를 역주행하게 됩니다. 여기까지가 유명한 걸그룹 역주행 신화입니다.

그렇다면 유명세를 알리기 시작한 딱 그 시점부터 EXID를 알게 되어 좋아하게 된 팬과 그 이전부터 팬이었던 EXID 골수팬. 과연 투자 수익률 측면에서는 누가 승자일까요?

멀리서 보면 EXID를 2012년도부터 좋아했던 팬들이나 유명해진 2014년도 이후에 좋아하게 된 팬들이나 다 같은 팬입니다. 그러나 본인의 시간과 노력, 나아가 왕복 교통비(=돈)까지 고려해 투자-수익 측면에서 보면 절대 같지 않습니다. EXID가 인기를 얻으면서 이제 그들을 가까이서 보는 일이란 매우 힘들어졌습니다. 더는 공원 팬 미팅 같은 행사를 진행하지 않기 때문이죠.

일찍이 EXID의 잠재력과 매력을 발견한 소수의 팬은 분명히 가수로부터 어떠한 매력 내지는 가치를 느꼈을 겁니다. 우선 본인이 가치를 느꼈고 투자하는 것이 옳다고 믿는 대상이 있으면 다수의 타인이 비관적인 말만 쏟아낼 때도, 냉정히 판단해 보셔야 합니다. 기본을 점검한 후, 문제가 없다면 꾸준히 투자하여 싼값에 보유 지분을 늘려 가는 행위는 투자가로서 가치 있는 행동입니다.

진로발효를 산 피델리티, EXID를 공원 팬 미팅에서 만난 열혈 팬들이 그러했듯이 말입니다.

오박사 투자 노트

우리나라 주정 사업 특성

수요에 기반을 둔 공급, 정부 면허 필요, 판로 보장(판매처 일원화). 타 주정사들의 판매 및 관리비는 평균 7%. 하지만 진로발효는 단 2%를 기록. 매출이 오르더라도 판관비는 거의 전혀 오르지 않는 시스템. 때마침 2013년도에 설비 교체를 통하여 생산단가도 더 효율적으로 변하였다.

진로발효는 다소 정체된 산업에서 안정적으로 현금을 벌어들이는 비즈니스 모델을 갖고 있고, 폭발적 성장은 없어도 타 성장산업에서의 그저 그런 업체들보다 이익이 꾸준하다는 장점을 보유하고 있다.

기업을 소유하는 일

　일단 기업의 주식을 소유하면 되도록 긴 시간 동안 소유하는 것이 어렵지만 매우 중요한 일입니다. 여러분이 모두 아는 우리나라 기업에 관해 이야기해 보겠습니다.

　기업은행은 1998년 외환위기 당시 정부 출자에 따라 KT&G 지분을 보유하게 됐습니다. 그리고 20년이 지난 지금도 6.93%의 지분을 가지고 있습니다. 지난 2015년 2월 기업은행은 이사회를 통해 2년 뒤인 2017년 말까지 KT&G 보유 지분을 매각하기로 의결했습니다. 그 이후 수년간 기업은행은 KT&G 보유 지분을 어떻게 처리할지에 대해 쉽사리 결정을 내리지 못했습니다.

　기획재정부가 대주주로 있는 기업은행(51.8%를 보유한 최대주주)이기 때문에 여러 다른 요소들도 작용했을 거라고 봅니다만 그래도 쉽게 매각을 하지 못한 것은 KT&G의 현금창출능력과 배당 때문입니다. 현금배당성향이 40%를 넘어가는 고배당 주식이면서도 이익이 꾸준히 성장하는 KT&G의 지분을 팔고 다른 대체 투자처를 찾기는 쉽지 않았을 것입니다.

　최근 기업은행은 매년 KT&G에게 배당금으로 약 350억 원에 달하는 배당 이익을 꾸준히 얻고 있습니다. 이 배당 수입을 통해 기업은행은 매년 자기자본비율이 약 0.01%씩 개선되는 효과를 얻고 있습니다.

여러분의 계좌에 현금이 꽂히면 당연히 재정 상태가 좋아지겠지요. 거위의 배는 쉽게 가르면 안 되는 법입니다. 기업의 가치는 미래에 얼마나 많은 현금을 창출할 수 있느냐의 문제로 귀결된다고 해도 과언이 아닙니다.

워런 버핏은 설비 투자에 막대한 돈이 들어가는 기업을 좋아하지 않습니다. 저 역시 마찬가지입니다. 조금만 생각해 보면 답은 명확합니다.

같은 돈을 버는 직장인 A와 B가 있습니다. 명목상 같은 월급이지만, A는 그 직업을 유지하기 위해 계속 무언가를 사거나 업그레이드를 해야 합니다. 그런데 B는 추가적인 장비 업그레이드를 할 필요가 없습니다. 그래도 둘은 같은 돈을 벌어 옵니다. 어느 직장인의 현금흐름이 더 우위에 있을까요?

만약 저나 여러분이 이 직장인의 아들딸이라면 어떠한 아버지가 용돈을 잘 줄 수 있을까요? 여러분의 평생 주식은 반드시 현금을 마구 쓰는 기업이 아닌 현금을 창출해 내는 기업들로 고르시기 바랍니다.

레고 블록 하나의 가치

저는 어렸을 때부터 레고 조립을 상당히 좋아하였습니다. 레고는 수천, 수만 개의 블록이 모여 하나의 작품으로 탄생합니다. 그중에서도 1990년대 전후하여 발매된 '해적선 시리즈'는 지금까지 거의 모든 팬이 최고의 시리즈 중 하나로 꼽습니다. 해적(빨간색)들과 정부군(파란색)의 대립 구도가 일품이죠. 보물 상자, 금은보화, 앵무새 등 오밀조밀한 귀여운 블록들도 상당히 많았습니다.

이 해적선을 이루는 총 레고 블록 수가 100개라고 가정해 보겠습니다. 이때 만약 한 사람이 1개의 블록을 가지고 있다고 하면, 그 사람의 지분은 1%가 됩니다. 해적선의 1%만큼에 해당하는 권리를 주장할 수 있게 됩니다. 주식 시장이란 보다 잘게 쪼개진 블록들의 가격이 시시각각 변동하며 거래되는 곳입니다.

레고 블록들을 가진 사람을 해적선의 주주라고 합니다. 즉, 주식을 가진 사람들을 주주라고 하는데, 주주가 된다는 것은 회사의 주인이 된다는 의미입니다.

블록에 매겨진 가격은 변동성이 있습니다. 해적선 시리즈보다 더 멋있는 우주 시리즈가 나오면, 해적선의 가격은 일시적으로 하락합니다. 따라서 해적선의 블록을 가지고 있는 여러분의 블록 가격도 하락하게 됩니다. 그러나 해적선의 가치가 변하지 않는다면, 지금처럼 20년이 넘게 지났는데도 사람들이 다시 찾는다면, 그 지분을 오래 보유하고 있을수록 당신은 이득을 얻습니다. 사람들이 더 비싼 값을 부르기 때문이죠. 즉, 주식을 보유하면 회사의 성장과 인기가 당신의 몫이 됩니다.

단순히 시시각각 움직이는 숫자를 사고파는 칩이 아니라 회사 일부분을 거래하고 보유하는 것입니다. 이 블록들을 보유한 수만큼 블록 주인들에게는 권리가 생기는데, 주주가 되면 주주총회에 참석하여 회사의 경영에 관여하며 의결권을 행사할 수 있습니다. 또한, 배당금의 형태로 회사로부터 경제적 이득을 직접 받을 수도 있습니다.

참고로 해적선의 주식이 아닌 채권을 보유하면, 약속된 원금과 이자를 받을 뿐입니다. 해적선의 주인이 될 수는 없습니다. 그러나 주식은 해적선의 항해, 전투 등을 함께한다는 증서입니다.

영화 〈타짜: 신의 손〉(2014)에서는 도박판을 벌이기 전에 주인공들끼리 다음과 같은 대사를 합니다. "이번 판은 유한책임, 무한책임?" 책임에 한계가 없으면 패자에게는 어떠한 일이 벌어질지 상상이 가지 않네요.

다행히 주식의 주인인 주주는 유한책임을 집니다. 즉, 책임에 한계가 있다는 말입니다. 그가 가진 주식 수만큼만 책임을 지는데, 회사가 부채 때문에 파산해도 주주는 그 이상의 책임이 없습니다. 최악의 상황이 와서 기업이 공중 분해되어도, 주식에 투자한 금액 이외에 추가로 부담하거나 책임을 질 일이 발생하지 않는다는 것입니다.

나이키 운동화와 나이키 주식

최근에 어떤 분께 매우 인상 깊은 이야기를 들었습니다. 수년간 나이키 신발(정확히는 조던 농구화 시리즈)을 사 모았는데 이제는 수집을 중단하고, 나이키 주식을 모은다고 하셨습니다. 이 짧은 스토리 안에 투자의 진리가 숨어 있습니다.

마니아라면 사족을 못 쓰고 한정판들의 가격은 치솟는, 그렇게 멋있는 나이키 조던 농구화를 수집하시다가 대체 왜? 그분은 이렇게 말했습니다.

"10년간 150컬레의 조던 농구화를 모았는데, 10년째부터 에어가 들어 있는 신발들이 '자연분해'되기 시작했습니다."

이 말은 곧 10년 동안 조던 농구화는 감가상각하며 가치가 0으로 수렴하였다는 말입니다. 감가상각(減價償却)의 의미는 고정자산에 생기는 가치의 소모를 시간이 흐름에 따라 일정 부분 마이너스하여 그 자산의 가격을 줄여 가는 것을 말합니다. 영원하고 변치 않을 줄 알았던 멋있는 운동화도 시간이 흐르면서 가치가 감소하기 마련입니다.

자연분해 현상을 두 번째로 목격한 후부터 그분은 더는 신발을 모으지 않는다고 했습니다. 갖고 싶은 신발이 생길 때마다 '10년 뒤 가치 상실'을 떠올리고, 결국에는 해외 주식거래를 통해 미국에 상장된 나이키 주식을 사는 현명한 결정에 이르게 됩니다.

조던 시리즈 하나당 우리나라 돈으로 20만 원은 족히 넘으니, 그동안 신발 대신 모아 간 나이키 주식 수가 꽤 될 겁니다. 더불어 시간이 흐를 수록, 일시적 부침은 있겠지만 나이키 주식의 가치가 상승하니 조던 시리즈를 수집하는 것보다는 훨씬 멋진 선택으로 보입니다. 심지어 주식은 운동화와 달리 2세에게 물려줄 수도 있죠.

사실 제가 말하고 싶은 모든 게 바로 이분의 말에 담겨 있습니다. 감가 상각되어 가치가 제로가 되어 버리는 물건들을 사면 안 됩니다. 긴장감을 가지고 현금을 모은 뒤, 시간이 흐를수록 가치가 증대되는 '질 좋은' 자산을 사야 합니다. 그 과정을 지속하면 누구든 자본주의에서 생산 수단을 지닌 자본가가 될 수 있습니다.

이쯤에서 이렇게 질문할 수도 있습니다.

"조던 농구화를 사서 다른 사람에게 더 비싸게 팔면 되지 않나요? 한정판 같은 경우에는 공급은 한정되어 있고 그 신발을 가지려는 수요는 훨씬 많으니까요."

여기서 바로 투자(investment)와 투기(speculation)의 차이점이 나옵니다.

워런 버핏의 스승인 벤저민 그레이엄은 본인의 저서 『현명한 투자자』에서 차이점을 명쾌히 설명합니다.

"투자는 철저한 분석하에 원금의 안전과 적절한 수익을 보장하는 것이고, 이러한 조건을 충족하지 못하는 행위는 투기다."

확실히 와닿지 않는다면 간단히 생각하는 것도 좋은 방법이죠.

제 생각에는 적은 돈을 가지고 큰돈을 벌려고 무리하게 사들이면 투기고, 어느 정도 계산이 이루어졌다는 가정에서 큰돈을 가지고 적더라도 확실한 이익을 얻고자 하는 것은 투자에 가깝습니다. 또한, 내가 사서 남에게 100원이라도 더 비싸게 팔아야 한다는 생각은 투기에 가깝고, 그 자산이 가지고 있는 생산성에 집중한다면 투자에 가깝습니다. 즉, 나이키 조던 농구화를 사서 남에게 더 비싸게 팔아야 한다는 생각은 투기에 가깝고, 나이키 주식을 사서 배당금을 받으며 기업 가치의 상승을 공유하는 것은 투자입니다.

투자의 두려움 떨치기

가난한 사람들은 주로 소비재를 사고, 그 물건들은 시간이 흐르며 감가상각됩니다. 소비가 주는 즐거움은 시간이 흐르며 우리의 돈을 더 갉아먹습니다.

자동차가 특히 그렇습니다. 차를 유지하기 위해 보험료, 수리비 등의 명목으로 현금이 빠져나갑니다. 그러나 이러한 소비재들 대신 좋은 기업의 주식 혹은 좋은 부동산 같은 자산을 적당한 가격에 매수하는 것은 다른 차원의 활동입니다. 나이키 주식처럼 쉽게 사라지지 않을 브랜드를 가진 기업의 지분을 사고 나면, 시간이 흐르며 배당금과 주식 가치 증대로 여러분의 호주머니를 조금씩 채워 줄 것입니다.

주식, 부동산 등의 자산(Asset)들은 물건(Stuff)들과 달리 당신의 호주머니로부터 돈을 빼앗아 가지 않습니다. 게다가 배당금, 월세 등의 형태로 여러분이 쉬고 있는 순간에도 정해진 시간에 돈을 입금해 주죠.

두려움, 그리고 행동

'퇴직 후 빈민이 될까 두렵다.', '불황이 심각하다.' 등 우리 경제의 어려움을 말하는 기사 제목을 자주 봅니다. 비단 한두 사람만의 고민이 아닐 것입니다. 우스갯소리로 현재의 30~40대가 노인이 되어 폐지를 주우려 해도 경쟁이 심하고 기계들과 경쟁해야 해서 이제는 폐지조차 못 주우러 나갈 확률이 크다고 합니다.

최근에는 '시발비용'이라는 과격해 보이는 신조어도 생겨났습니다. 왜 이러한 단어가 생겨났을까요? 장기적인 계획을 세우기에는 너무나 현실이 불확실하고, 장래가 어둡다는 생각에 우발적인 '홧김 소비'가 증가하는 것입니다.

일단 가진 돈을 당장 소비해서 현재의 스트레스를 푸는 게 최선이란 말을 이해 못 하는 것은 아닙니다. 그러나 이러한 보상 심리가 미래의 밑그림을 가로막습니다.

승산이 높지 않은 전장에 나가기 전 옷매무새를 다듬고 칼을 만져 보는 장수의 마음처럼, 한 치 앞이 보이지 않는 상황일수록 담담해질 필요가 있습니다. 이성적인 마음을 갖고 악순환의 고리를 끊어야 합니다. 우발적인 소비와 생산성 없는 소비를 줄이십시오. 더욱 생산적인 소비자가 되어야 합니다. 예컨대 저는 책을 사는 데는 인색하지 않은데, 책 내용을 소화해 더 가치 있는 삶을 재생산할 수 있다면 책 사는 비용은 전혀 아깝지 않기 때문입니다.

친구 중에 냉정하게 맞는 말만 잘하는 친구가 있습니다. 그가 어느 날 제게 말했습니다.

"원래 오늘이 남아 있는 호시절의 마지막 날이잖아."

즉, 어느 순간부터 오늘이 가장 좋았던 날이고, 내일은 오늘보다 조금씩 안 좋아진다는 말입니다. 시간이 흐를수록 점차 여건과 상황이 안 좋아진다는 다소 비관적인 말입니다. 생각해 보면 이는 우리나라 저성장의 늪과 그 궤를 같이합니다. 여러 데이터가 증명하듯이, 금융위기 이후 현재까지 속도의 차이가 있었을 뿐, 한국의 실물 경제는 좀처럼 나아지지 못했습니다.

초고속성장기(1970~1980년대)를 겪어 보지 못했지만, '한국에 이전과 같은 최고 호시절이 올까?'라는 생각을 가끔 해 봅니다. 저의 결론은 '당분간 그럴 일이 없다.'라는 것입니다. 여기서 말하는 호시절이란, 쉽게 말해 '뭘 해도 먹고살 만하고, 조금만 잘하면 돈을 버는 시기'입니다.

한때는 비디오 가게만 갖고 있어도 많은 돈을 벌었습니다. 그 이후에는 PC방이 그러했습니다. 그러나 일반 평범한 자영업자들이 돈을 벌 기회가 점차 줄어들고 있습니다.

우리나라 경제의 문제점과 앞으로의 성장 동력에 대해서 진지하게 말하고자 하는 것은 아닙니다. 다만, 팍팍한 현재를 살아가며 성장에 목마른 대다수의 사람이 점점 더 1차원적이고 말초적인 것들에 빠지고 있는 것이 안타까워서 글을 씁니다.

예를 들어 남이 무엇을 먹나 관심을 많이 가지고 그거만 쳐다보고(먹방이 유행하고), 남은 뭐 하고 사나(SNS)에 큰 관심을 가집니다. 여행을 갈 시간과 여유가 없으니, 연예인들이 세계를 돌아다니며 여행하는 프로그램을 보며 대리만족을 느낍니다. 그러나 자기 주변의 현실은 변하지 않습니다.

얼마 전 인터넷에서 광고 하나를 보았습니다. 대학 시절, 인근 헬스장에 운동하러 가면 가끔 뵙기도 했던 하석진 씨가 나온 원룸 광고입니다.

"이제 집 사지 말고 렌트하자!"

KT의 자회사인 KT estate의 브랜드 '리마크빌' 광고였습니다. 이미 서울을 비롯한 전국 요지에 빌딩을 올렸거나 올리고 있습니다.

제가 경제 신문 강의를 진행할 때 자주 하는 말이지만, 우리 세대가 정신을 제대로 안 차리면, 결국 돈은 KT와 하석진 씨만 벌고 우리 자식 세대들은 자본을 흡수당하며 본인의 노동력을 고스란히 임대료로 지불할 것입니다.

너무 자본주의적이고 극단적인 비관론이 아니냐고 반문할 수도 있겠네요. 그러나 이미 수많은 자영업자가 나날이 높아지는 임대료로 사업을 접고 저임금 막노동에 뛰어들거나 낮은 월세를 향해 멀리멀리 떠나고 있습니다(젠트리피케이션).

지금으로부터 4~5년 전에 제 사고방식에 지대한 영향을 끼친 글이 있습니다. 그분은 과외와 주식 투자로 당시 상당한 자산인 7억 원을 일구었고, 본연의 일이었던 공부도 소홀히 하지 않아 전문직이 된 상태였죠. 이후 한 해에 한두 번씩 올라오는 글을 통해 근황을 알 수 있었습니다.

그분은 순자산 10억 원이 넘어가자, 부동산과 주식 투자 투 트랙으로 20억 원의 고지를 금방 이룬 것으로 알고 있습니다.

어떤 원동력으로 이룬 걸까요? 가장 중요한 동력은 소비 절제였습니다. 중요한 운동 경기에 승리하기 위해서는 종목을 불문한 수비의 중요도는 이루 말할 수 없습니다. 그는 토익 시험을 보기 위해 4B연필을 샀는데, 제값보다 비싸게 샀다는 절망감에 한 달 내내 그 연필로만 노트 필기를 했다고 합니다. 친구들이 왜 필기를 연필로 하냐고 묻자, 필기감이 좋다고 했다고 합니다.

그는 대학 시절 과외와 사회생활 시작 후 본업에서의 노동력(L) 투입을 지속해서 시행했습니다. 그리고 그 이면에 숨겨진 그의 주 무기는 바로 주식 투자였습니다.

당시 그가 주변 주식 투자를 하는 개인들을 보면서 품었던 의문 중 가장 기억나는 부분이 있습니다. 바로 '분석력도 뛰어나고, 똑똑한 사람

들이 많은데, 왜 그들의 자산이 증가하지 못하고 그대로인 것일까?'에 대
한 의문입니다. 그래서 주식 투자하는 주변 사람들을 조금 연구해 봤더
니 바로 답이 나왔다고 했습니다. 저 역시 지금까지의 경험을 통해 왜 개
인 투자자의 계좌가 쉽게 몸집이 불지 않는지 알고 있습니다.

계좌를 불리지 못하는 이유

1. 자본금이 적다

투자 실력이 좋아도 자본금의 규모 자체가 작아서 투자금이 크게 늘지
않는 경우입니다. 아무리 분석력이 좋아도 그냥 똑똑한 척하다가 끝나기
일쑤입니다.

저는 스무 살 때 학교 근처 체육관에서 복싱을 시작하여 프로 테스트
를 통과하고 기타 아마추어 대회에 출전했습니다. 대회 준비가 시작되면
체육관에서 여러 관원과 스파링을 하게 됩니다. 그때마다 느꼈던 것이
바로 '체급의 무서움'입니다. 57kg 페더급의 아무리 뛰어난 선수더라도
90kg, 100kg에 육박하는 헤비급의 잽 한 방이 훨씬 무섭습니다.

자본 시장도 똑같습니다. 2000만 원의 50%는 1000만 원이고 1억 원의
10%도 천만 원입니다. 같은 1000만 원이지만 자본금 크기에 따라 비율
이 다릅니다. 2000만 원으로 1000만 원의 이익을 얻기 위해서는 엄청난
노력이 필요합니다.

페더급 선수인 경우, 예리한 타이밍에 인중이나 간장 같은 상대의 급
소에 펀치를 정확히 찔러 넣어야 합니다. 그러나 헤비급 선수의 간단한
잽 한 방이 이와 비슷한 위력을 갖습니다. 그렇다면 어떻게 해야 할까
요? 체급을 무리 없이 올리기 위해서는 올바른 식이요법과 근력 운동을

통해 증량해야 합니다.

자본주의에서 체급을 높이기 위해서는 개인 투자자 역시 일정 수준까지는 노동력을 통하여 얻은 소득을 자본금에 지속 불입하는 것이 최고의 방법입니다. 좋은 영양가의 음식을 먹어 가며 몸무게를 늘리는 운동선수처럼 계좌를 조금씩 불려 가는 것입니다.

저 역시 어느 정도 자본금이 확보되기까지는 꾸준한 노동력 투입으로 계좌에 지속해서 돈을 넣었습니다. 가끔 20대 초중반 대학생들의 전업 투자 문의 메일을 받고는 합니다. 그럴 때마다 저는 만류합니다. 사람마다 반드시 자기만의 자본금 증가 시기가 필수적으로 있어야 한다고 봅니다. 장기적으로 생각해야 합니다.

본인만의 시간 지평, 즉 시계(time horizon)를 넓혀 보세요. 월 50만 원씩, 월 100만 원씩 주식 계좌에 적금 넣듯이 넣고 절대 꺼내 쓰지 않겠다는 다짐이 필요합니다. 개인적 경험으로는 1억~1.5억 원 구간부터 자본이 늘어나는 데 탄력이 붙기 시작한다고 느꼈습니다.

2. 분산 투자의 정도가 지나치다

주식 투자를 하는 사람들 대부분이 좋아 보이는 주식, 좋은 말을 들었던 주식 등 이것저것 다 사서 포트폴리오에 집어넣는 잘못을 저지릅니다. 그러나 우리는 지금 벼룩시장에 온 것이 아닙니다. 몇 년, 혹은 몇십 년을 함께할지도 모르는 중요한 물건을 사는 명품매장에 와 있는 것입니다.

본인의 기준에 맞는 주식을 사야 하고, 되도록 오랫동안 보유할 수 있는 좋은 기업의 지분을 사는 것이 최선입니다. 단, 과도한 분산 투자는 독이 든 성배와 같습니다. 개인적으로 한 번에 10개 이상의 기업을 포트폴리오에 넣은 적이 없습니다. 최대 6개를 넘지 않았던 것으로 기억됩니다.

전설적 투자가인 필립 피셔는 분산 투자를 지나치게 강조하지 말라는 말을 하였습니다. 분산 투자는 대개 호평받는 투자 원칙이지만, 마냥 좋지만은 않다는 것이죠. 달걀을 한 바구니에 담지 말고 여러 바구니에 나눠서 담으라는 전통적인 투자 격언과 배치되는 말입니다.

많은 개인 투자자들이 분산 투자를 맹목적으로 좋게 생각합니다. 하지만 필립 피셔의 말대로, 모든 바구니를 계속해서 주시하기란 불가능합니다. 지나친 분산 투자는 전혀 알지 못하는 회사에 너무 많이 투자하고, 정작 자신이 잘 아는 회사에는 너무 적게 투자할 위험성이 있습니다. 본인이 제대로 파악하고 관리할 수 있는 기업들의 주식만 사야 합니다. 적정한 분산이 중요한 것입니다.

그렇다면 얼마만큼의 분산이 진정으로 필요한 것일까요? 저는 최대 열개 기업을 넘어서는 안 된다고 생각합니다. 그리고 자본금이 적을수록, 집중 투자를 해야 합니다. 이를 위해서는 당연히 소수의 기업에 깊이 있는 관심과 조사가 필요합니다.

학창 시절을 생각해 보면, 시간과 노력을 기울여 깊이 공부한 과목이 자연스레 시험 점수도 높습니다. 소수 기업을 깊게 공부한 뒤 의미 있는 금액을 투자하면 수익도 자연히 커지겠죠.

사실 이미 2008년도에 워런 버핏은 이 부분에 대한 해답을 내놓았습니다. "1위 선택 기업이 있는데도 20위 기업에 투자하는 것은 미친 짓이다. 나는 주로 5개 기업에 투자해 왔으며 내가 운용하는 자금이 500억 원, 1천억 원이라면(현재보다 적은 금액으로 운용할 수 있다면) 5대 기업에 80%를 투자하면서 한 기업에 최대 25%까지 투자하겠다. 1964년에는 한 기업에 40% 이상을 투자하기도 했다."

마지막으로 주의할 점은 집중 투자라는 명분으로 잘 알지 못하는 한두 가지 주식에 모든 투자금을 던지는 행위입니다.

자금을 100% 투입할 만한 주식은 저의 지난 경험상 3년 정도에 한 번 올까 말까 한 기회라고 생각합니다. 그런 기회가 아니고서는 아무리 확실하다 하더라도 100% 투자는 심리적으로도 위험합니다. 항상 실패 가능성을 염두에 두고 있어야 합니다.

작은 실패로 끝나면 천천히 다시 시작할 수 있지만 일어설 수 없을 정도의 큰 실패는 일어설 기회조차 박탈당하게 합니다. 재기불능이 되기 때문입니다. 에디슨이 수많은 실패를 통해 결국 대성공을 한 것은 재기불능의 큰 투자는 삼갔기 때문이 아닐까요? 미국 코미디언 코난 오브라이언도 대학 졸업 축사에서 비슷한 말을 하였습니다.

"나를 죽이지 못하는 고통은 나를 강하게 만든다고 한 니체는 실수한 것이다. 왜냐하면, 그 고통이 자기를 죽이면 다 끝이라는 가장 중요한 사실을 강조하지 않았다."

3. 모든 것이 확실해질 때까지 기다리기만 한다

> 디지털 시대가 열린 이후로 7할의 승률에 목표를 맞추고 7할만큼 준비가 갖춰지면 즉각 실행에 옮긴다. 디지털 시대에는 일주일만 해도 대단한 시간이다. 새것이 일주일만 지나면 낡은 것이 되는 경우가 많다.
>
> —손정의

소프트뱅크 손정의 회장이 말한 '7할 승부론'입니다. 즉, 이제는 70%의 가능성이 보이면 과감히 뛰어들어야 한다는 것입니다.

세상은 확실한 승리 가능성이 손에 잡힐 때까지 기다려 주지 않습니다. 그렇다고 해서 승리 확률이 50%밖에 안 될 때 싸움을 거는 행위는 어리석습니다. 우리는 '70'이란 숫자에 주목해야 합니다. 얼핏 보면 손정의가 말한 이 70%란 숫자는 낮은 확률로 보이지만 그보다 조금 더 기다리면 이미 기회는 날아가 버린다는 것입니다.

수익을 내지 못하는 대부분의 개인 투자자들은 주가가 오르면 안심하고 주식을 사지만, 주가가 내려가면 좀처럼 사지 못합니다. 주가가 오르면서 본인이 안심하는 수준의 상승세가 보여야지, '주식 좀 사 볼까?' 하는 마음이 생깁니다. 우리는 자세히 검토한 후에 70%의 승리 가능성이 보이면 매수를 시작해야 합니다. 제 투자 경험상 엔씨소프트나 에쓰오일 우선주의 경우가 특히 그러했습니다.

큰 수익을 주었던 기업들의 경우, 매수 당시에는 우려가 컸다는 공통점이 있습니다. 에쓰오일의 경우, '정유주는 사이클을 너무 타는 주식이다. 에쓰오일의 대주주인 사우디 아람코에서 배당을 쉽게 올리지 않을 것이다. 이익이 꾸준하지 않을 것이다.'와 같은 불안감이 있었고, 엔씨소프트의 경우에는 '리니지가 과연 모바일에 성공적으로 안착할 것인가?', '과연 이 게임회사에 PER 20배를 주는 것이 타당한가? 기존 PC 리니지의 이용자 감소가 더욱 가속화되어 리니지M의 이익을 상쇄할 것이다.' 등의 우려가 있었습니다.

많은 이들이 다음 분기 실적을 보고 산다(엔씨소프트), 혹은 올해 배당금을 얼마 주는지 두 눈으로 확인하고 매수한다(에쓰오일 우선주)며 머뭇거리다가 주가 상승의 기회를 놓쳐 버리고 말았습니다.

약간의 불확실성이 존재해도, 기업 공부를 한 결과 긍정 확률이 70% 이상이면 매수를 시작해야 할지도 모릅니다.

4. 돈을 자꾸 꺼내 소비한다

자산 효과(Wealth Effect)라는 것이 있습니다. 자산 가치의 증가로 소비가 늘어나는 현상을 말합니다. 수익이 어느 정도 발생하게 되면, 이 자산 효과로 인해 돈을 야금야금 자주 꺼내 쓰는 사람들을 보아 왔습니다. 맥주를 먹던 사람이 갑자기 안 먹던 양주를 먹는 것이지요. 어리석습니다. 바가지를 자주 가져가서 퍼낼수록 항아리 안의 물은 줄어들게 됩니다.

제가 주식 계좌에서 돈을 출금한 적은 2012년부터 2018년까지 만 7년간 단 한 차례뿐이었습니다(주택구입 목적).

오박사 투자 노트

어떻게 해야 개인 투자자가 자본금의 크기를 키울 수 있는가?

첫째, 무조건 아껴 쓴다. 소비 절제가 되지 않으면 투자 행위도 효과를 볼 수 없다. 소비 절제가 잘되고, 한 달에 30~50만 원이라도 주식 계좌에 꼬박꼬박 넣을 수 있는 여건이 된다면 그때부터가 투자의 시작이다.

둘째, 잘 아는 소수의 기업에 집중하여 투자한다. 투자 도중 수익이 조금 발생했다 하여 돈을 빼내 쓰는 등 경거망동하지 않는다. 자본금에서 돈을 빼서 소비하는 것을 최대한 억제하며 최대한 계좌 안에서 머문다. 10만 원이 생겨도 주식 계좌에 넣고, 월급의 절반을 뚝 떼어 넣어도 된다. 진정성을 다해 계좌에 들어가는 인풋의 양을 최대한 키운다.

셋째, 계속 좋은 기업의 주식을 보유한다. 배당소득으로 주식을 더 사서 이자가 또 다른 이자를 불러오는 복리효과를 누리게 해야 한다.

넷째, 목표를 너무 원대하게 잡지 않고 차근차근 공부한다. 처음부터 너무 크게 시작하지 말고 목표를 잘게 쪼개서 접근한다. 처음에는 주식 계좌 500만 원 만들기, 그 이후에는 1000만 원 만들기, 그 다음은 주식 계좌 2000만 원 만들기. 그동안 꾸준히 일해서 월급을 계좌에 넣는 것도 좋은 방법이다. 갑자기 차를 바꾸기 위해, 올라간 전세금을 메꾸기 위해 주식으로 돈을 벌어 보겠다! 이런 목표가 가장 위험하다.

꾸준히 간절하게 긴 안목을 가지고 투자해야 한다. 투자 공부를 엄청 밀도 있게 장기간 하지 않는 이상 갑자기 드라마틱한 수익률을 올릴 방법은 많지 않다.

국세청 조사 자료를 보면, 우리나라 주식 개인 투자 인구 중 7%만 플러스 이익을 얻는다고 한다. 경쟁률로 치면 14대 1의 경쟁률이고 수능 시험으로 치면 1~2등급에 해당하는 점수를 받아야 한다. 안정적인 이익을 얻으려면 1등급(상위 4%)을 받아야 한다. 그만큼 쉽지 않다.

마지막, 주식 투자는 될 수 있으면 빨리 시작한다. 나는 대학생 때부터 시작했다. 그러나 '한 살이라도 더 어렸을 때 시작했으면 좋았을걸.'이라는 생각을 한다. 학생 때 시행착오를 거치면 좋은 부분이 있다. 바로 사회생활을 시작하고 학생 때보다 더 많은 돈을 벌기 시작했을 때에 오는 시행착오 확률을 대폭 낮춰 준다. 깨지려면 일찍 깨지는 편이 낫다. 대신, 깨진 뒤에 철저한 자기반성과 실패 분석은 필수적이다. 직장인들 역시 어떠한가? 내가 좋아하는 분이 이런 질문을 던진 적이 있다. '강에서 래프팅 중 갑자기 폭포 소리가 저 멀리서부터 들려오면 어떻게 할 것인가?' 필사적으로 방향을 바꾸고 거슬러 올라가려고 노를 엄청 열심히 저어야 할 것 아닌가? 그러나 많은 사람들이 들려오는 폭포 소리는 무시한 채 그 배 위에서 경치를 감상하거나 폭포 소리를 잘못 들은 것이라며 자기 최면을 건다.

투자자의 자세와 철학

내가 주식을 사는 이유

투자자의 자세

① 기업에 대한 관심

　주식 투자에 관심을 가지는 순간, 이미 절반은 성공한 셈입니다. 여러분이 듣기 좋으라고 이런 말을 하는 것이 아닙니다.

　주식 투자를 한다는 것은 결국 기업의 지분을 산다는 의미입니다. 기업에 관한 관심은 세상을 더욱 잘 이해할 기회가 되고 견문을 넓혀 줍니다. 이 글을 보시는 분들 모두가 자본주의 체제에 살고 있습니다. 기업에 관심을 가지는 순간, 일상을 보는 눈부터 달라지는 즐거움을 느낄 수 있죠.

　"저는 그냥 평범한 학생이라서요." 혹은 "저는 원래 돈, 기업 이런 것에 관심이 없어서요. 어느 산업이 잘될지 알아볼 만한 통찰력이 없습니다."

　그러면 저는 이렇게 이야기합니다.

　"당신은 이미 기업 분석을 잘하는 사람일 수도 있습니다."

　왜냐고요? 이미 우리 주변에는 투자할 만한 기업들이 널려 있기 때문입니다.

① 직접 제품을 써 보고 다른 사람들의 사용 후기 찾아보기

② 백화점이나 쇼핑몰에 가면 어느 매장에 사람들이 많이 줄을 서 있는지 확인해 보기

③ 편의점에서 사람들이 주로 사는 제품을 눈여겨보는 습관을 갖고 아르바이트생
   에게도 물어보기

이런 것들이 바로 가장 효과적이면서도 실생활에 적용 가능한 투자 아
이디어를 찾는 방법입니다.

기본적인 기업 공부 방법

동창 중에 제가 있던 광역시에서 공부로 세 손가락 안에 드는 친구가 있
었습니다. 지금은 의사가 되었는데, 이 친구가 한창 공부했던 때의 일화들
이 요즘도 가끔 떠오르며 저에게 많은 본보기가 되고는 합니다.

그 당시 보통의 중학생이라면 하교 후 집에 들어오자마자 무엇을 할까
요? 씻고 옷 갈아입고 TV를 틀거나 컴퓨터를 켜겠지요. 그런데 이 친구
는 달랐습니다. 그는 사람의 본성과 약점을 잘 알았던 것 같습니다. 무언
가를 성취하기 위해서는 행동을 단순화해서 자신을 극한으로 몰아넣어
야 한다는 점 역시 잘 알고 있었지요. 그 친구의 방법은 간단했는데, 학
교 갔다 오면 교복을 입은 채로 바로 자기 방 책상 의자에 앉습니다. 간
단합니다. 옷을 안 갈아입고 일단 그대로 자리에 앉습니다. 잘 갔다 왔다
는 인사는 사치일 수도 있습니다. 그러면 아무리 못해도 한두 시간은 더
공부할 수 있다는 것입니다. 하루의 한두 시간이 차곡차곡 블록처럼 모
여서 테트리스 게임의 마지막 무대를 깨는 것처럼, 그는 한 번에 미션 클
리어 후 의사가 되었습니다.

여러분도 살면서 최고의 집중력을 발휘한 기간이 각자 있을 것입니다.
간절함에서 우러나오는 자연스러운 집중력 말이죠. 그래서 저는 요새 어
떤 생각을 하냐면 "정말 영혼을 바쳤던, 내 인생에서의 최고의 집중력을,

현재에 다시 재현해 보자. 그 기간을 3개월, 6개월, 1년으로만 늘려 보자."는 생각입니다.

물론 회사 생활도 해야 하고 육아도 해야 하고 절대 쉽지 않습니다. 하지만 핑계를 댄다고 인생이 달라지지 않습니다.

여러분이 경험한 인생 최고의 집중력, 다시 그 집중력이 발휘되는 순간, 지금도 어느 분야에서든지 성공할 수 있다고 믿습니다. 그런데 만약 그것이 주식 투자라면 어떨까요? 주식가격은 시시각각 움직이지만, 면밀한 기업 분석을 통해 최고 기업의 지분을 사 보는 것은 어떨까요?

제가 생각하는 기본적인 기업 공부 방법은 다음과 같습니다.

① 해당 기업의 최근 4년 치 기사들을 다 찾아 읽는다.

② 해당 기업 CEO 인터뷰를 찾아본다.

③ 투자 커뮤니티에 들어가서 최대한 중립적으로 쓰인 글들을 찾아 읽는다.

④ 최근 6개월~1년 치 증권사 리포트들을 모두 구해 읽어 본다.

　ex) http://vip.mk.co.kr 접속 → 뉴스 → 증권사 리포트 페이지

⑤ 최근 3년 치 매출, 영업이익, 순이익 등을 노트에 직접 표로 적어 본다.

주식 투자는 곧 '기업을 얼마나 알고 있느냐'에서 승부가 갈립니다.

사실 위 5가지 방법은 기업 공부 방법의 1단계에 지나지 않습니다. 편안하게 그리고 긴 시각으로 투자하실 분들은 1단계 공부 방법으로도 충분할 수 있습니다. 그러나 제가 명명한 2단계 공부 방법은 조금 달라집니다. 이는 제 주변에서 이른 나이에 꽤 많은 자산을 축적한 개인 투자자들(30대 중반 순자산 20~30억 원 이상)에게서 듣고 배운 내용으로, 그들이 한창 공부할 때 실제로 행했던 방법들입니다.

주식 투자는 내일의 주가지수를 맞히고, 한 달 뒤의 환율을 예측하는 자가 승리하는 것이 아닙니다. 기업의 이해도가 높은 사람과 순간순간의 주식 가격에 연연하지 않는 담대함을 가진 투자자가 장기적으로 승리합니다.

심도 있는 기업 공부 방법

① 해당 기업의 최근 공시는 무조건 다 읽는다.

되도록 과거 10년 치 공시를 다 찾아 읽습니다. 엔씨소프트의 경우, 경영진 한 명이 리니지M이 초기에 안착하기 전에 주식을 매도하면서 주가가 크게 하락했던 적이 있습니다. 대부분 우리가 모르는 어떤 문제가 있으리라는 생각에 주식을 팔아 치웠습니다. 그러나 사후적으로 그때는 주식을 살 때였습니다. 제가 아는 명민한 한 개인 투자자는 2009년 공시까지 되돌아가 해당 경영진의 주식 매도 레코드를 찾아내고 통계를 냈습니다. 향후 엔씨소프트 주가는 아무 일 없었다는 듯이 올라갔습니다. 당연히 그분은 그때 엔씨소프트의 주식을 더 매수하여 수익률이 더 커졌지요.

② 현직자나 업계 관계자들에게 해당 기업 CEO나 경영진에 대해 직접 물어본다.

중요한 것은 '직접' 들어야 한다는 것입니다. 그 회사가 요새 어떤지, 무얼 하는지 정확하고 현실적인 답을 듣기 위해 온라인, 오프라인으로 뜁니다.

③ 눈으로 확인한다.

제품을 사서 직접 써 보는 것은 투자의 기본 중 기본입니다. 화장품 주식에 투자한다면, 최소한 그 화장품 회사의 제품을 사서 직접 발라 보는 것은 기본입니다. 경험상 3만 원 내외로 화장품을 사면서 이것저것 물어보면 직원 대부분이 친절하게 답해 줍니다. 제 경우, 제품에 대한 느낌보다는 매출이 잘 나오느냐, 혹은 1년, 6개월 전에 비교해 어떻게 나오느냐고 물어봤는데도 잘 답해 준 직원도 있었습니다.

④ 국내 증권사 리포트는 사실만 본다.

간혹 잘 쓰인 Well-made 리포트들도 있지만, 추측은 최대한 가려 읽고, 정말 필요한 숫자 등만 점검하는 것입니다. 일례로 제가 최근 읽은 어느 증권사의 KT&G 기업 리포트에는 이런 부분이 있었습니다.

"KT&G의 현금성자산은 총자산 대비 각각 25.8%를 차지한다. 하반기 스튜어드십 코드 강화에 기인해 중장기 배당 및 자사주 매입을 확대할 가능성이 크다고 판단한다. 글로벌 담배 업체 대비 낮은 배당성향도 향후 확대 가능성을 뒷받침해 줄 요인이다."

이 부분은 논리적으로 큰 비약은 없습니다. 그러나 뒷부분을 보면,

"2017년도 예상 배당금 3,600원, 2018년도 예상 배당금 3,600원, 2019년도 예상 배당금 3,600원."

예상 배당금이 같습니다. 이는 마치, "향후 나의 연봉이 이러이러해서 늘어날 것으로 보인다."라고 말하고 나서, "나의 연봉은 3년간 동결 예상."이라고 하는 것과 같습니다. 계속 보시죠.

"KT&G 주가는 경쟁사의 전자담배 '아이코스' 판매 호조에 기인해 약세를 보인다. 중장기적으로 전자담배가 궐련 담배 시장을 잠식할 것이라는 점에서는 이견이 없다. 그러나 보유 순현금 및 탄탄한 영업현금흐름 감안 시 향후 배당 여력이 높다는 점에도 이견이 없을 것이다."

중장기적으로 전자담배가 궐련 담배 시장을 잠식할 것이라는 두 번째

문장 같은 경우, 투자자로서는 심각하게 의심해 보고 공부해야 할 문제입니다. 아무런 근거 없이, 새로운 것이 등장했으니 기존의 시장이 사라질 것이라고 말해서는 안 될 것입니다. 개인 투자자는 사실에 근거해서 스스로 판단해야 합니다. 만약 어떠한 결론을 도출하기 위한 사실이 부족하다면, 판단을 보류하면서 최대한 사실을 끌어모아야 합니다. 다시 사실을 수집하는 단계로 돌아가는 것이지요. 왜냐하면 사실이 부족하면 사람은 본능적으로 그 사이에 추정과 상상을 집어넣으려 하기 때문입니다.

물론 경험과 지식이 풍부하다면 어림잡아 넘겨짚어도 정확도가 높을 수 있습니다. 그러나 사실과 사실 사이에 비약을 자주 끼워 넣으면 그 투자자의 목적지는 매우 달라지고 맙니다. 목적지를 향해 자동차를 타고 잘 가다가 갑자기 중간에 허허벌판으로 빠지는 경우입니다. 다시 자동차를 타고 목적지에 가려고 해도 이미 방향 감각을 잃고 지쳐서 이상한 목적지에 도달할 가능성이 큽니다. 되도록 길을 잃지 않는 것이 최선이겠지요.

사실에 주목하는 것은 투자의 세계에서 지도와 나침반을 제대로 보는 방법이자, 여러분의 안전을 확보하는 방법입니다.

⑤ 자체 통계를 낸다.

증권사의 통계자료에 의존하지 않고 직접 자료를 만드는 것입니다.

중소형 화장품 주식에 투자할 때 친한 지인은 중국 SNS에 매일 들어가서 해당 기업의 제품이 얼마나 검색되고 있는지 자료를 찾아 일별로 통계를 내는 작업을 했습니다. 그 어느 곳에서도 돈 주고 살 수 없는, 증권사에서는 커버하지 않는 범위의 면밀한 기업 조사입니다.

수능 외국어 영역 시험에서의 기본은 영어 단어와 독해 능력이듯이, 기업을 잘 알고 기업의 비즈니스 모델을 이해할 수 있는 능력을 갖춘 사람만이 주식 투자에서 성공합니다. 단, 한 기업이라도 제대로 깊이 있게 분석해야 합니다. 이 기업, 저 기업 건드리다가 하나도 손에 남지 않는 상황이 펼쳐지면 본인 손해겠죠.

> 아무리 정보와 지식을 바탕으로 객관적으로 예측한다 해도 가끔은 잘못된 수읽기를 할 수밖에 없다. 컴퓨터가 아닌 이상 자기가 유리한 대로 해석해 버리는 자아를 버릴 수가 없기 때문이다. 수읽기를 방해하는 것은 욕심이다. 당장 이익에 눈이 멀면 서너 수 앞이 안 보인다. 수읽기를 제대로 한다는 것은 마음속에서 솟아오르는 욕심을 버리는 것이다. 고수라면 좋은 수가 보이는 순간 흥분해서는 안 된다. 그게 내 눈에 보였다면 상대의 눈에도 보였을 것이고 그 역시 그에 대해 준비를 할 것이 분명하다. 그래서 최대한 마음을 비운 상태에서 검토하고 또 검토하여 최선의 수를 선택해야 한다.
>
> **―조훈현, 『고수의 생각법』**

바둑에만 해당되는 말이 아닙니다. 투자에서 명심해야 할 점은 무작정 어떤 기업이 좋아 보인다고 덜컥 주식을 사면 안 된다는 점입니다. 일찍이 피터 린치는 미국의 개인 투자자에게 "자기가 잘 아는 종목을 사라." 조언하였습니다. 그러나 이후 그는 자기의 조언이 사람들에게 잘못 받아들여지고 있음을 안타까워하며 아래와 같이 말하게 됩니다.

"저는 여러분에게 쇼핑하기 잘 되어 있다거나 좋아하는 제품을 만든다는 이유로, 또는 음식이 맛있다는 이유로 그 기업의 주식을 사라고 권하지 않습니다. 상점이나 제품 혹은 식당을 좋아한다는 사실은 분명 그 기업에 관심을 가지고 분석할 이유가 되지만, 그것만으로는 주식을 매수할 수 없습니다. 회사의 수익 전망, 재무 상태, 경쟁력, 향후 계획 등에 대해 스스로 충분히 공부하기 전에는 절대로 투자하지 마십시오."

제가 많이 보아 온 개인 투자자의 실수 중 하나는 좋아 보인다고 아무런 조사 없이 덜컥 주식 매수 버튼을 누르는 일입니다. 반드시 철저한 조사가 선행되어야 합니다. 최소 해당 회사의 홈페이지 및 3년 치 매출 및 이익, 부채 비율 등은 검토를 해 봐야 하지 않습니까?

대표와 현직자들의 인터뷰 기사를 찾아보거나, 기사 검색을 통해 회사 분위기 등을 간접적으로 알 수가 있습니다. 이렇게 하다 보면 리서치는 끝이 없게 되고 기업에 관한 공부의 깊이는 나날이 깊어져, 수익으로 시장의 보답을 받게 될 것입니다. 또한, 피터 린치가 지적했듯이, 특정 '제품'이 잘 팔리는 것을 보고 덜컥 그 회사의 주식 매수를 고려하면 안 됩니다. 투자에 관심을 두는 개인 투자자들이 초기에 저지르는 실수 중 가장 대표적인 예입니다.

'이 제품은 정말 맛있어! 이 제품은 정말 훌륭해.' 이런 생각을 가지고 덜컥 그 기업의 주식을 매수하는 것입니다.

그 제품이 성공할 경우, 회사 이익이 얼마나 증가할 것인지를 반드시 계산해 보아야 합니다. 혹은 이미 어느 정도 성공한 제품이라면, 기업의 전체 매출에서 비중을 얼마나 차지하는지 파악해야 합니다.

투자자의 자세
② 진정성, 그리고 도구의 중요성

매달 주식을 한 주씩 사 모으는 사람이든, 아니면 전 재산을 주식에 투자하고 있는 사람이든 모두가 투자자입니다. 쉽게 말해, 돈 문제와 직결되기 때문에 투자하는 순간 모두가 프로선수처럼 프로의식을 가져야 합니다. 프로와 아마추어의 차이점은 프로는 그의 성과에 따라서 돈이 왔다 갔다 한다는 점입니다. 투자자는 자연스레 프로가 되어야 합니다.

프로정신이라고 하면 EBS 다큐 '시험'에 나왔던 최규호 변호사 이야기가 떠오릅니다. 한 번 떨어졌던 사법시험을 서른 살에 재도전해 합격한 그는 어떻게 공부했냐는 물음에 다소 의외의 답을 했습니다. 어금니를 때운 아말감이 머리를 아프게 한다며 흔들리지도 않는 어금니를 뽑아 버렸고, 명절 때 가족과 친구들을 안 챙기는 건 당연했다고 합니다.

몸 상태를 최고의 상태로 유지하기 위해 어금니를 뽑아 버리다니! 상식적으로는 정말 이해가 안 가지만, 그만큼 절실했고 냉정했다는 것이겠지요. 짐작하건대 이 하나를 내어 주고 새 삶을 얻어 보겠다는 마음가짐이었을 겁니다.

다행히 우량주를 매달 1주, 5주, 10주씩 사 모으느라 멀쩡한 생니를 뽑을 필요는 없습니다. 다만, 그에 필적하는 진정성을 갖고 투자해야 한다고 생각합니다. '되면 되고 안 되면 말고' 식의 생각을 버리고 좋은 주식을 냉철하게 선별해서 오래 보유하세요.

최규호 변호사는 '도구'의 중요성에 대해서도 강조했습니다.

"진정한 고수들은 도구가 정말 중요합니다. 자기가 사용하는 물품들이 나를 자꾸 힘들게 하면 안 돼요. 그런 물품들 때문에 내 에너지를 뺏기면 안 됩니다."

사법시험 준비 과정 동안은 물론, 실제 시험장에서 썼던 펜 하나까지도 자기한테 꼭 맞는 것을 써야 합격 확률이 높아진다는 것이었습니다. 즉, 유능한 목수의 망치가 휘어져 있고 줄자의 눈금이 희미하다면? 좋은 성과가 나올 수 없을 것입니다.

투자자에게 중요한 도구는 무엇일까요? 제 생각에 그것은 바로 '생각'입니다. 현란한 금융 공학적 기술이나 고급 정보가 아니라 상식과 논리에 입각한 순수한 상태의 '생각' 그 자체말입니다. 좋은 정보가 입력되어야 하며, 그 정보를 처리할 좋은 처리 장치가 필요합니다. 즉, 두뇌를 항상 날카롭게 유지해야 하고 그 창구인 눈과 귀를 열어 놓고 여러 현상을 습자지처럼 받아들여야겠지요. 말은 거창하지만, 생각보다 매우 일반적인 상식입니다.

제가 좋아하는 국내 투자자 중 한 분인 에셋플러스의 강방천 회장은 정신을 맑게 유지하기 위해 잠을 많이 잔다는 인터뷰를 한 적이 있습니다.

좋은 상태에서 생각하면 결과도 좋다는 말이겠지요. 충분히 공감할 수 있습니다. 그렇다면 잠 많이 자고 정신만 맑게 유지하면 투자 아이디어가 마구 샘솟아 좋은 투자를 할 수 있을까요? 시험 전날 공부가 하나도 안 되었는데 내일 좋은 몸 상태를 위해 일찍 자는 것처럼 매우 말도 안 되는 생각입니다.

영화 〈타짜〉(2006)에 이런 장면이 나옵니다.

스승인 평 경장(백윤식)이 고니(조승우)한테 흐드러지게 핀 봄날의 벚나무를 보며 질문을 던집니다.

평 경장: 아~ 꽃 좋다, 넌 저게 뭐로 보이니?
고니: 화투짝 3이요! 사쿠라?
평 경장: 너도 드디어 미쳐 가는구나.

나쁘게 말하면 도박에 미쳐 모든 게 화투 패로 보이는 상태지만, 좋게 말하면 자기 일에 몰입해 주변 사물에서도 일과 관련된 시그널을 읽어내는 멋진 경지입니다. 멋진 투자를 위해서는 여러분이 보고 듣는 모든 것, 여러분을 둘러싼 모든 곳에서 투자 아이디어를 알아내려는 진정성이 필요합니다.

얼마 전 아내가 백화점 문화센터에 촉감 놀이를 하는 수업이 있다고 말해 주었습니다. 저는 촉감 놀이가 뭔지 몰라 질문했습니다. 알고 보니 요구르트, 진흙, 밀가루, 미역 등을 바닥에 풀어놓고 아기들이 온몸을 이용해서 자유롭게 만지도록 하는 것이라고 합니다. 저는 갑자기 이 생각부터 들었습니다.

"요구르트를 뿌리며 논다고? 그 요구르트는 대체 어느 회사 요구르트일까?"

어찌 보면 말도 안 되는 상상과 궁금증이지만 투자 아이디어는 이렇게 사소한 질문에서 출발하는 것 같습니다. 여러분 주변에는 늘 좋은 신호를 주는 사람들이 있습니다. 그런데 우리가 말귀를 못 알아듣고 놓칠 뿐입니다. 주변에 귀를 기울이고, 풍경을 둘러보세요. 시각과 청각이 투자 아이디어를 수집하는 좋은 도구가 됩니다.

실제로 출근길에서 본 풍경 덕분에 저가 항공주 투자에 대한 확신을 얻은 경험이 있습니다.

2017년 설 연휴 시작 전날, 회사에 출근하기 위해 아침 일곱 시쯤에 시내버스 정류장에 서 있었습니다. 바로 옆에 인천공항으로 가는 공항버스 정류장이 있는데, 평소에는 많아야 한두 사람 정도가 버스를 기다리고 있었지요. 그날은 여행용 가방을 든 20대부터 60~70대로 보이는 노부부까지 약 10여 명의 사람이 서 있었습니다. 무려 500%의 증가입니다. 이 모습을 보고, '아, 나는 회사 출근하는데 저 사람들은 해외여행 가네? 내가 무슨 죄를 지었기에 난 일하러 가고 저 사람들은 놀러 가지?'라고 생각한다면 그 정도 선에서 끝입니다. 그러나 '저 사람들이 어디로 여행을 가는 거지? 분명 해외 갈 텐데? 유럽이나 미국 갈까? 그게 아니라 가방이 그렇게 크지 않은 것으로 봐서 가까운 동남아나 일본일 수 있겠다. 잠깐, 대형 항공사(FSC, Full Service Carrier)보다 저가 항공사(LCC, Low Cost Carrier)를 타고 가지 않을까? 뉴스 기사를 찾아볼까?' 이렇게 말꼬리를 잡는 것처럼 생각에 꼬리를 물고 연장하다 보면 어느덧 투자 아이디어로 발전되기도 합니다. 저는 이렇게 연상하는 방식을 '생각 연장'이라고 이름 짓고 의식적으로 할 때가 있습니다. 그 뒤, 여러 신문 기사와 데이터들을 검토한 후 상장 항공사인 티웨이홀딩스에 투자해야겠다고 마음먹었습니다.

철학자 데카르트는 다음과 같이 말했습니다.

"나는 하나의 실체이며 그 본질 내지는 본성은 생각한다는 것에만 있다. 존재하기 위해 어떤 특정한 장소도 요구되지 않으며 어떤 물질적인 것에도 의존하지 않는다."

저는 이 말을 투자에 대입시켜도 결과는 같다고 생각합니다. 투자의 본질은 그 투자를 하는 투자자가 '생각'을 꾸준히 한다는 것에 있습니다. 그 첫 번째 단계인 투자 아이디어를 얻는 것이 매우 중요하고 어려운데, 투자의 첫 출발 아이디어를 얻기 위해서는 어떤 특정한 장소도 요구되지 않습니다. 값비싼 정보가 필요한 것도 아닙니다.

남이 모르는 비밀 정보 등을 미리 알아내서 투자해 돈을 버는 시대는 이제 끝났다고 생각합니다. '반드시 고급 정보가 필요해!'라는 생각은 좋지 않습니다. 가족, 친구 혹은 거래처 직원과 주고받는 시시콜콜하고 썰렁한 농담조차도 투자와 연계시켜 생각해 보는 것이 필요합니다.

한 친구는 택시를 타면 기사 아저씨와 여러 대화를 합니다. 일반적으로 사람들은 먼저 말을 잘 걸지 않지요. 어찌 됐든 이 습관으로부터 많은 투자 아이디어를 잡아내는 것을 보고 놀랐습니다. 2016년 초, 한 택시 기사 아저씨가 제 친구에게 해 준 말이 있습니다.

"요즘 중국인, 특히 중년층의 남자들이 동대문에서 꽤 택시를 많이 잡아요. 여자들은 쇼핑하고 남자들끼리 주로 밤에 택시를 많이 잡습니다. 그런데 이 중국 남성들이 가자고 하는 곳이 대부분 겹칩니다. 택시 타면 바로 '세븐럭'이라고 해요. 동대문에서 손님 태우면서 세븐럭 모르면 장사가 안 돼요."

세븐럭은 상장회사인 GKL(그랜드 코리아 레저)이 운영 중인 서울 시내의 외국인 전용 카지노의 이름입니다. 이처럼 현실에서 본인이 직접 발로 뛰고, 다른 사람에게 물어서 발굴한 투자 아이디어는 그 어떠한 고급 정보보다 가치 있습니다.

사람은 나이가 들면서 자연적으로 '경험치'라는 것을 얻게 됩니다. '경력에서 우러나오는 실력'이라 할 수 있죠. 세월이 흐르는 대로 가만히 있을 때 얻는 경험치는 냉정히 말해 주식 투자로 치환하면 그냥 기사 검색 수준의 노력입니다. 그 정도로는 부족합니다. 추가로 자기가 발로 뛰고 사람들에게 물으면서 사실조사를 해 나갈 때 얻는 것이 진짜입니다. 특히 B2C 기업에 투자할 경우, 직접 그 제품을 써 보는 것은 가치 있는 일입니다.

앞서 말했듯이 화장품 기업에 투자할 때는 저도 매장에 가서 점원에게 이것저것을 물어보았습니다(물론 어느 정도 물건을 사긴 해야겠지요). 대부분 친절하게 대답해 줍니다. 어느 제품이 잘 팔리는지, 그리고 이 매장은 언제 생겼는지, 요새 매출은 작년보다 괜찮은지 등의 질문을 합니다(사람들이 없는 시간대에 가려고 노력합니다).

한편, 요새는 인터넷상에서 제품 사용 후기도 쉽게 찾을 수 있습니다. 검색어로 상품명 뒤에 후기를 붙여 검색하면 됩니다. 화장품에 투자할 때는 화장품명과 그 후기를 자주 검색했습니다.

티웨이홀딩스에 투자할 때는 '티웨이항공 후기'라고 수차례 검색했습니다. 여러분도 투자하실 기업의 제품 혹은 서비스 사용 후기를 반드시 찾아보세요.

주식 뒤에는 기업이 있고, 기업은 소비자에게 무언가를 팔고 있습니다. 그 후기를 점검하는 것은 기본 중의 기본입니다(요새는 인터넷과 SNS의 발달로 이 작업이 매우 쉬워졌습니다).

오박사 투자 노트

성공한 개인 투자자들의 자세

블로그를 운영하면서 극소수이긴 하지만 30대에 투자로 어느 정도 성공을 거둔 분들을 직접 만날 기회들이 있었습니다. 그들의 공통점이나, 배울 점을 집에 와서 투자 노트에 기록하고는 합니다. 수년에 걸쳐 적다 보니 그 공통점들이 보이기 시작했습니다.

① 정보력의 차이에서 이제는 해석의 차이로

▶ 예전에는 주식 투자에 있어 정보력의 차이가 컸다. 정보력이 투자의 성패를 크게 좌우했다. 그러나 이제 대부분의 정보가 공개되어 있다.

② 책을 많이 읽고 시간을 아껴 쓴다

▶ 매일경제, 한국경제, 중앙일보 등 책뿐 아니라 신문까지도. 프로 운동선수가 아침마다 길을 달리듯이 신문을 읽어야 한다.

▶ "워런 버핏이 시간을 가장 많이 쓰는 활동은 읽기." 공시는 하나하나 다 읽어야 한다. 워런 버핏의 사무실에는 주식시세 표시기가 없다. 빌 게이츠도 초능력을 하나 가질 수 있다면 매우

빨리 읽는 능력을 갖추고 싶다고 했다.

③ 기록 및 저장

- ▶ 스스로 정리하고 기록하는 습관이 중요하다. 블로그 포스트든 메모 앱이든.
- ▶ 기록을 쉽게 찾는다. 어떤 기록이든 언제든 꺼내 볼 수 있게.

④ 집념

- ▶ 돈을 좋아해야 한다. 돈을 밝히라는 것이 아니라, 돈을 벌고 투자금을 늘려 삶을 조금이라도 긍정적으로 변화시키겠다는 목표가 있어야 한다. 잘 말해 주고 끌어 주려고 해도 조금 해보다가 그냥 이대로 살겠다고 빨리 단념해 버리는 경우가 있다. 공부 머리와는 다른 그 무언가가 있어야 한다.

⑤ 경제적 해자가 중요하다

- ▶ 특히 중독 소비, 어쩔 수 없이 사야 하는 것을 파는 회사의 주식을 사야 한다.

⑥ 시장의 비이성

- ▶ 어떤 상황에서 인류라는 덩어리는 이 덩어리를 이루고 있는 개인과는 사뭇 다른 새로운 특징을 나타낸다.

–구스타브 르 봉, '군중' 中

- 분위기나 소소한 정보에 따라 파는 단기적 성향은 유의해야한다. 분위기에 따라 마구 팔았다가 서로 눈치를 보며 사기도 한다. 이러한 시장의 비이성을 더욱더 이용하자.

⑦ 호기심

- 같은 현상을 봐도 계속 호기심을 가지고 찾아 들어간다. 스타벅스 매장에서 커피 주문 줄을 기다릴 때도 옆에 진열된 주스는 어떤 회사에서 납품하는지 조사해 보자.

⑧ 투자자의 마음

- "투자금이 1억 이상 되면 하루 변동 폭이 월급을 넘어가. 이때 마음을 잘 다스려야 해." 결국, 투자자 자기 자신한테 달려 있다.

투자자의 자세

③ 시장에 휘둘리지 않는 마음

가격 변동은 투자자에게 가격이 급격히 하락할 때 매수할 수 있고 급상승할 때 현명
하게 매도할 기회를 제공할 것이다. 다른 경우에는 주식 시장에 대해 잊어버리고 배
당 수익과 회사의 영업 성과에 주의를 기울이는 편이 더 낫다.

-벤저민 그레이엄

"지금은 너무 비싸. 주가가 조금 더 내려가면 살 거야."

현재 주가가 높으니 그 주식을 나중에 산다는 말은 어떻게 보면 이성
적으로 들리지만, 정말 나중에 가격이 하락했을 때 살 수 있는 사람이 얼
마나 될까요? 저에게는 특히 2014년이 기억납니다. 삼성전자가 그해 가
을 일시적으로 110만 원 근처에서 거래가 될 때입니다. 당시 대부분의
개인 투자자가 120~130만 원대에 매수했었고, 평가손실이 발생하던 시
기였습니다.

저 역시 삼성전자는 PBR 1.0 근처에서는 사야 한다는 마음가짐으로
130만 원이 무너졌을 때부터 꾸준히 사 오고 있었습니다. 그러던 중 일
시적으로 주가가 110만 원 아래로 하락하자, 저는 어떻게 되었을까요?
머릿속으로는 더 사야 한다는 생각이 들었으나, 당시에 매수 버튼 누르
는 것을 망설이게끔 하는 한마디를 투자 게시판에서 보았습니다. 바로

'사긴 살 건데 자기는 주가가 90만 원대가 되면 살 거'라는 한 줄의 글이 었습니다.

투자관이 완벽히 정립되기 전이라서 그랬을까요? 저는 삼성전자의 추가매수를 중단하였습니다. 그리고 수년이 지난 현재, 여러분이 보다시피 당시 주가가 90만 원대로 더 떨어지면 사려던 제 생각과 행동은 매우 부끄러운 일이 되고 말았습니다.

기업 가치에 대한 확신이 가장 중요하며, 본인이 생각하는 적정 가치 이하에서 거래된다고 생각하면 투자자는 매수에 나서야 합니다.

"더 나중에 사야지, 더 떨어질 거야, 그게 더 돈을 벌 수 있는 길이야."

이런 생각은 연속적으로 적중할 확률이 매우 낮기 때문입니다. 그리고 어차피 기업 가치의 상승으로 주가가 오를 수밖에 없는 기업은, 100원에 사나, 105원에 사나 결국 200원, 300원이 되면서 이익으로 보답해 줍니다.

진정한 투자자들은 장세에 영향을 받으며 투자하지 않습니다. 시장 지수에 큰 관심이 없습니다.

'오늘 코스피지수가 몇 % 떨어졌는데, 왜 내가 산 기업의 주가는 더 내려갔지?' 등과 같은 생각을 하지 않고 오로지 기업만 바라봅니다. 이와 반대로 마켓 타이밍을 맞추려는 사람들이 있습니다. 가까운 시기에 시장이 올라갈 것으로 예상하면 주식을 사고, 시장이 하락할 것으로 예상하면 주식을 파는 행위입니다.

'가까운 시기'는 매우 단기간입니다. 짧게는 하루, 길어야 몇 달입니다. 주식 시장의 상승과 하락을 예측하여 높은 수익률을 얻고자 하는 투자 행위는 지속해서 성공할 수 없습니다.

장소와 시기는 다르지만, 미국 다우지수를 예로 들겠습니다. 1926년부터 2006년까지 80년 동안 다우지수는 연평균 10%씩 성장하였습니다. 그러나 역사적으로 이상한 날들이 존재했습니다.

1933년 3월 15일, 다우지수는 15.3%가 상승합니다. 1931년 10월 6일에도 14.9%가 상승합니다. 가까운 예로는 금융위기가 한창이던 2008년 10월 28일, 다우지수는 10.9% 상승합니다. 반면에 대폭락한 날 역시 수없이 많습니다. 유명한 1987년 10월 19일이 있습니다. 블랙 먼데이로 기록된 이 날 『뉴욕타임스』는 '다우지수 508포인트 하락, 22.6% 하락'으로 1면 머리기사를 뽑았습니다.

스스로 이렇게 급등락하는 시장의 흐름을 예측하여 주식 투자 금액을 늘렸다 줄였다 하는 마켓 타이밍 전략을 잘해 낼 수 없겠다고 판단했습니다. 그래서 반대 전략인 매수 후 보유(Buy-And-Hold) 전략이 최고라고 믿게 되었습니다.

삼성전자를 135만 원에 샀는데 주가가 하락했으므로 110만 원에 매도하고, 다시 105만 원에 사겠다는 생각은 언뜻 보면 합리적으로 보이나 매우 어리석은 생각입니다. 마켓 타이밍 전략으로 한두 번은 적중할 수 있지만, 장기적으로 계속 정답지에 마킹할 수는 없습니다.

피터 린치는 일찍이 그의 저서 『전설로 떠나는 월가의 영웅(One up on Wall Street)』에서 다음과 같이 말했습니다.

- 시장은 투자와 아무 상관이 없다. 이 한 가지만 당신에게 이해시키더라도 이 책은 제값을 다한 셈이다.
- 시장을 예측해서 불황에 대비할 수 있으면 얼마나 좋을까? 그러나 이것은 불가능한 일이다. 그래서 나도 워런 버핏처럼 수익성 높은

기업을 찾는 것으로 만족한다.

- 시장 예측을 믿지 않기 때문에 나는 훌륭한 기업의 주식, 특히 과소 평가 되었거나 소외된 주식을 사야 한다고 믿는 사람이다.
- 누군가 시장을 예측할 때, 우리는 귀를 기울이는 대신 코를 골아야 한다. 그 비결은 자신의 육감을 믿지 말고, 오히려 자제력을 발휘해서 육감을 무시하는 것이다. 회사의 근본이 바뀌지 않는 한, 주식을 계속 보유하라.

"내일은 지수가 떨어질 것 같으니 주식 비중을 줄이자. 그리고 얼마 뒤 다시 사자" 등의 생각은 주식으로 도박을 하여 본인의 운을 시험하겠다는 것밖에 되지 않습니다. 그 대신, 좋은 주식을 사서 1년, 2년 배당금을 받으며 기업의 이익이 늘어 가는 것을 여유롭게 지켜보며 회사와 내 투자금이 공동 성장하는 것은 올바른 투자의 길입니다. 시장과 지수에 휘둘리지 마세요.

투자자의 철학

> 진정한 투자자는 보유한 주식을 상황에 의해 어쩔 수 없이 매도하지 않으며 항상 그
> 때그때의 주식 호가에서 자유롭다.
>
> —벤저민 그레이엄

사람들은 각자의 철학과 가치관을 가지고 세상을 살아갑니다. 기업에 투자할 때도 철학이 중요합니다. 단돈 100원이라도 본인의 돈을 투자한다면 반드시 자기만의 철학을 가지고 있어야 합니다.

투자 철학을 논하기에 앞서 유명한 야구 이야기부터 시작해 보도록 하죠. 국내 프로야구계에서 전해져 오는 유명한 명언들이 몇 가지 있습니다. 그중 김재박 감독의 "순위가 내려갈 팀은 내려간다(DTD, Down Team is Down)."는 정말 불후의 명언이라 할 수 있습니다. 일부 팬들 사이에서 'DTD는 과학'이라는 말이 나올 정도지요.

이 명언이 나온 시기는 2005년경 김재박 감독의 인터뷰에서 시작되었습니다. 전력이 약한 팀이 반짝 잘나갈 수는 있지만 오래가지 못한다는 뜻으로, 당시에 2001~2004년(4년간) 꼴찌를 했던 롯데가 2005년 5월이 되어도 상위권을 유지하자 김 감독은 인터뷰에서 이렇게 말했습니다.

"내려갈 팀은 내려간다."

결국, 인터뷰 때문이었는지, 롯데는 가을야구(포스트시즌 진출)에 실패하며 결과적으로 옳은 예언으로 남게 되었습니다.

주식 투자도 어찌 보면 'DTD'와 상당히 유사한 측면이 많습니다. 바로 '모든 주식은 결국 자기 가치를 찾아간다.' 즉, 제 가격을 찾아간다는 것이지요.

'DTD'처럼 'UTU(Up Team is Up)'도 진지하게 생각해 볼 말입니다. 가치보다 주가가 쌀 때 해당 주식을 매수해서(해당 팀의 실력보다 일시적으로 순위가 낮을 때 매수) 제자리를 찾아가면 매도하는 것이 우리가 내릴 수 있는 해답입니다. 그렇다면 이제, 가치는 결국 제자리를 찾아간다는 진리를 마음에 새긴 채 투자 철학에 대하여 생각해 보도록 합시다.

아래는 제가 노트에 적어 둔, 투자 철학 정립을 위한 일반적 프로세스입니다. 다음과 같은 순서에 따라 본인의 철학을 정립해 둔다면 자본주의 및 투자 세계에서 본인의 돈을 지킬 확률이 높아질 것입니다.

오박사 투자 노트

투자 철학 만들기

1. 가격과 가치를 바라보는 흔들리지 않는 본인만의 기준을 정립한다.
▶ 특히 투자가들은 가격 하락을 어떻게 바라봐야 하는가에 대한 답을 내릴 수 있어야 한다.
▶ 좋은 투자 철학을 가지고 장기적으로 성공한 레전드 투자가들의 책을 여러 번 읽고, 마음에 새긴다.

2. 자신만의 저평가된 주식을 판별할 수 있는 기준을 만든다.
▶ 대가들의 철학을 습득하고, 실제 본인의 투자 기준을 만들어 본다.
▶ 숫자로 나타낼 수 있는 분석(정량적 분석), 숫자로 설명할 수 없는 분석(정성적 분석)으로 나누어 본인의 기준을 만든다. 빠르게 찾을 수 있는 정량적인 자료(숫자)부터 충실히 조사한다.

3. 한 기업이라도 제대로 깊이 있게 분석한다. 본인이 잘 아는 분

야부터 시작한다. 너무 머나먼 꿈은 꾸지 않는다. 학생이라면 자기 전공 관련 기업, 직장인이라면 본인이 다니는 회사 또는 업무와 연관성 있는 기업들부터 조사한다.

4. 그 기업을 왜 사야 하는지 충분히 머리와 심장으로 동시에 이해하였다면 매수를 시작한다.

▶ 절대 감(感)에만 의지하여 사지 않는다.

▶ 연습장에 본인의 투자 아이디어를 그려 보거나 간단하게 매수 이유를 두세 줄 정도 적는 연습을 한다.

3

기업의 가치

내가 주식을 사는 이유

가격과 가치는 무엇일까?

순풍보다 맞바람에 더 센 기업에 투자하는 것이 중요하다. 위대한 기업이 순간적인
어려움에 사로잡힐 때 투자 기회가 나타난다.

-워런 버핏

주식 투자에는 많은 방법론들이 존재하겠지만 저의 믿음은 간단합니다. '주식 투자'는 곧 '가치 투자'여야 한다는 것입니다. 현재 시장에서 거래되고 있는 상장 기업은 저마다의 주가가 있습니다. 이 주가에 발행 주식 수를 곱하면 그 기업의 시가총액이 나오게 됩니다. 문제는 바로 이 현재의 시가총액이 그 기업 본연의 가치와 일치하지 않을 확률이 매우 높다는 것입니다. 제 생각에는 많은 기업의 거래 가격과 가치가 일치하지 않는 것 같습니다.

여러분이 지나가는 차를 보고 저 차는 2천만 원짜리 정도라고 생각했는데, 혹은 지나가면서 어떤 아파트 단지를 보고 내가 얼마 정도면 저 집을 살 수 있겠다고 생각했는데 실제 시장 가격과 정확히 일치한 경우를 보셨나요? 아마 확률적으로 대부분이 여러분이 생각한 가치와 현재 가격이 일치하지 않습니다. 주식 투자도 이와 같습니다.

현재 가격보다 더 가치 있다고 생각하는 기업의 지분을 사서 주인(대주주)이 된 것처럼 생각하고 행동해야 합니다. KT&G의 주식을 샀다면 에쎄를 흡연하는 사람들에게 고마워해야 합니다. 흡연자들이 있기에 KT&G는 계속 돈을 벌 수 있고 여러분에게 배당금과 시세차익을 줄 수 있는 것입니다.

저는 KT&G에 투자 시 길바닥을 항상 보면서 다녔습니다. 어떤 회사의 담배꽁초, 담뱃갑이 떨어져 있는지 보고 다녔는데, 에쎄가 떨어져 있으면 마음이 좋았고 솔직한 마음으로 던힐이나 말보로가 떨어져 있으면 기분이 안 좋아졌습니다. 누가 보면 미친놈인 줄 알았겠지요. 바닥만 보고 다니면서 꽁초나 담뱃갑을 보고 웃으니까요. 제가 말하고 싶은 것은 '주인 의식'입니다. 진정성이 있어야겠지요.

당신이 생각하는 어떤 기업의 주식이 본연의 가치보다 낮은 가격에 거래되면 매수하라. 시간이 흘러 이제는 가치가 가격에 충분히 반영되었다고 판단되면 매도하라. 단, 주식을 매수하면 그 기업의 주인이 된 것처럼 스스로 생각하고 판단해야만 한다.

이 간단한 명제는 크게 2가지의 행동 및 판단으로 나눌 수 있습니다.
① 내재가치 이하의 가격에서 매수하기
② 내재가치가 주가에 충분히 반영되었는지 판단하기

이것은 다시 다음과 같은 질문으로 치환됩니다.
① 본인만의 방법과 철학으로 한 기업의 내재가치를 구할 수 있는가?
② 내재가치가 가격에 반영될 때까지 기다릴 수 있는가?

내재가치를 구하는 방법은 크게 정량적 분석과 정성적 분석으로 나눌 수 있습니다. 쉽게 말해 숫자로 표현할 수 있는 분석과 숫자로 표현이 안 되는 분석을 해야 한다는 것입니다.

사람을 판단할 때, 'A는 키 175cm, 몸무게 70kg.' 이것은 정량적 분석입니다. 하지만 'A는 성격이 그렇게 모나지 않아서 사람들이 좋아하며 잘 따르는 것 같다.' 이것은 정성적 분석입니다. 숫자로 정확히 설명할 수 없습니다.

어떤 것이 더 어려울까요? 당연히 정성적 분석이 어렵습니다. 쉽게 정의 내리기가 어렵고 개인적 판단이 많이 개입되기 때문에 틀릴 가능성도 매우 커지지요. 그러나 첫 번째 정량적 분석의 경우, 매출액, 영업이익, 부채 비율 등 숫자로 표현되기 때문에 깔끔하며 논리적입니다.

이제는 한 기업의 가치를 어떻게 산정하는가에 대한 문제만이 남았습니다. 주식의 가격은 쉴 틈 없이 움직이며 만천하에 공개가 되어 있으므로 가치와 가격을 비교하는 작업에서 가치를 구하는 작업이 제일 중요한 것임은 두말할 필요가 없습니다. 어떻게 하면 가치를 구하고 저평가된 주식을 판별할 수 있는 본인만의 기준을 세울 수 있을까요?

가치 투자의 거장 벤저민 그레이엄은 '투자란, 철저한 분석을 바탕으로 원금의 안전과 만족스러운 수익을 약속하는 것'이라 말했습니다.

집을 짓는다고 가정해 보면, 철저한 분석(안전한 울타리)은 기본이 되어야 할 것입니다. 비바람이 치고 파도가 덮치는 위험한 지역에 집을 지을 수는 없기 때문입니다. 그 이후에는 집을 짓기에 적당히 단단한 지반이 있어야 합니다. 이는 원금 안전성을 의미합니다. 이 두 가지가 철저하게 담보된 뒤에야 그 위에 아름다운 집(적절한 수익)을 지을 수 있을 것입니다.

가장 중요한 문제 중 하나인 가격 변동성을 어떻게 바라봐야 할 것인가의 문제도 남아 있습니다.

일찍이 워런 버핏은 "만약 당신이 평생 햄버거를 먹는다고 가정할 때 햄버거의 원료가 되는 소고기의 가격이 오르면 좋을까요? 그대로면 좋을까요? 내리면 좋을까요? 만약 당신이 10년 뒤에 자동차를 산다고 가정할 때 자동차의 가격이 현재보다 많이 오르면 좋을까요? 그대로면 좋을까요? 내리면 좋을까요?"라고 묻곤 합니다.

피터 린치 역시 주식 시장에서의 가격 하락은 1월에 콜로라도에서 눈보라가 치는 것만큼 흔한 일이라고 하였습니다. 우리나라에 맞게 비유하자면, 주식 가격의 하락은 8월의 대구가 무더운 것처럼 당연한 일일 것입니다.

물론, 품질에 변화가 생겼다면 가격이 싸집니다. 대형 상점 식품 판매대에서 폐장 시간 전에 해산물을 싸게 파는 것과 같은 이치입니다. 그러나 품질의 변화가 없는 같은 물건인데, 가격이 하락했다면 어떻게 생각해야 할까요? 일시적인 가격 변동으로 할인 기간에 돌입했을 때에 물건을 싸게 사 두어야 합니다. 이는 분명 가치 있는 행동입니다.

함께 저녁을 먹던 친구가 갑자기 한 가지 제안을 합니다.

"나 오늘 차 타고 왔는데, 사실 차가 갑자기 필요 없어졌거든. 네가 살래?" 여러분이라면 친구에게 어떤 질문을 하실 건가요?

차를 살 마음이 조금이라도 있다면 이 두 가지는 꼭 물어볼 겁니다.

"무슨 차인데?"(차종), "얼마에 팔 건데?"(가격)

기업 투자도 이와 마찬가지입니다. "무슨 차야?"와 같이 우리는 투자 결정을 하기 전에 바로 그 기업이 하는 사업이 어떤 사업인지 정확히 알아야 합니다. "얼마에?"는 중요한 결정 요소인 가격을 물어본 것입니다.

너무 비싼 값을 지급한다면 좋은 거래가 될 수 없겠지요. 이 장에서는 어떻게 하면 기업의 가치를 평가할 수 있는지를 다루겠습니다. 기업의 이익, 자산, 배당. 이 세 가지를 이해하고 투자하는 것입니다.

오박사 투자 노트

주식 투자 기본 요소

1. 이익-자산-배당

기업의 가치를 이해하고 투자한다. 이익 가치, 자산 가치, 배당 가치를 이해한다. 이들은 개별적인 독립적 가치가 아니다. 서로 연결되어서 투자 논리를 유기체처럼 구성한다.

2. 비즈니스 모델(BM)과 경제적 해자

기업을 보호하고 있는 비즈니스 모델과 경제적 해자를 이해하고 투자한다. 이익을 꾸준히 내고 있고, 자산을 차곡차곡 쌓아 가며, 주주들에게 배당을 통해 투자 성과를 공유하는 기업이 결국에는 오래 간다. 이런 기업은 굳건한 비즈니스 모델을 바탕으로 추가적인 경제적 해자를 통해 다른 경쟁자들로부터 자신을 보호한다. 자연스레 보호막이 형성되는 것이다. 흔들리지 않는 굳건한 비즈니스 모델과 남들이 쉽게 침범할 수 없는 경제적 해자를 가진 기업은 그렇지 않은 기업보다 더욱 투자할 가치가 있다.

3. 오박사 생각

저는 A라는 기업의 주식을 살지 말지 결정할 때 대부분 아래와 같은 검토 과정을 거칩니다.

① 가격: 그 기업이 버는 이익과 가지고 있는 자산, 그리고 주주에게 돌려주는 배당에 비교해 현재 시가총액이 저렴한지 아닌지

② 비즈니스 모델: 타 기업이 가지고 있지 않은 강력한 무언가가 있는지

③ 경제적 해자: 타 기업이 침범할 수 없는 그 기업만의 방어막이 있는지

④ 경영진: 믿을 수 있는지, 거짓말하지 않는지

기업의 가치를 이해하는 방법 세 가지
이익, 자산, 배당

가격의 모멘텀이 아니라 내재가치와 가격을 비교해서 주식을 사고팔아야 한다.

−찰리 멍거

위대한 투자가인 찰리 멍거의 말은 함의하는 바가 큽니다. 진정한 투자가는 가격의 등락을 유발하는 힘을 섣불리 예측하여 투자하지 않습니다. 계산된 '가치'와 현재 시장에 제시된 '가격'을 철저히 비교한 뒤에 거래에 나섭니다.

단 한 주라도 특정 회사의 주식을 산다는 것은 잘게 쪼개진 그 회사의 지분을 산다는 것입니다. 즉, 회사의 주인이 될 수 있는 권리를 산다는 개념으로 이해해야 합니다. 단순히 위아래로 마구 움직이는 숫자를 가지고 게임을 하듯이 사고파는 행위가 아닙니다.

다시 찰리 멍거의 말을 보겠습니다. 내재가치와 가격을 비교해야 한다는 말은 무엇일까요? 가격은 이미 주식 시장에서 모두에게 오픈된 정보입니다. 그렇다면 우리는 한 기업의 내재가치만 잘 계산해 낼 수 있으면 됩니다.

A(가격)는 이미 문제에서 주어진 값이고, A(가격)와 B(가치)를 비교만 하

여 결정을 내리면 됩니다. 그래서 우리는 B만 잘 계산해 내면 되는 것입니다. 우리는 모두 이 질문에 대한 답을 각자가 내리고 투자를 시작해야 합니다. 그 질문은 바로 '내가 생각하는 이 회사의 적정한 몸값(=시가총액)은 얼마인가?'입니다. 그 시가총액에 대한 답이 내려지면 그 시가총액을 유통 주식 수로만 나누어 주면 적정 주가가 됩니다. 여러분이 추정한 이 적정 주가와 현재 검색하면 인터넷에서 바로바로 뜨는, 시장에서 제시된 그 기업의 주가를 비교하는 것입니다.

① 투자할 기업의 적정 시가총액 계산
② 제시된 주가(가격)와 비교
③ 투자 결정

이렇게 크게 3단계만 거치면 됩니다. 물론 가장 중요한 것은 바로 첫 번째, 적정 시가총액을 구하는 일입니다. 크게 세 가지 부문(이익, 자산, 배당)으로 나누어 적정 시가총액을 구해 봅시다.

이익 가치

결국 '이익'이 주식의 운명을 결정한다. 사람들은 시장의 매시간 움직임에 돈을 걸기도 하지만, 장기적으로 이런 움직임을 좌우하는 것은 기업의 '이익'이다.

−피터 린치

어느 평화로운 주말 아침, 밥을 먹으면서 아내에게 물었습니다. "스타벅스나 나이키 같은 세계적 기업들은 한 해 이익의 몇 배에 몸값(시가총액)이 형성되어 있을 것 같아?" 그러자 아내는 "한 3배 정도?"라고 답했습니다. 주식을 매우 싼 가격에 사려고 하는 좋은 자세입니다. 하지만 한 해 순이익의 3배에 거래되는 유망한 기업은 찾기가 조금 힘듭니다. 그래서 저는, "와, 3배? 그 가격이면 전 재산 팔아서 다 사야겠네!"라고 답했습니다. 여러분은 한 해 이익의 몇 배에 거래된다면 앞서 말한 글로벌 회사의 전체를 사고 싶으신가요?

워런 버핏의 스승인 벤저민 그레이엄은 일찍이 말했습니다. "보수적인 투자자의 투자 기준으로 한 기업의 적정 PER은 현재 주가가 '최근 3년 평균 이익'의 15배 이하여야 한다!" 이것이 과연 무슨 말일까요? 이익 가치는 매우 중요한 부분이므로 천천히 알아가 봅시다.

출근 중인 회사원을 붙잡고 "회사에 왜 다니세요?"라고 물었을 때 "자아실현이요!"라고 답할 사람은 아마 없을 것입니다. 지금 다니고 있는 회사에서 갑자기 월급을 안 줄 테니 좀 나와 달라고 하면 출근할 사람이 몇 명이나 되겠습니까? 그렇습니다. 우리 역시 우리의 이윤을 위해서 회사에 다닙니다.

너무나 교과서적인 말이지만, 가장 중요한 본질이 바로 여기에 있습니다. 사람도 그러하듯이 기업의 존재 목적 역시 '이윤 창출'이라는 대명제입니다. 주위를 둘러보면 10년 전에도, 현재에도 말도 안 되는 적자 기업에 소문만 듣고 투자하는 사람들이 너무나도 많습니다. 경험상 투자 기업의 '이익' 수준과 그 추이만을 잘 파악하고 투자해도 투자 실패확률을 크게 낮출 수 있습니다. 전설적 투자가인 필립 피셔 역시 일찍이 이렇게 말했습니다. "투자자의 입장으로서, 적어도 영업 활동을 시작한 지 2~3년밖에 지나지 않았거나, 이미 사업 기반을 잡은 기업과는 전혀 다른 분야에서 최소한 1년간 영업이익을 내지 않은 기업에 투자하는 것은 기본적으로 문제가 있다고 생각한다." 주위를 보면 확실한 기업들도 많습니다. 굳이 엘도라도를 향해 불확실한 항해를 떠나가는 배의 티켓을 구매할 필요가 없습니다.

그렇다면 기업의 이익에 집중했을 시 반드시 봐야 할 지표가 무엇이 있을까요? 바로 투자 원금회수 기간과도 같은 PER이 있습니다.

PER(Price Earnings Ratio)

PER=주가/1주당 당기순이익으로 나눈 값

=시가총액/순이익

현재의 주식 가격을 주식 1주당 벌어들인 순이익으로 나눈 값입니다. 개념이 다소 어렵다면, 현재 해당 기업의 전체 몸값인 시가총액을 그 기업이 1년간 벌어들인 순이익으로 나누었다고 생각하면 편합니다.

경기도 파주시에서 코인 셀프 세차장을 운영하는 박 사장님이 계십니다. 꽤 단순한 비즈니스 모델이죠. 차 주인들이 직접 차를 끌고 와서 세차하고, 박 사장에게 돈을 내고 떠납니다. 박 사장은 당신에게 문서 하나를 보여 주며 제안을 했습니다.

"작년에 이 세차장으로 세금 떼고 딱 이만큼 벌었어"라는 말과 함께 소득증명을 해 보이는 박 사장님. 이 세차장은 작년에 내야 할 세금을 모두 다 내고 정확히 5천만 원을 벌었습니다. 나쁘지 않습니다. 박 사장은 몸이 안 좋아 사업을 접고 시골에 내려가려고 하네요. 여러분이 알 수 있는 정보는 딱 여기까지입니다. 숫자는 오로지 순이익뿐입니다. 이제 당신은 "그러면 내가 이 가격에 사겠소."라고 한 번만 제안 가능하며, 박 사장이 그 제안을 승낙하면 세차장은 여러분의 것이 됩니다. 안 된다고 거절하면 그 자리에서 이 거래는 없던 일이 되어 버리고 맙니다. 여러분은 작년도에 5천만 원을 벌어들인 이 셀프 세차장을 얼마에 인수하고 싶으신가요?

작년도 이익의 10배에 인수하고픈 사람은 5억 원을 제시할 것입니다. 이익의 15배까지 지급하겠다라고 한다면 7억 5천만 원까지 제시할 수 있습니다. '아니다, 나는 셀프 세차장 비즈니스의 장래를 밝게 보지 않는다.'라고 생각하시는 분은 1억 원도 제시할 수 있겠지만, 아마 박 사장이 안 팔 가능성이 크겠죠. 갑자기 아프던 몸이 건강해져서 계속 운영하시거나 다른 매수 희망자를 찾으러 가실 듯합니다. 이렇게 PER이 10일 때보다는 PER이 2일 때, PER이 낮을수록 해당 비즈니스는 저평가되어 있다고 볼 수 있습니다.

현재 어느 기업의 PER이 10배라면, 전체 시가총액이 당기순이익의 10배로 거래된다는 뜻입니다. 기업 가치 평가를 할 때 매우 중요하면서 간과하기 쉬운 부분이 바로 이곳입니다. 순이익에 몇 배를 곱해 줄 것인가? 이 답에 따라 당신이 생각하는 세차장의 적정 가치는 변하게 되는 것입니다.

그렇다면 이익 가치의 기준에서 어떻게 주가가 오르는지를 생각해 봅시다.

순이익(Earnings)×주가배수(PER)=시가총액
Case1) 순이익(5천만 원)×주가배수(PER10)=5억 원
Case2) 순이익(5천만 원)×주가배수(PER20)=10억 원
Case3) 순이익(1억 원)×주가배수(PER10)=10억 원
Case4) 순이익(1억 원)×주가배수(PER20)=20억 원

즉, 해당 기업의 이익이 증가하거나 투자자들이 그 사업을 보는 시각(적정PER)이 바뀌어 적정 주가배수(PER)가 높아지면 주가가 오르게 됩니다. 세차장의 예를 들자면, 연 5천만 원의 수익에서 1억 원의 수익으로 2배 점프하면 같은 배수를 곱해 준다고 해도 주가는 2배가 됩니다. 혹은 연 수익은 5천만 원으로 같지만, 세차장 근처가 재개발되어 아파트 단지가 매우 많이 들어와서 투자자들이 세차장을 보는 시각이 달라졌다고 가정하면 PER이 기존의 10배가 아닌 20배로 오르게 됩니다. 이때 역시 주가가 2배가 됩니다.

투자자로서 최고의 시나리오는 어떤 경우일까요? 날카로우신 분들은 이미 눈치를 채셨겠지만, 기업의 이익 증가와 투자자들의 시각(적정 PER)이 동시에 상승하는 경우입니다. 즉, 위 Case 4의 경우라고 할 수 있습니다. 저는 이런 기업들을 항상 찾으려고 노력합니다.

아래의 표를 생각해 봅시다. 여기 가나다라는 기업이 있습니다.

가나다 기업

A : 주가 200만 원

B : 2018년 1주당 순이익 20만 원

C : 2019년 1주당 순이익 25만 원

    A÷B=200÷20=10

    A÷C=200÷25=8

현 주가가 불변이고, 회사가 벌어들이는 돈이 올해 주당 20만 원에서 내년에 주당 25만 원으로 증가한다면 PER은 10에서 8로 낮아질 것입니다. 기업 이익은 증가했는데 주가가 200만 원으로 변하지 않았다면, PER은 10에서 8로 낮아졌다는 의미이며, 투자자에게는 유리한 시점이 왔음을 뜻합니다. 기업의 이익이 오르면 투자가들이 생각하는 적정 PER이 조금이라도 움직일 수밖에 없기 때문입니다. 우리가 할 일은 위 가나다 기업과 같이 기업의 이익이 작년보다는 올해, 올해보다는 내년에 더 증가할 기업을 찾는 것입니다.

2018년도 기준으로 위 가나다 기업의 1년 순이익으로 원금을 회수하는 데는 10년이 걸릴 것입니다. 2019년도에 이익이 증가한다면 이 원금 회수 기간은 짧아지게 되죠. 투자 시에 현재의 이익만을 봐서는 안 되는 이유입니다. 기업의 이익이 증가하면 PER이 낮아집니다. 그렇다면 어떻게 미래의 이익이 증가할 기업을 찾을 수 있을까요? 기업이 이익을 증대시키는 방법으로 피터 린치는 아래 다섯 가지를 말했습니다.

① 비용을 절감한다.
② 가격을 인상한다.
③ 신규 시장에 진출한다.
④ 기존 시장에서 매출을 늘린다.
⑤ 적자 사업을 재활성화하거나 중단 혹은 매각한다.

위 내용을 토대로 여러분이 현재 투자 중이거나 투자하려는 기업이 이익을 증대시키기 위해 어떠한 노력을 하고 있는지 점검해 봅시다. 명확한 답을 내릴 수 없다면 투자를 다시 생각해 보아야 합니다. 성장이 정체된 기업일 수 있으며 물건으로 치면 매력 없는 그저 그런 물건을 사는 것과 같습니다. 우리는 항상 고품질의 물건을 적당하고 합리적인 가격에 사야 합니다.

현실의 예를 들어 봅시다. 투자는 멀리 있는 것이 아닙니다. 여러분이 무심코 지나가는 여러 현상에 다 녹아 들어가 있습니다. 여기 어느 빌딩 2층에 복싱체육관이 하나 있습니다. 건물주에게 월세 270만 원을 내면서 관원 한 명당 한 달에 10만 원을 받고 있습니다. 관장님 혼자서 모든 일을 하고 계십니다. 단순히 계산해도 한 달에 관원 50명(월매출 500만 원)은 꾸준히 유지해야 다른 경비를 제하더라도 230만 원이 남습니다. 최소 60명 이상(월매출 600만 원)은 되어야 그나마 만족할 만한 수익이라 할 수 있는데 60명 이상 꾸준히 관원을 유지한다는 것이 쉬운 일은 아니겠지요.

당신이 이 복싱체육관 비즈니스 모델을 갑자기 경영하게 되었을 때 제일 중요한 점은 무엇일까요? 저라면 '매출이 늘어날 방법은 없을까?' 혹은 '비용 절감할 방법이 없을 것인가?' 이 두 가지 질문에 집중할 것입니다.

투자할 때도 마찬가지입니다. 다시 한번 피터 린치가 말한 회사가 이익을 증대시키는 다섯 가지 방법을 잊지 마시기 바랍니다. 비용 절감, 가격 인상, 신규 시장 진출, 기존 시장에서 매출 최대 증가, 적자 사업 중단 중 과연 그 회사가 몇 가지 노력을 하고 있는지 찾아보세요. 기사 검색은 기본이고, 그 회사 홈페이지도 들어가 봐야 합니다. 최소한 한 가지 정도 노력을 하고 있어야 투자할 때 안심이 되겠지요.

저는 이익을 바라볼 때, ①지속성과 ②확장성을 중점적으로 봅니다. 당연한 말이지만, 꾸준하게 지속적인 영업이익과 순이익을 높여 주는 기업이 그렇지 않은 기업보다 훨씬 가치 있습니다. 아버지가 꾸준히 월급을 벌어 오는 집이 3개월, 6개월에 한 번씩 불규칙한 금액의 돈을 가져오는 집보다 훨씬 더 안정적일 것입니다. 최근 3년간 [90억, 100억, 110억 원] 순으로 이익을 높여 주는 A 회사가 동기간 [50억, 350억, -100억]의 실적을 기록한 B 회사보다 더 가치 있습니다. 두 기업 모두 3년간 300억 원의 이익을 높였다고 할지라도 지속성 측면에서 A 회사가 투자에 더 적합하겠지요.

확장성은 쉽게 말해 위에서 밝힌 이익 증대 5가지 방법 중 '신규 시장에 진출한다'와 관련이 가장 큽니다. 과연 여러분이 투자할 기업의 고객들은 누구인가요? 고객 수 및 매출이 확장될 가능성이 있나요?

지속해서 꾸준한 이익을 올리는 동시에 다른 시장으로까지의 확장성을 가진 제품이나 서비스를 파는 회사가 투자하기 좋은 회사입니다.

오박사 투자 노트

주가가 오르는 이유

여기서 중요한 점은 해당 기업의 본질이 무엇인지 철저히 이해해야 한다는 것
이다. 특히 향후 몇 년 동안 기대할 수 있는 것이 무엇인지 분명히 파악해야 한
다. 순이익의 급증이 예상되지만, 그것이 일회성에 그치는 것이라든가, 해당
기업이 현재의 순이익 성장을 견인하는 신제품의 수명이 다하게 된 뒤 새로운
신제품을 계속 내놓을 회사가 아니라면 문제는 완전히 달라진다. 그렇다면 높
은 주가수익비율은 미래의 순이익을 할인한 것으로 볼 수 있다. 현재의 순이익
급증세가 끝나 버리면 주가는 다시 평범한 기업의 주가수익비율 수준으로 돌
아갈 것이기 때문이다. 하지만 이 회사가 꾸준히 전력을 기울여 순이익 창출의
새로운 원천을 개발하고 있다면 5~10년 후의 주가수익비율은 오히려 지금보
다 훨씬 더 높아질 것이다. 바로 이런 종류의 주식이 많은 투자자가 믿는 미래
의 실적에 비교해 너무 할인돼 거래되는 경우를 자주 발견할 수 있다. 언뜻 볼
때는 굉장히 비싼 것처럼 보이지만 잘 분석해 보면 그야말로 아주 싼값에 거래
되고 있다는 사실을 발견하는 게 다름 아닌 이런 종목이다.

−필립 피셔

주가는 주당순이익에 일정 수준의 주가이익배수 PER을 곱하여 산정됩니다.

(1) 주가=EPS×PER

(2) EPS=(당기순이익/발행 주식 수),

　　PER=(시가총액/당기순이익)

(3) 시가총액=EPS×발행 주식 수×PER =당기순이익×PER

　위 식에 의하여, EPS가 오르거나 PER이 오르면 주가는 오르게 되어 있습니다. 즉, 한 기업의 순이익이 늘어나면, PER이 그대로더라도 주가는 상승합니다. 혹은 순이익이 그대로더라도, 사람들이 회사의 장래를 밝게 보면(=이익 배수를 사람들이 더 높게 평가하면) PER이 높아지게 되어 주가는 상승합니다. 가장 최고는 기업의 이익도 오르고, 사람들의 기대치도 커져서 높은 PER이 곱해지는 경우입니다. 하지만 미래 기대가치까지 높아질 경우를 정확히 미리 찾아내어 먼저 투자하기란 쉽지 않습니다. 그렇다면 PER이 미래에 더 높아질 산업군을 찾는 것은 어떨까요? 이것은 더 쉬운 일이 아닙니다. 현재가 아닌 미래를 예측해야 하는 영역이며, 어떤 산업군에 사람들의 기대가 몰려들지를 알아야 합니다. 그래서 가장 쉽고도 중요한 방법이 바로 산업보다는 개별 기업의 '이익'을 추적하는 전략입니다. 이익이 오르게 되면 그것을 바라보는 시장 참여자들의 기대치도 높아져 PER도 올라가는 것이 일반적인 흐름이기 때문입니다.

한편 많은 분들이 이런 고민을 합니다. 과연 이 기업에 어느 정도의 PER을 곱하는 것이 좋을까? 연간 이익 증가율보다 PER이 낮은 경우에는 저는 다소 안심하는 편입니다. 예를 들어 작년 어떤 기업의 순익이 100억 원이었는데 올해 순이익이 125억 원으로 기대됩니다(25% 상승). 과거 3개년 치를 살펴봤는데 매해 25%씩 이익이 성장해왔습니다. 만약 현재 이 기업의 시가총액이 올해 예상 순이익(125억원)의 10배 수준인 1,200~1,300억 원이라고 가정해 봅시다(PER10). 이 경우 저는 매우 긍정적으로 봅니다(사실 이 정도 기업은 흔치 않습니다). 피터 린치 역시 '난 매년 25%씩 성장하는 기업을 순이익의 20배에 살 때는 전혀 망설이지 않는다.'라고 말하였습니다. 영업이익, 순이익이 최근 몇 년간 급등락이 없이 꾸준히 성장하고 있다면 그 성장률을 계산해 보세요. 그리고 현재 그 기업의 PER과 비교해 보시기 바랍니다. 정답지에 가까워질 확률이 높습니다.

오박사 투자 노트

1. 이익 추적

: 매출액과 순이익이 모두 만족스러운 수준으로 최소 3년간 증가 중인지 살
펴본다.

2. 가치와 가격 비교

: 그 주식을 합리적인 가격에 살 수 있는지 판단한다.

한편, 개별 기업 외에도 한 국가의 주식 시장 전체도 이익이 개선되면 움직입니다. 최근 미국 주식 시장의 상승을 바라보는 시각 중 가장 명쾌한 해석이 있습니다. 바로 '이익 개선'입니다.

미국시장의 평가가 달라진 이유는 기업의 수익성 개선에 기반을 둔다고 볼 수 있습니다.

미국 GMO사의 제레미 그랜덤(Jeremy Grantham)이 2017년에 발표한 보고서를 살펴보겠습니다(원제목: 〈This time seems very, very different〉). 그래프는 1970년 이래로 미국 S&P 500 지수의 PER 지수 변화를 나타낸 것입니다. 1996년 이전에는 13.95의 평균 PER을 보여 왔습니다. 그러나 그 이후부터는 시장의 평균 PER을 23.36으로 평가해 오게 됩니다. 왜 그럴까요? 세계에서 가장 큰 시장이 꽤 장기인 20년 동안 그 이전 25년에 비해 평가가 달라졌다는 것은 분명 의미가 있습니다. 답은 바로 미국 기업들의 이익 증가, 즉 수익성 개선에 있습니다. 기업의 순이익률이 1996년 이전에는 평균 5.0%였으나 그 이후 7.0%로 성장하게 됩니다. 같은 가격에 물건을 팔아도 더 많이 남길 수 있게 되었다는 말입니다. 단순히 2%의 차이처럼 보이지만, 전체 기업의 순이익률이 올랐다는 뜻으로써, 그 성장세가 무려

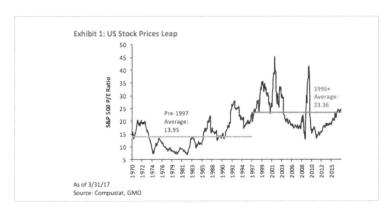

140%입니다. 또한, 표에서처럼 미국 GDP에서 차지하는 기업의 이익 비율도 꾸준히 증가하였습니다.

요약하자면 '미국시장의 평가가 달라진 이유는 미국 기업들의 수익성 개선에 기반을 두기 때문이다.'입니다. 한국 기업들도 마찬가지로 볼 수 있겠지요. 영업이익, 순이익의 절대적 크기가 증가하거나 영업이익률, 순이익률 등이 높아져 같은 값을 팔아도 더 많이 이윤을 남길 수 있다면 결국 시장의 평가가 달라집니다. EPS도 오르고, 이를 지켜본 시장 참여자들의 기대감으로 인해 PER도 오를 것이기 때문에 장기적 관점에서의 주가 상승은 당연한 결과입니다. 기업의 수익성에 집중하시고 매출과 이익을 집중적으로 확인하시기 바랍니다. 저는 주로 매출액의 상승 여부, 매출총이익률(%), 영업이익률(%), 이렇게 세 가지를 점검합니다.

매출액이 왜 중요한가?

적어도 향후 몇 년간 매출액이 상당히 늘어날 수 있는 충분한 시장 잠재력을 가진 제품이나 서비스를 하고 있는가?

—필립 피셔, 『투자 대상 기업을 찾는 15가지 포인트』

1968년에 설립된 삼영전자라는 상장회사가 있습니다. 전자제품의 과부하를 막고 전기 흐름을 안정시켜 폭발, 누전 등을 막는 콘덴서(Condenser)를 생산하는 기업입니다. 60~70년대에는 하이테크 기업이자 초고속 성장기업이었을 수는 있어도, 2030년을 향해 가고 있는 지금, 콘덴서에서 엄청나게 극적인 성장을 누릴 수는 없습니다. 매출액이 하락하고 있습니다. 또 하나의 예는 금호타이어입니다. 전형적인 경기 순환주로 딱히 브랜드파워가 있다고 보기는 힘든, 그래서 경쟁이 치열한 업계에 있는 기업입니다. 매출액도 꾸준히 하락하고 있습니다. 이와는 반대로 어려운 환경 속에서도 꾸준히 매출을 높여 가는 강한 기업들이 있습니다.

KT&G와 LG생활건강입니다. 이익이 꾸준하게 늘어가고 있는데, 그 기저에는 바로 매출액의 상승이 있습니다. 이 두 기업의 공통점을 찾다 보니 조금 희한한 부분에서 서로의 교집합이 있었습니다.

저는 주변에 '앞으로 유망한 시장은 어디일 것 같아?'라고 자주 묻곤 했습니다. 의외로 많은 답이 바로 '애견 시장'이었습니다. 또한, TV를 보는데 어느 순간부터 톱스타들 옆에는 개가 상당히 많아졌습니다. LG생활건강과 KT&G, 이 두 회사 모두 2016년도 이후부터 본격적으로 애견 시장에 제품을 내놓기 시작했습니다. 애견 샴푸는 물론 홍삼이 들어간 애견 간식까지! 매출액을 늘리기 위해 고군분투한 흔적이 보입니다. 애견 시장이 유망한 것이 아니라, 어찌 보면 전혀 다른 제품을 기존에 팔던 회사들이 매출 성장을 위해 노력하다 보니 결국에는 같은 선택지 위에서 만났다고 이해하시면 될 것 같습니다.

필립 피셔의 저서 『위대한 기업에 투자하라』에서, 투자 대상 기업을 찾는 15가지 질문이 나옵니다. 그중 첫째가 바로 '적어도 향후 몇 년간 매출액이 상당히 증가할 수 있는 충분한 시장 잠재력을 가진 제품이나 서비스를 하고 있는가?'입니다. 필립 피셔는 다른 질문에 대해서는 한두 쪽만 쓰기도 했으나, 첫 번째 질문인 매출의 중요성 부분에서 자그마치 아홉 쪽의 분량을 할애합니다. 그만큼 매출액의 성장은 중요한 부분입니다.

⇒ 요약 : 매출액이 늘어나고 있는지, 그렇지 않다면 매출액이 늘어날 가능성이 있는지 확인

매출총이익률, 왜 중요한가?

매출총이익률=매출총이익÷매출액×100%

매출총이익은 매출액에서 매출원가를 빼고 남은 이익을 말합니다. 즉, 여러분의 친구 A가 고구마 맛탕 장사를 한다고 가정해 봅시다. 그의 가게에 투자하려는데, 당연히 주 원재료는 고구마와 물엿입니다. 고구마는 농산물 시장에서 떼 오고 물엿은 벌크로 사 오고 있습니다. 이때 완성품인 맛탕을 팔아서 나온 총매출액에서 원재료인 고구마와 물엿을 제외한 것이 바로 매출총이익입니다.

워런 버핏은 코카콜라 60%, 리글리 51% 등 매출총이익률이 40% 이상인 기업들을 주로 매수해 왔습니다(Wrigley, 100년 넘은 역사를 자랑하는 세계최대의 껌 회사. 한국전쟁 때 미군들을 통해 들어와 한국인들에게 껌을 처음 알려준 제품이자 브랜드). 매출총이익률이 높을수록 기업이 브랜드 경쟁력을 갖추고 있을 확률이 높습니다. 한편 IT 또는 게임회사들은 비즈니스의 특성상 매출원가로 계상할 항목들이 아예 없는 경우가 더러 있습니다. 그래서 매출총이익률이 네이버 100%, 엔씨소프트 100%('18.1Q 기준)로 나오기도 합니다. 한편 강력한 브랜드를 가지고 있는 회사들의 경우 매출총이익률이 60% 전후에서 꾸준히 형성되게 됩니다('18.1Q 기준 매출총이익률 KT&G 59.4%, LG생활건강 59.6%).

⇒ 요약 : 매출액이 꾸준히 오르고 있는지 점검 후 높은 매출총이익률을 올리고 있는지 확인

영업이익률, 왜 중요한가?

'연 매출 5억 원 청년 CEO', '무일푼에서 연 매출 10억 원 CEO' 등의 문구를 방송이나 신문에서 많이들 보셨을 겁니다. 회계를 조금이라도 아는 분이라면 저런 문구를 액면 그대로 받아들이지 않으실 것입니다.

매출(Sales, 賣出)은 회사가 제품이나 서비스를 제공하고 대가를 받음으로써 얻는 첫 번째 수익을 뜻합니다. 영업이익률은 이 전체 매출액에서 영업이익이 차지하는 비율로 회사의 수익성을 나타내는 중요한 지표입니다. 즉, 같은 매출액이더라도 영업이익률에 따라 결괏값(=영업이익)이 매우 달라질 수 있습니다. 따라서 연 매출 10억 원이지만 영업이익률이 한 자리대인 기업(영업이익률 5% 가정 시 영업이익 5천만 원인 기업)을 운영하는 CEO가 연 매출 1억 원이지만 극강의 영업이익률(영업이익률 50% 시 영업이익 5천만 원)을 가진 기업의 CEO보다 결코 낮다고 볼 수는 없습니다. 즉, 매출액도 매출액이지만 비즈니스가 무엇이냐, 그리고 그 비즈니스의 질에 따라 결정되는 영업이익률은 투자자에게 매우 중요합니다.

제가 체험한 영업이익률이 가장 높았던 비즈니스는 바로 대학생 때 했던 중고생 과외였던 것 같습니다. 하지만 잘 가르치고 능력이 좋다 하더라도 대학생 과외의 영업이익이 가르치는 사람에 따라 10배 차이가 나기는 매우 힘듭니다. 만약 엄청난 능력을 갖춘 강남의 족집게 과외 선생님이라면 10배도 가능하겠지만, 비즈니스의 종류에 따라 대부분 영업이익률은 일정 범위에 들어오게 됩니다. 따라서 특히 자영업을 하시는 분 중에는 주변에 매출액을 잘 공개하지 않는다고 합니다. 왜냐하면, 같은 업계에 종사하는 사람들이라면, 매출액을 듣는 순간 손바닥 보듯이 순이익을 알기 때문입니다.

보통 국내 식품회사의 영업이익률이 10% 미만이나 일부 외식 프랜차이즈의 영업이익률이 20~30%대에 달하여 논란이 되었습니다(2015년 네네치킨과 BHC의 영업이익률은 각각 34.6%, 19.4% / 자료: 공정거래조정원). 정상적인 구조라면 가맹점들의 매출이 증가하면 본사가 로열티로 수익을 내는 구조가 맞습니다. 그러나 본사가 로열티가 아닌 유통 수수료로 수익을 내는 다소 기이한 한국형 프랜차이즈의 단면으로 인해 가능한 수치인 것입니다.

2016년만 해도 삼성전자의 영업이익률이 15% 안팎에서 움직였다는 점을 고려하면 영업이익률 20~30%의 수치는 이렇게 한 번쯤 왜곡된 시장구조를 의심해 보아야 할 정도의 수치입니다. 정상적이며 합법적인 사업구조로 20~30%의 영업이익률을 얻는 회사는 어떨까요? 같은 100만 원의 매출을 올렸을 때 어느 기업은 5만 원을 겨우 남기지만, 어느 기업은 20만 원~30만 원 혹은 그 이상을 남깁니다. 후자의 기업들이 바로 제가 찾는 투자 대상입니다.

> **매출총이익** = 매출액 - 매출원가
>
> **영업이익** = 매출총이익 - 판관비(인건비, 광고비, 감가상각비, 복리후생비 등)
>
> **경상이익** = 영업이익 + 영업외수익(이자수익, 유형자산 처분이익 등)
>
>   - 영업외비용(이자비용, 유형자산 처분손실 등)
>
> **당기순이익** = 경상이익 + 특별이익 - 특별손실 - 법인세

제가 찾는 기업은 매출액의 상승과 영업이익률의 상승이 동시에 발생하는 혹은 앞으로 발생할 기업입니다. 비용 감축 노력으로 어느 정도의 효과는 거두겠지만, 비용 감축만으로는 이익이 꾸준히 상승하기까지엔 분명한 한계가 있습니다. 사람으로 치환해도 마찬가지입니다. 처분 가능

한 소득, 즉 실질가처분소득을 늘리기 위해서는 소득을 많이 올리거나 지출을 줄이면 됩니다. 그러나 가장 좋은 경우는 소득이 높아지며 비용을 줄이는 경우이지, 아무리 비용 절감을 하더라도(=절약하는 삶을 살더라도) 필수 생활비가 있으므로 일정 수준 이하로 줄이는 것에는 한계가 있습니다.

※ 참고로 우리나라 기업들의 평균 영업이익률은 5%대를 벗어나지 못하고 있습니다 (2014~2016년, 100대 상장사 기준 3년 평균 영업이익률 5.48%).

⇒ 요약 : 평균 영업이익률(5%), 그 이상을 올리고 있는지 확인.

오박사 투자 노트

당신이 야구 감독이라면 어떤 타자를 기용할까요?

이익의 예측 가능성

1. 꾸준히 높은 타율을 기록하는 선수

2. 3년 못하고 1년 반짝 실력을 발휘하고 다시 1년은 그저 그런 선수

개인마다 차이가 있을 수는 있겠지만, 아마 대부분 1번 선수를 기용할 것입니다.

최근 5년간 꾸준히 타율 0.250을 기록한 선수가 3년간 메이저-마이너리그를 들락날락하고 4년 차에 매우 잘하고 5년 차에 그저 그런 선수보다는 말입니다. 이처럼 어느 사업의 연간 이익이 예측 가능할수록 우리는 그 사업에 더 높은 몸값을 부여합니다.

최근 어느 기사를 보았습니다.

매출액 약 28억, 영업이익 7.8억을 달성한 소셜데이팅 업체를 여성의류기업이 27억 원에 넘겨받았다는 기사였습니다. 이 소셜데이팅 업체는 최근 2년 평균 영업이익률 34%에 이르는 기업이었습니다. 그러나 작년도 영업이익의 3.5배 수준에 매각되었습니다. 엄청난

금액이라 생각하시겠지만, 영업이익의 3~4배에 해당하는 몸값은 기업 가치 산정 시 매우 낮은 멀티플(곱하기)에 속합니다. 이러한 현실 사례를 든 이유는, 저 역시 20대 중반에 당시는 생경했던 비즈니스 모델인 '소셜데이팅' 서비스를 운영해 보았기 때문입니다.

이 비즈니스는 고객이 보통 20대~30대 초중반에 맞춰져 있습니다. 이들이 매칭되어 연인으로 발전하고, 결혼해 버리면 반복 구매가 일어나지 않습니다. 새로운 세대에도 지속적인 홍보를 해야 하는데, 한 번 쌓아 놓은 브랜드 가치가 다음 더 어린 세대들까지 확장이 쉽지 않습니다. 그래서 제 추측에는, 아마도 영업이익의 3.5배에 매각을 한 이유 중 하나도, 이익의 예측 가능성이 상당히 낮다는 것을 잘 알았기 때문에 내린 결정이 아닐까 합니다.

이에 반해, 지속적으로 소비가 일어나면서 이익이 꾸준히 발생하면 우리는 당연히 그 사업에 높은 몸값을 지불해야 합니다. 강력한 브랜드를 보유하고 있고, 어쩔 수 없이 꾸준히 소비가 일어나는 비즈니스는 무엇이 있을까요?

예를 들어 질레트 면도기, LG생활건강의 샴푸, 치약 등이 있습니다. 우리는 이러한 기업들에 한해서는 이들이 창출하는 영업이익의 10배, 20배까지도 과감하게 책정할 수 있어야 합니다.

자산 가치(PBR)

기업이 창출하는 이익 외에도 기업이 현재 가지고 있는 자산 가치를 점검해야겠지요? 예를 들어 주요 입지에서 임대 수익을 창출하는 빌딩, 기업이 소유한 다른 우량한 상장 기업의 주식, 향후 미래가치가 있어 개발 가능성이 충만한 토지 등. 투자 시에 점검해야 할 많은 자산들이 있습니다.

개개인도 지금까지 그 사람이 모아 온 현금이나 부동산, 주식 등을 이야기할 때 '순자산'을 이야기합니다. 은행 대출 금액까지 포함해 말하지 않지요. 즉, 중요한 것은 그 사람이 부채를 제외한 순자산을 어느 정도 갖고 있느냐는 문제입니다. 기업 역시 마찬가지입니다. 기업이 가진 순자산의 몇 배에 현재 시가총액(기업의 몸값)이 형성되어 있는지 반드시 확인이 필요합니다.

주당 순자산 비율(PBR, Price Book-value Ratio)

순자산 = 자산 - 부채

주당 순자산 = (자산 - 부채) ÷ 발행 주식 수

주가 ÷ 주당 순자산 = PBR

주가와 1주당 순자산을 비교하여 나타낸 비율(PBR=주가/주당 순자산 가치). 즉, 주가가 순자산(자본금+자본잉여금+이익잉여금 합계)에 비해 1주당 몇 배로 거래되고 있는지를 측정하는 지표

PBR(주당 순자산 비율)은 현재 기업의 1주당 주가와 이 1주당 순자산을 비교한 수치입니다. PER(주가수익비율)과 함께 상당히 자주 접하는 숫자입니다.

기업이 부도가 나면 어떻게 될까요? 기업이 가지고 있던 총자산 중 부채를 우선 갚아야 합니다. 그러고도 남는 자산이 바로 순자산인데, 바로 이 최후의 보루와도 같은 순자산과 현재 시가총액을 비교하는 것입니다.

PBR 수치가 낮을수록 기업은 자산 가치 측면에서 저평가되어 있다고 할 수 있습니다.

성실한 회사원 A씨가 있습니다. A씨는 전세대출금 1억 원을 제외한 현금 2억 원을 예금 통장에 갖고 있습니다. 현금을 좋아하고 투자를 싫어해서 다른 자산은 없습니다. 이 경우 자산은 3억 원(순자산 2억 원+부채 1억 원)이 됩니다. 여기에 약간은 극단적인 가정을 해 보려 합니다. 이 회사원에 대한 모든 권리를 사고팔 수 있는 증표나 몸값이 있다고 가정해 보는 것입니다. 이 회사원의 몸값이 3억 원에 거래가 된다고 하면 PBR은 1.5가 됩니다(3억 원÷2억 원). 만약 이 회사원의 몸값이 5천만 원이라면 어떠할까? PBR은 0.25가 됩니다(0.5억 원÷2억 원). 반면, 이 회사원이 엄청난 성장잠재력을 갖고 있을 수 있습니다. 나중에 회사 CEO가 될 정도의 열정과 실력이 있다면 현재 가진 순자산의 2배, 3배, 10배까지도 몸값이 올라갈 수 있습니다(각각 4억 원, 6억 원, 20억 원).

그렇다면 기업이 가진 자산 중에 무엇이 가장 투자가가 믿을 만한 존재일까요? 저는 첫 번째로 현금, 둘째로 부동산, 셋째로 영업권 순으로 분류해서 봅니다. 이는 사실 '믿음'의 순서입니다. 현금, 부동산, 영업권의 순으로 자산 가치를 믿는다는 것입니다. 자산을 많이 가진 기업은 주가가 잘 내려가지 않고, 설령 떨어진다 하더라도 심리적 안전판이 될 수 있으므로 보유자산은 반드시 확인하셔야 합니다.

① 현금 확인하는 법

가장 간단합니다. 재무제표상 현금 및 현금성자산, 단기금융자산 항목을 더합니다.

② 부동산 확인하는 법

재무제표상 투자부동산 항목을 살펴보거나 본사나 공장이 위치한 곳의 현 공시지가나 시가를 확인해 봅니다.

③ 영업권 확인하는 법

현금, 부동산과 달리 쉽게 눈에 보이지 않습니다. 후에 설명할 경제적 해자의 개념을 읽어 보시면 도움이 될 것입니다.

> **영업권** (goodwill, 營業權)
> 눈으로 보이지는 않으나, 기업이 입지조건이나 브랜드 충성도, 기술, 경영진의 우수성 등에 의해 동종업계의 다른 기업들에 비교하여 초과수익력을 갖는 배타적 권리를 의미한다. 이처럼 영업권은 법률적 보호는 없으나 경영상의 유리한 관계 등 사회적 실질가치를 갖는 자산을 의미한다.

투자정보	호가 10단계
시가총액	22조 6,776억원
시가총액순위 ▸	코스피 10위
상장주식수	15,618,197
액면가 ┃ 매매단위	5,000원 ┃ 1주
주총일 ┃ **전자투표** ⑦	2018.03.16 ┃ 미도입
외국인한도주식수(A)	15,618,197
외국인보유주식수(B)	7,295,769
외국인소진율(B/A) ⑦	46.71%
투자의견 ┃ 목표주가	3.80매수 ┃ 1,479,000
52주최고 ┃ 최저	1,497,000 ┃ 842,000
PER ┃ EPS(WISEfn) ⑦	42.41배 ┃ 34,240원
PER ┃ EPS(KRX) ⑦	40.11배 ┃ 36,199원
추정PER ┃ EPS ⑦	35.46배 ┃ 40,943원
PBR ┃ BPS(WISEfn) ⑦	8.12배 ┃ 178,865원
배당수익률 ⑦	0.62%

▲LG생활건강

투자정보	호가 10단계
시가총액	8,417억원
시가총액순위 ▸	코스피 221위
상장주식수	95,432,737
액면가 ┃ 매매단위	5,000원 ┃ 1주
주총일 ┃ **전자투표** ⑦	2018.03.16 ┃ 미도입
외국인한도주식수(A)	95,432,737
외국인보유주식수(B)	27,660,011
외국인소진율(B/A) ⑦	28.98%
투자의견 ┃ 목표주가	3.50매수 ┃ 12,900
52주최고 ┃ 최저	15,850 ┃ 8,690
PER ┃ EPS(WISEfn) ⑦	187.66배 ┃ 47원
PER ┃ EPS(KRX) ⑦	180.00배 ┃ 49원
추정PER ┃ EPS ⑦	62.11배 ┃ 142원
PBR ┃ BPS(WISEfn) ⑦	0.37배 ┃ 24,141원
배당수익률 ⑦	1.13%

▲동국제강

가지고 있는 자산에 비교해 시가총액이 턱없이 낮은 회사들이 있습니다. PBR이 1 미만, 나아가 0.5보다 작은 경우도 많습니다. 그러나 단순히 '이 회사는 PBR이 낮네?'하면서 덜컥 주식을 안심하고 매수했다가는 큰 함정에 빠지게 됩니다. 실제로는 비즈니스에 별 도움이 안 되는 자산들(이를테면 가치가 낮은 변두리 토지 혹은 현금화가 어려운 기계 장치류 등)을 가지고 그저 그런 사업을 하는 기업들이 더러 있습니다.

제 경험에 비추어 보면, 회사에 긍정적인 변화가 하나도 없다면 아무리 깔고 있는 자산이 많다 하더라도 주가는 여간해서 오르지 않습니다. 그래서 겉으로 보이는 자산이 풍부한 주식 중에서도 면밀한 선별 작업이 필요한 것입니다. 이 선별 작업은 바로 촉매(catalyst)를 찾기 위한 목적입니다. 촉매는 무엇일까요? 촉매는 반응에 참여하여 반응 속도를 변화시키지만, 그 자신은 반응 전후에 원래대로 남는 물질입니다. 투자에서는 주가 변화에 시동을 걸어 주는 일련의 사건들을 의미하는데, 당연히 앞으로 시장이 관심을 가질 만한 촉매가 있는 기업이 투자에 더 매력적입니다.

그렇다면 이제 문제는 그 촉매를 어떻게 찾을 것인가 하는 점입니다. 결론부터 말씀드리자면, 이익 증가가 가장 큰 촉매입니다. 가지고 있는 자산으로 인해 향후 미래 이익의 상승이 기대될 때, 큰 투자 기회가 옵니다. 예를 들어 한남동의 알짜부지인 외인아파트 터를 낙찰받았던 대신증권(부동산 가치), 리니지라는 어찌 보면 눈에 보이지 않는 지적 재산권(IP)을 가진 엔씨소프트가 그 예입니다. 즉, 가진 자산이 '이익'으로 연결될 때 기회가 찾아옵니다.

그러면 PBR은 무시해도 될 만한 것일까요? 아닙니다. 사실 PBR을 보고 투자하는 것은 투자 안전성 측면에서 좋습니다. 방어적 투자의 출발을 위해 한 기업의 자산 가치로부터 분석을 시작하는 것은 좋은 아이디어입니다. 특히 가지고 있는 자산이 현금이나 주요 입지의 부동산 등 가치가 명백히 눈에 보이는 경우가 좋습니다. 주가가 설령 현재보다 더 하락해도 추가적인 손실은 제한적일 것입니다. 특히 보유현금이 시가총액과 유사한 기업은 항상 집중해서 점검해야 합니다.

오박사 투자 노트

GS홈쇼핑 주가가 17만 원 수준이던 2016년 말. GS홈쇼핑 보유현금 8천억 원. 당시 GS홈쇼핑의 시가총액은 1조 1,600억 원 수준이었다. 부채 비율 40%대, 당좌비율 220%대로 재무건전성도 우수하였다. 그리고 매년 1천억 원 정도의 순이익을 벌어들이고 있었다. 단순히 생각해도 8천억 원+3~4년 치 순이익(1,000×3~4=3~4천억 원을 더한 값)이 1.1~1.2조 원이었으니 크게 손해 보기 어려운 수준이었다. 이후 주가는 20만 원을 돌파하기도 하였다.

▶ 기업이 가지고 있는 현금과 부동산을 파악해야 한다.

현금 및 현금성자산, 그리고 단기금융자산과 같은 1년 내 현금화가 가능한 자산들은 항상 주의 깊게 살펴보아야 한다.

워런 버핏의 스승으로 알려진 벤저민 그레이엄은 가치 투자가들로부터 매우 큰 존경을 받는 인물입니다. 그의 책인 『증권분석(Security Analysis)』은 1934년도에 출간되었는데, 자산 가치에 집중한 잃지 않는 투자의 서막을 알리는 위대한 책이었습니다. 저는 이 책이 투자 철학의 수준을 수십 년 앞당겼다고 생각합니다.

대공황 시절을 겪어 온 벤저민 그레이엄은 해당 기업의 수십 년 뒤보다는 당장 가지고 있는 순자산의 안전함을 믿었습니다. 즉, 언제든지 회사는 망할 수 있으므로, 소수의 기업에 집중투자하여 장기 보유하는 전략에는 다소 회의적이었던 것 같습니다. 직접 눈으로 제품을 보고, 소비자들을 만나고 경영진들의 생각을 듣기보다는 장부상에 표시되는 숫자를 믿었습니다.

PBR은 기업의 장부 가치를 의미합니다. 따라서 나름의 한계는 분명하지만, 투자가라면 원금을 잃지 않는 것이 최우선의 목표가 되어야 하므로, 투자의 '안전성' 측면에 따라 PBR 수치는 반드시 확인해야 합니다. 더는 하락할 수 없는 주식을 매수할 때는 특히나 PBR이 강력한 지표가 될 수 있습니다.

연봉이 4천만 원에서 2천만 원으로 줄어든 사람이더라도, 예금 통장과 부동산 보유액 합계가 5억 원 정도에 육박한다면 당장 생활 수준이 급격히 하락하기가 쉽지 않습니다. 하지만 가지고 있는 자산이 애초에 없는 사람이 작년에 비교해 올해 연봉이 절반으로 줄어들었다면, 정반대의 상황(망하기 쉬운 상황)이 펼쳐질 것입니다.

최악의 상황을 가정한다면 유용한 지표이기는 하지만, PBR 수치가 낮다고 해서 해당 기업이 무조건 저평가되었다고 볼 수는 없습니다. 즉 쌓아 놓고 벌었던 돈만 많고 미래는 암울한 사양 산업일 수도 있는 것입니다. 이 경우 매우 할인된 가격에 거래되는 것이 당연하겠지요.

잃지 않는 투자를 하려면 자산 가치에 집중해야 하지만, 'PBR⟨1'이라고 해서 안전하다고 판단하여 매수하면 안 됩니다. 저는 2011년도에 현대미포조선을 15만 원~17만 원대에 샀던 기억이 있습니다. 당시 PBR=1선이 붕괴되었고 저는 PBR=1선을 회복하리라고 믿었습니다. 주식 뒤에는 회사와 비즈니스 모델이 있는 것인데 깊게 고민하지 않았으므로 손실은 저의 몫이었습니다.

PBR에 대한 다른 해석

현재까지 경제학에서는 전통적으로 토지, 노동, 자본을 생산의 3요소(3 Factors of production)로 보았습니다. 이 세 가지 생산 요소로 결과물들을 만들어 왔습니다. 노동력으로 일을 하고, 자본으로 원료들을 투입하였습니다. 그러나 이제 우리 앞에 펼쳐질 세상은 단순히 이 세 가지 요소로만은 설명이 되지 않습니다. 페이스북이나 네이버 같은 IT 기업들이 가진 가치는 단순히 토지, 노동, 자본만으로는 설명하기가 어렵습니다. 기존의 생산요소들로 설명하기 어려운 새로운 포맷의 비즈니스 모델들이 많이 생기고 있습니다. 거대한 기계 장치나 광활한 토지가 필요하지 않기 때문에 특히나 이런 IT 기업들은 전통적인 회계학, 재무학 등의 기존 가치 평가 방법으로는 측정이 힘듭니다.

이러한 생각을 평소에 자주 하던 중 유명한 국내 투자자이신 에셋플러스의 강방천 회장이 명쾌한 설명을 내린 적이 있습니다. 강방천 회장은 '모바일, 디지털, 네트워크'를 4번째 생산 요소로 분류하고 기존 가치를 재해석하려 합니다.

중국 차량 공유서비스 1위 업체인 '디디추싱', 국내 유명한 숙박 예약 업체 '야놀자'와 같은 회사들은 기존 주가 순자산비율(PBR)에 기초한 자산 분석만으로는 정확한 가치를 계산하기 어렵습니다. 이러한 기업에 투자하려면,

'확장성'을 보아야 합니다. 여러분이 투자하려는 기업이 어느 업종에 속해 있는지 잘 파악해 보시기 바랍니다. 모바일, 디지털, 네트워크라는 기반 위에 비즈니스를 하는 기업이라면, 단순한 정통 회계학의 자산 가치, PBR만 보고서는 그 기업의 힘을 간과할 수가 있기 때문입니다.

배당

> 기업의 주요 목적은 그 소유자들에게 배당금을 지불하는 것이다. 성공한 기업은 정기적으로 배당금을 지급할 수 있고 시간이 지남에 따라 배당률을 높이는 기업이다.
>
> -그레이엄 & 도드, 『증권분석』

최근 우리나라 기업들의 배당률(=주당 배당금/주가×100)이 점차 높아지고 있다는 신문 기사들을 보셨을 겁니다. 실제 데이터를 보면 아래와 같습니다.

증가하는 코스피 평균 배당 수익률 (2013~2017년 기준)

1.14%(2013) → **1.13%**(2014) → **1.33%**(2015)
→ **1.52%**(2016) → **1.86%**(2017)

과연 배당이 투자자에게 가지는 의미는 무엇일까요?

저는 스무 살 때 대학교 근처 한 허름한 복싱체육관에서 복싱을 배웠습니다. 이내 프로 테스트 참여 및 여러 아마추어 경기에도 출전했는데 당시 체육관 관장님이 늘 하신 말씀이 있습니다. 바로 '잽(Jab)부터 먼저 내라'였습니다. 항상 기본기를 강조하시며, 화려하게 할 필요 없고 욕심 내지 말고 되는 것부터 하나하나 하라고 하셨습니다. 혼자 집에 가서 일류선수들의 경기 영상 보고 '어설프게 따라 하지 말라'는 말도 함께 말이죠. 이는 투자자들에게도 마찬가지입니다. 기본기가 가장 중요하며, 다른 사람들의 수익률에 현혹되어 자기 몸에 맞지 않는 옷을 억지로 입으려 하면 안 됩니다. 예를 들어 친구의 추천이나 소문을 듣고, 기본기를 무시한 채 주식 투자를 시작하면 제대로 된 운동이 아닌 막싸움을 배우는 것과 같습니다. 정말 한 분야에서 프로에 근접하는, 최소 세미프로 선수 정도의 실력을 갖추려면 기본기부터 달라져야 합니다.

그러한 측면에서 주식 투자 시 기업의 배당률 및 배당성향과 같은 '배당'을 위주로 주식을 판별하는 전략은 비교적 패배할 확률이 적은 현명한 전략입니다. 배당률은 앞서 말했듯이 현재 1주를 사면 얼마만큼의 배당금을 주는지 백분율로 나타내는 지표입니다. 현재 주가 1만 원인 주식이 최근 5개년 연속 300원씩 배당을 해 왔다고 가정해 봅시다. 올해 역시 300원의 배당금이 예상된다면, 이 기업의 시가배당률은 3%라고 자신 있게 말할 수 있을 것입니다. 투자 초기일수록 투자가로서의 마인드를 세팅하는 데에 배당률을 따져 보는 것은 매우 도움이 됩니다. 워런 버핏의 스승인 벤저민 그레이엄은 무려 20년 이상 배당을 계속 지급해 온 기업에 투자하라고 했을 정도입니다.

원론적인 이야기로 되돌아가 봅시다. 우리는 주식 한 주를 사기 위해서 우리의 현금을 지급해야만 합니다. 그것이 어떻게 이익으로 전환되나요? 몇 시간 뒤(초단기 투기) 혹은 6개월, 1년, 3년, 5년을 보유한 뒤 그 주식 한 주당 더 비싸게 사겠다는 타인이 나타나면 비싸게 팔아 차익을 챙깁니다. 이렇게 더 비싸게 매도하면 그 차익만큼의 현금이 당신에게 들어오게 됩니다. 이렇게 현금으로 전환하는 방법 말고 주식 1주 그 자체에서 현금이 발생하지는 않을까요? 발생합니다. 바로 현금배당입니다. 끊이지 않고 매년 혹은 6개월마다 배당금을 지급해 오는 기업들이 많습니다(미국은 분기 배당하는 회사도 아주 많습니다). 보통 우리나라에서는 12월 말을 기준으로 주식을 보유한 사람들에게 현금배당을 진행합니다. 이 배당금은 이사회 승인을 거쳐 다음 해 4월경 여러분의 계좌에 입금되게 됩니다. 바로 현금으로 꽂히는 매력적인 이 배당금은 일시적인 이벤트로 급등락을 반복하는 시장 상황에서 흔들리지 않는 안정감을 여러분에게 제공합니다.

그렇다면 기업의 배당금은 어디에서 나와서 여러분 통장에 입금이 되는 것일까요? 바로 기업이 거둬들인 '이익'에 기반을 두고 있습니다. 꾸준히 이익이 증가 혹은 유지되며, 번 돈을 주주들에게 돌려주는 기업에 주목해야 합니다. 즉, 투자하려는 기업의 올해 배당금을 예상해 보고 배당금에 집중하는 전략은 결국 그 기업의 이익 창출 능력에 대한 검증도 따라오게 됩니다. 이익을 꾸준히 뽑아내는 기업은 배당을 자신 있게 합니다. 이익에서 나오는 자신감이지요. '주식 투자를 하면 최소 50%, 100%의 이익을 얻어야 하는 것 아닌가? 그깟 몇 % 배당률 갖고 투자하기에는 성에 안 찬다.'라고 하시는 분들에게 저는 드릴 수 있는 말이 없습니다. 어떤 기업이 10년 이상 매해 예금 금리와 비슷하거나 그 이상의 배당률로 배당금을 지급해 왔다면 매우 매력적으로 느끼셔야 합니다. 처음에는 더디게 느껴져도 장기적으로 우수한 성과를 낼 수 있습니다.

기업은 배당을 아예 하지 않을 수도 있습니다. 실시한다면 1년에 1회, 혹은 2회(중간 배당, 연말 배당), 분기 배당 시 4회 시행하게 됩니다. 현금 지급은 투자자에게 심리적 안정감을 주므로 장기투자의 원동력을 선사하기도 합니다. 배당금을 장기간 꾸준히 지급해 온 우량 기업에 투자한다면 여러분의 부는 상상 이상으로 커질 수가 있습니다. 한국쉘석유는 1998년 외환위기 당시 주가가 2만 원대였는데, 20년이 지난 현재 한 해 배당금이 1.9~2만 원 선입니다. 동부화재(현 DB손해보험)도 비슷한 시기에 주가가 1,000원이 안 되었는데(500~600원) 20년이 지난 2017년 말 주당 배당금이 2,300원이니 엄청나다고 할 수 있습니다. 그리고 매해 받은 배당금을 다시 배당주에 재투자하여 복리효과를 누렸을 시 투자의 성과는 더욱더 급격하게 달라집니다. 비즈니스가 안정적이며 배당금이 꾸준히 증가하는 기업의 주식에 투자해야 합니다. 현재 투입한 금액을 Z라고 하면, 머지않아 2030년대가 되어 매해 Z원만큼의 배당금을 받을 수도 있는 것입니다.

미국 S&P 500 지수가 올린 총수익에서 배당 수익이 몇 %의 비중을 차지할까요? 100년간 91%, 20년간 83%에 해당합니다. 물론 한국 주식 시장과 직접적 비교는 사실 무리가 있습니다. 미국은 당연히 선진국입니다. 우리나라에서 3.1운동이 일어났을 때 미국 뉴욕에서는 주식 중개인이 있고 지하철이 다녔었죠. 그러나 중요한 점은 우리나라도 장기적으로 선진국 증시의 성향을 따라가리라는 것입니다. 미국의 투자 리서치 회사 모닝스타의 통계에 따르면, S&P 500의 장기 평균 배당 수익률은 4%, 배당성향(배당금 총액/순이익 총액)은 54% 수준으로 알려져 있습니다. 우리나라 코스피 시장의 경우, 평균 배당 수익률은 1.3%, 배당성향 25.1%(한국거래소, 2017년 9월 통계)입니다. 선진 시장과는 배당 수익률과 배당성향에서 격차가 아직 많습니다. 그만큼 남아 있는 가능성이 크다는 뜻으로 해석해야 합니다.

그렇다면 제가 배당주에 투자할 때 반드시 점검하는 것을 아래와 같이 정리해 보며 마치도록 하겠습니다. 영역마다 1, 2, 3점을 배정하여 세 영역의 점수 합계가 5점 이상일 때 투자를 고려합니다.

첫째, 배당은 이익에 기반을 둔다.

- 이익이 상승하며 주당 배당금도 오르는 기업 (3점)
- 이익이 상승하진 않지만, 나름 안정적인 박스권 안에서 이어지며 주당 배당금도 일정 선에서 유지되는 기업 (2점)
- 이익이 하락하지만, 주당 배당금이 유지되는 기업(1점)
- 그 외 (0점)

둘째, 일관적인 배당성향을 유지하는 기업일 것.

- 배당성향이 30~40%대 (3점) – 가장 이상적인 기업은 이익을 회사의 장래를 위해 사내유보, 주주들에게 배당, 직원들에게 적절한 보상을 해 주는 기업. 그러한 측면에서 배당성향은 30~40%대가 가장 좋다고 생각한다.
- 배당성향 20% 미만 (2점)
- 배당성향 80% 이상 (1점)
- 그 외 (배당성향 10% 미만) (0점) – 주주를 아예 생각하지 않고 있을 확률이 높음

※ 배당성향 : 당기순이익에 대한 현금배당액의 비율. 회사가 당기순이익 중 얼마를 주주에게 배당금으로 돌려줬는지 나타내는 지표

셋째, 배당률이 최소 예금 금리 이상일 것. 1.5배~2배 이상이면 더욱 좋다.

- 배당률이 현재 예금 금리의 2배 이상 (3점) − 주가가 하락해도 최소 1년 이상 버틸 수 있는 심리적 장치 보유!
- 배당률이 현재 예금 금리 수준 (2점)
- 배당률이 현재 예금 금리 수준보다 낮음 (1점)

이제 배당 측면에서 어떤 기업을 선택해야 할지 대략 머릿속에 그려지실 것입니다. 요약하자면, 배당금이 향후 낮아질 기업은 피하고, 배당이 증가할 주식을 찾습니다. 간단한 검색을 통해 최근 3년, 5년간 기업의 주당 배당금 현황을 알 수 있습니다. 중요한 것은 배당이 결국에는 기업의 순이익에서 나온다는 점입니다. 즉, 기업의 이익이 꺾이지 않고 배당성향도 일정 수준을 유지하거나 혹은 앞으로 더 상향될 기업을 찾아 장기 보유하면 극적인 자산 상승은 없을 수 있어도 적어도 실패할 확률은 크게 줄어들 것입니다. 연 20%, 30%의 이익 증가를 하지 않는 기업이라도 괜찮습니다. 대신 이익이 꾸준하며 매년 3~5%의 배당금이 지급된다면 굳이 주가 등락에 일희일비하며 민감해할 필요가 없습니다. 배당금을 받다가 이후 주가가 본인이 생각한 적정 시가총액을 넘어서면 그때 차익을 실현, 혹은 계속 장기 보유 중 선택하면 됩니다. 중요한 점은 기업이 자기가 꾸준히 번 돈에서 배당을 시행해야지, 기존에 벌어 두었던 창고에서 돈을 빼내어 배당하면 안 된다는 점입니다(참고로 이렇게 되면 그 기업의 배당성향이 100%가 넘어가게 됩니다).

투자를 제대로 하기 위해 확인해야 할 두 가지
비즈니스 모델(Business Model),
경제적 해자(Economic Moat)

투자의 관건은 해당 기업의 경쟁우위, 무엇보다 그 경쟁우위의 지속가능성을 판단
하는 데 있다. 폭넓고 지속 가능한 해자를 가진 제품이나 서비스는 투자자에게 보상
을 가져다준다.

-워런 버핏, 1999년 「포춘」 인터뷰

'가기 쉬운 길엔 언제나 지뢰가 깔려 있다.'라는 말은 미군 사이에서 구
전되는 전투 법칙 중 하나라고 합니다.

투자하면서 성공을 거두는 것도 중요하지만, 중요한 것은 얼마나 깨
지지 않고 오래 생존할 수 있는가도 중요한 문제입니다. 그래서 우리는
항상 우리의 발밑에 있을지도 모르는 발목 지뢰를 조심해야 합니다. 그
래야 목적지에 안전하게 도착할 수 있겠죠.

한 가지 숫자만 보고 투자 결정을 내리는 행위는 지뢰를 밟겠다는 말
과 다름없습니다. 최소 3~4가지의 수치를 동시에 고려하여 투자하는 것
이 현명합니다. 즉, "나는 저 PER 주만 사.", "나는 배당 많이 주는 회사
만 사."와 같은 말은 투자 세계의 지뢰밭으로 들어가는 길이라고 봅니다.

우리가 실거주할 집을 고를 때를 떠올려 봐도 이와 비슷합니다.

"난 지하철역과의 접근성만 봐.", "난 근처에 공원 있으면 사!" 이런 사람들은 없습니다. 그러나 주식을 고를 때에 사람들은 마치, "난 지어진지 40년이 지난 아파트도 상관없어. 지하철역과 가깝기만 하면 돼!"라고 외치는 듯합니다.

앞서 가격 조건에서 밝혔듯이 기업의 주식을 사는 것도 결국 물건을 사는 것과 다름없습니다. 따라서 우리가 마음 속에서 이 제품의 가격을 과연 어떻게 바라보고 적정 가격은 어느 정도로 산정할 것인가가 매우 중요한 문제입니다. 그러나 가격 조건만 보다 보면 한 가지 수치에 매몰될 위험이 있습니다. 그래서 우리는 물건의 질(quality)과 내구성, 지속가능성을 봐야 합니다. 숫자, 통계 등 정량적 수치에 기반을 둔 고전적 투자에, 이러한 개념이 추가되면서 우리는 이제 서로 다른 두 품질의 비즈니스의 격차를 이해하는 한 단계 더 높은 투자를 할 수 있게 됩니다.

이 장에서 배울 부분은 바로 그 기업을 현재까지 오게 만든 비즈니스 모델, 그리고 경쟁사들로부터 그 기업을 보호하는 경제적 해자입니다. 특히 단순히 가격이 싼 기업(저 PER, 저 PBR, 성장이 정체된 고배당 기업)이 아닌 10년 넘는 장기투자를 할 기업을 찾는 투자자들은 반드시 이 부분을 이해해야 합니다.

첫째, 비즈니스 모델을 보는 이유는 간단합니다. 바로 '이 회사는 어떻게 돈을 벌지?'에 대한 이해가 선행되어야 그 기업에 투자하든, 들어가 일을 하든 퇴사를 하든 할 것입니다.

둘째, 경제적 해자입니다. 해자는 중세시대 성 주변에 적들이 올라오지 못하게 파 놓았던 연못을 의미합니다(저는 해자라는 말보다는 바리케이드라는 말을 요새 더 즐겨 씁니다). 다른 경쟁자가 자신의 영역에 침입하지 못하도록 벽을 쌓아 놓는 것입니다.

비즈니스 모델

> 위대한 제품이 곧 위대한 회사라고 착각하지 말라. 그 회사의 비즈니스 모델을 재점
> 검하라.
>
> —팻 도시

주변에 물어보면, 흔히 부동산은 '입지'를 사는 것이라고 많이 이야기 합니다. 은근히 이 '입지'라는 단어를 즐겨 말하는 사람들이 많았습니다. 그러면 저는 스스로에게 다시 물어보았습니다.

"그럼, 주식은 대체 '무엇'을 사는 것일까?"

저는 이 질문에 대한 답이 '주식은 일차적으로 그 기업의 비즈니스 모델을 사는 것이다'라고 믿고 있습니다. 기업이 제품과 서비스를 소비자에게 어떻게 제공하고, 어떻게 마케팅해서 어떻게 팔겠다는, 즉 기업의 'how'에 대한 총체적인 답변입니다. 이 답안지를 사는 것입니다. 하지만 단순하게 "비즈니스 모델을 파악하고 주식을 사라!"라는 말은 다소 막연하게 들립니다. 그래서 저는 투자를 시작할 때 항상 약식으로나마 그려 보고 끼적여 보는 표가 있습니다. '비즈니스 모델 캔버스(Business Model Canvas)'라는 개념으로 Business Model Generation(2010)에 소개된 부분입니다. 새로운 것은 아니지만 이 간단한 2차원 네모 칸에 답들을 적어 낼 수 있느냐, 없느냐가 매우 중요한 부분입니다.

비즈니스 모델 캔버스 ① 9개 모델

Key Partners 주요 파트너	Key Activities 무슨 일을 하는가	Value Propositions 고객에게 어떤 가치를 주는가	Customer Relationships 고객과 어떻게 상호작용하는가	Customer Segments 돈 되는 고객이 누구인가
	Key Resources 무엇을 가졌는가		Channels 자신의 가치를 어떻게 전달할 것인가	

Cost Structure 사업을 위해 무엇을 지불해야 하는가? (투자)	Revenue Streams 무엇을 얻는가? (수익)

혹은 핵심만 남긴 6개 모델을 따로 만들어서 씁니다.

비즈니스 모델 캔버스 ② 6개 모델

Key Activities 무슨 일을 하는가	Value Propositions 고객에게 어떤 가치를 주는가	Customer Segments 돈 되는 고객이 누구인가
Key Resources 무엇을 가졌는가		

Cost Structure 사업을 위해 무엇을 지불해야 하는가? (투자)	Revenue Streams 무엇을 얻는가? (수익)

저는 이름이 너무 길어서 축약해서 비엠 캔버스(BM Canvas)라고 부르고 있습니다. 일찍이 피터 린치는 크레용으로 초등학생한테 설명할 수 없는 기업에는 투자하지 말라고 했습니다. 특히 맨아래 2개의 직사각형이 중요합니다. 기업이 해당 사업을 계속해 나가려면 무엇을 투입해야 하는지(input)

그리고 그로 인해 무엇을 얻을 수 있는지(output)에 대한 답을 투자가로서 적지 못한다면 이미 답은 정해져 있습니다.

[예시] 삼성전자

무슨 일을 하는가? –반도체, 휴대폰, 가전	Value –IT기업들의 Capex 데이터센터 구축	Customer –IT 기업들 일반소비자 (B2B & B2C)
무엇을 가졌는가? –D램, 낸드: 시장점유율 B2C: 브랜드		
Cost 시설투자 R&D	Revenue 반도체 업계의 중앙은행 (반도체 영업이익률 55%)	

경제적 해자

모든 것은 흐르며, 머물러 있는 것은 아무것도 없다.

–고대 그리스어 잠언

해자(垓子)란 본래 중세시대에 성을 지키기 위해 성 둘레에 파 놓은 장애물(연못)을 의미합니다. 투자에 있어서 경제적 해자의 유무는 상당히 중요한데요, 이를 깨달으면 투자의 레벨을 한 단계 더 퀀텀 점프(Quantum Jump)시켜 줄 수 있습니다. 경쟁사들로부터 자기 기업을 보호하는 장치인 경제적 해자를 가지고 있는 기업과 그렇지 않은 기업. 이 두 기업의 질적 차이를 인지하는 투자자만이 다른 차원의 투자를 할 수 있습니다.

'과연 이 기업은 경제적 해자를 가지고 있는가?'

항상 제가 투자를 하기 전에 끊임없이 되묻는 질문입니다. 살다 보면 느끼시겠지만, 인생에서는 주어진 패를 어떻게 다루는가의 문제보다 처음부터 무슨 패를 갖고 게임을 시작했는지가 더 중요할 때가 있습니다. 즉, 투자 측면에서도 어떤 기업들은 평범한 기업들보다 한발 앞서 이미 구조적으로 유리한 위치와 환경에서 시작하기도 합니다. 우리는 이런 기업들을 찾아내야만 하죠.

최근 들어 제가 다니는 회사 근처에 커피숍이 참 많이 생겼습니다. 음식점들은 점차 사라지고 그 공간을 커피숍들이 빠르게 대체하고 있습니다. 대개 바쁜 직장인들을 대상으로 하기에 테이크아웃을 주목적으로 하는데요, 제가 자주 가는 A라는 커피숍이 있습니다. 최적의 위치에 자리 잡고 있습니다. 회사로 들어가는 출입구는 크게 두 곳인데 이 A 커피숍은 정확히 가운데에 있습니다. 출입구 1, 2를 이용하는 모든 직원을 잠재고객으로 만들 수 있는 셈이죠. 이 커피숍과 달리 B 커피숍은 출입구 2를 이용하는 사람에게만 접근이 편리합니다. 당연히 눈에 보이는 시각적인 매출 차이만 하더라도 상당합니다. A에는 항상 줄이 서 있습니다(줄을 서더라도 더 멀리 걷지 않겠다는 직장인들의 굳은 의지). 두 곳 모두 다 커피를 많이 마셔 보았는데 맛의 차이는 거의 없습니다. 이럴 경우, 두 가게의 성패를 결정짓는 것은 바로 구조적으로 이미 정해진 '위치'라는 강력한 해자입니다. 만약 여러분이 A, B 커피숍의 잠재적 인수자라고 가정해 봅시다. 어느 커피숍을 사시겠습니까? 아무도 진입할 수 없는 강력한 위치의 가게(기업)야말로 투자자가 투자하기에 적절합니다. 조금 더 비싼 값을 주더라도 A에 투자해야 장기적으로 유리합니다. 품질의 차이가 없을 때, 입지는 강력한 무기입니다. 저 역시 B 커피숍의 매물이 더 싼 가격에 나오더라도 A 커피숍을 사겠습니다. 이를 두고 워런 버핏은 일찍이 조금 더 고급스러운 표현으로 정리하였습니다. "적당한 기업을 좋은(=낮은) 가격에 사는 것보다 아주 좋은 기업을 적당한 가격에 사는 것이 훨씬 더 낫다." 즉, 약간 더 비싼 값을 내더라도 품질이 좋은 기업에 투자해야 한다는 것입니다.

"싼 기업보다는 고품질의 기업을 우선 찾아야 한다"로 요약할 수 있겠습니다. 고품질의 기업은 경제적 해자를 가지고 있습니다. 남들이 쉽게 침범하지 못하게 만드는 구조적인 이점을 가지고 있습니다. 이러한 경제적 해자의 대표적인 예로 무형자산, 특허권 및 정부규제, 전환비용, 네트워크 효과에 대하여 살펴보겠습니다.

무형자산(Intangible Asset)

우리는 진입 장벽을 사들이는 것이다. 진입 장벽을 구축하기는 쉽지 않다. 우리가 보유한 위대한 브랜드는 우리가 만들어 낸 것이 아니다. 우리는 그것을 샀을 뿐이다. 대체하기 어려운 가치가 있는 사업을 할인된 가격에 샀다면, 유리한 위치를 선점한 것이다. 이윤이 작으면, 단 1명의 경쟁자로도 사업이 망가진다.

－찰리 멍거, 2012 버크셔 주주총회에서

당신이 투자하려는 기업은 경쟁사들이 따라오기 힘든 제품이나 서비스를 판매하고 있나요? 강력한 무형자산을 가진 곳인가요? 아니면 모두가 따라 할 수 있는 그저 그런 제품을 그저 그런 순자산을 받아 가며 시장에 내놓는 기업인가요? 강력한 무형자산을 가진 기업을 찾아야 합니다. 무형자산의 기반이 되는 것은 브랜드, 특허권, 정부규제, 법적 라이

선스(허가)가 있습니다.

당신은 치약을 사러 마트에 갔습니다. 당신 앞에 단 두 가지의 제품이 놓여 있습니다. 하나는 죽염치약(4,000원), 다른 하나는 죽연치약(3,000원)이라면 과연 당신의 선택은? 저라면 당연히 죽염치약을 고르겠습니다. 당연히 그렇지 않은가요? 아무리 싸다고 해도 검증되지 않은 브랜드를 구매하지는 않습니다. 어렸을 적부터 반복적으로 축적된 기억 때문인지는 몰라도, 죽염치약을 쓰면 충치 제외하고도 여러 잇몸병을 예방할 수 있을 것만 같습니다. 이 브랜드를 가진 강력한 기업은 바로 LG생활건강입니다.

과연 브랜드 하나만 보고 그 기업을 투자할 수 있을까요? 당연히 다른 재무 수치들을 조사해 봐야겠지만, 강력한 브랜드를 투자의 출발점으로 삼는 투자법도 나쁘지 않습니다. 과연 이 브랜드가 경쟁자들로부터 강력한 방어선을 구축하여 경제적 해자를 가졌는지 판단할 방법은 간단합니다. 다음 질문에 답을 스스로 내릴 수 있으면 됩니다. "이 브랜드를 붙였기 때문에 같은 품질의 제품에 대해 더 높은 가격을 책정할 수 있는가?" 이 질문에 '예'라고 대답할 수 있으면 그 브랜드는 경제적 해자를 갖고 있다고 할 수 있습니다. 기업으로서도 마찬가지입니다. 비록 경쟁사와 유사한 품질의 제품과 서비스더라도 브랜드 하나를 딱 붙인 순간 내가 더 비싸게 팔 수 있다면, 강력한 브랜드를 소유했다고 볼 수 있습니다.

일반인 지원자들이 나와 백종원 씨에게 음식 코치와 쓴소리를 받으며 본인의 푸드트럭 장사를 발전시켜 가는 '백종원의 푸드트럭'이라는 프로그램이 있었습니다. 이곳에 연예인인 이훈과 차오루가 지원자로 출연한 적이 있었는데 과연 결과는 어땠을까요? 이 두 사람의 음식이 특별히 다른 일반인 지원자들의 음식보다 맛있고 독특한 것은 아니었습니다. 우선 대중들은 이 둘의 푸드트럭 앞에 줄을 섰습니다. 매출이 올라갔고, 재료는 동이 납니다. 맛이 없어도 '연예인이 만든 거니까'라며 넘어갔습니다. 음식은 대충 빨리 먹고 결국 같이 사진을 찍고 SNS에 올려 자랑을 하고 싶었던 것은 아닐까요? 단순히 식욕이라는 욕구 이외의 또 다른 욕구를 자극했다고 볼 수 있습니다(저는 사람의 욕망과 욕구를 자극 및 해소해 주는 비즈니스 모델을 아주 좋아합니다). 백종원 코치는 특히 차오루 씨에게 독설과 화를 많이 표출했습니다. '음식 크기가 일정하지 않다, 너무 서둘러서 감당 못할 양을 만들었다.'라는 등의 지적 사항이었습니다. 물론 올바른 조언입니다. 그러나 투자자 입장이라면 어땠을까요? 비록 일반인 참가자들의 푸드트럭 음식들이 조금 더 맛있더라도, 찍히는 매출과 순이익을 보았을 때 연예인들의 푸드트럭에 투자해야 하지 않을까 싶습니다. S급, A급 연예인들이 아니더라도 그들의 얼굴과 이름에는 강력한 브랜드가 있어 소비자에게 다른 가치를 선사합니다. 방송 촬영 시에만 반짝하는 것이 아니라, 진정성을 갖고 출연 연예인들이 꾸준하게 푸드트럭 장사를 하며 음식 맛도 일반 푸드트럭과 대동소이하다고 가정해 봅시다. 그렇다면 연예인이라는 무형자산은 더 비싼 프리미엄을 주고서라도 사야 할 가치가 있습니다.

앞서 말한 찰리 멍거의 말로 되돌아가 봅시다. 버크셔 해서웨이가 보유한 위대한 브랜드는 그들이 만들어 낸 것이 아니라 단지 돈을 주고 주식을 사들였을 뿐이라는 메시지입니다. 워런 버핏과 찰리 멍거가 매수한 기업의 브랜드는 주식을 사자 자연스레 따라온 것입니다.

얼마 전 시사 경제지를 읽다가 가장 앞 페이지의 롤렉스(ROLEX) 광고를 보고 조금 놀랐던 기억이 있습니다. 보통은 화려한 색상을 가진 빛나는 시계나 유명한 영화배우가 찬 시계를 광고하지만, 롤렉스의 광고는 조금 달랐습니다. 골프 챔피언십에서 우승한 골퍼의 사진, 그리고 아래 세 문장으로 구성되어 있었습니다. 별다른 말이 필요하지 않다는 듯 지면에는 여백도 많았습니다.

> 혹독한 환경과 난관을 극복하며 디 오픈 챔피언십에서 우승을 달성한 챔피언이 착용한 이 시계는 로열 버크데일에서의 중압감 속에서도 빛나는 탁월함과 함께했습니다.
> 세 번째 메이저 타이틀 획득과 더불어 2017년 올해의 챔피언 골퍼로 등극한 조던 스피스 선수, 축하합니다.
> 시간, 그 이상의 역사를 말해 줍니다.

얼핏 보면 롤렉스는 참 바보짓을 한 것입니다. 엄밀히 표면적으로 말해, 롤렉스는 전혀 시계 광고를 하지 않고 올해의 챔피언 골퍼를 축하하는 편지를 썼습니다. 그러나 저와 같은 남자들은 이 광고를 무심코 보다가 무의식중에 다른 생각을 하게 될 가능성이 크죠. 저의 뇌에 남은 두 가지 키워드입니다.

첫째, 챔피언.
둘째, 단순히 시간을 말해 주는 시계, 그 이상의 역사.

롤렉스는 시계의 챔피언입니다. 롤렉스라는 글자에 새겨진 성공, 챔피언, 1등이라는 이미지는 쉽게 사라지지 않습니다. 우리 아버지 세대 때에도 챔피언 시계는 롤렉스였습니다. 예물 시계로 맞춰도 차고 다니지는 못하고 계속 장롱 속에 넣어 두어야 했던 그런 존재이죠. 감가상각이 쉽게 되지 않으며 자식에게 물려줄 수 있는 몇 안 되는 시계입니다. 수십 년이 흘러도 물가 상승률 정도는 보전할 수 있을 것만 같은 괴물 시계.

이런 브랜드를 직접 손목에 차는 방법 말고, 직접 그 이점을 누리기 위해서는 어떻게 해야 할까요? 이 브랜드를 소유 중인 기업의 주식을 사는 방법이 유일합니다. 우리 머릿속에 깊숙이 자리한 브랜드의 힘은 생각보다 강력하며, 그 브랜드를 소유한 기업의 주식 또한 강력한 이익창출력을 갖고 있습니다.

특허권 및 정부규제

앞서 말한 브랜드가 해당 기업이 자체적으로 장기간 쌓아 온 무형자산이라면, 특허권 및 정부규제는 조금 다른 차원의 해자입니다. 정부가 나서서 다른 기업이 법적으로 경쟁에 들어오지 못하게끔 일정 기간 보호합니다. 다른 기업이 시장진입을 하지 못하게 하는 정부의 강력한 규제가 해당 기업의 강력한 보호막이 되는 경우입니다. 일례로 강원랜드는 폐광 지역의 경제 회생을 위해 관광산업을 육성할 목적으로 '폐광지역개발지원에 관한 특별법(폐특법)'에 의해 98년도에 설립되었습니다. 즉, 내국인 출입이 가능한 카지노로서 독점권의 근거인 바로 이 '폐특법'이 아무리 돈 많고 경영을 잘하는 경영자라도 내국인 카지노업체를 세울 수 없게 만들어 버리는 것입니다. 그러면 무조건 사면 되느냐고 물으시겠지만, 절대 그렇지 않습니다. 가장 쉬운 길에는 지뢰가 깔린 법이지요. 문제는 법 시효 연장의 지속성입니다. '폐특법'은 제정 당시 10년 한시법으로 제정되었기에 그동안 시효가 10년씩 두 차례 연장되었습니다(1차: 시효를 7개월 남긴 2005년 3월 31일 1차 개정, 2차: 시효를 4년 남긴 2011년 12월 29일 2차 개정).

'내국인 카지노 추가'라는 검색어로 검색하면 많은 기사와 논란거리들이 나옵니다. "카지노, 내국인 출입제한을 전면 해제한다면 저주일까? 황금알일까?"와 같은 기사들입니다.

크루즈 선상 카지노 내국인 출입 허용 반대 → SBS 2015.6.4

'제2의 강원랜드' 노리는 지자체들, 내국인 카지노 갈등 고조 → 비즈니스 포스트 2016.8.17

강원도의회, 내국인 출입 카지노 추가설립 반대 → 뉴스1 2015.3.11

위와 같은 우려가 현실이 된다면, 2020년 이후에는 강원랜드의 경제적 해자가 생각보다 강력하지 않을 수 있다는 것입니다. 현재의 해자만 보아서는 안 되는 이유 중 하나입니다.

또한, 위에서 말한 '폐특법'의 한계 외에도 바로 대체재의 위협이 없는지 살펴보아야 합니다. 저는 카드게임을 할 줄 모릅니다. 제 주변에도 카지노에 출입하는 사람들은 거의 없습니다. 저는 2016~2017년부터 또 다른 사행성 측면에서 카지노 외에 국내 게임 주들을 눈여겨보았습니다. 이전 세대들에게는 블랙잭, 포커 등의 카드게임이 사행성 No.1일지 몰라도 왠지 80년대, 90년대생들이 노출된 위험은 카지노보다는 스포츠 베팅, 게임 아이템 결제 등에 있다고 보았습니다(확률적 근거는 없으나, 제 주변을 10년 넘게 지켜보면서 얻은 결과입니다).

역사를 보면 나이키와 닌텐도 사례도 있습니다. 나이키가 90년대 중반(1994~1998)에 뛰어난 성장률을 기록하다가 갑자기 성장률이 둔화됩니다. 나이키는 이에 문제점을 찾기 시작합니다. 시장점유율에는 문제가 없었습니다. 결국, 그들은 '닌텐도' 때문이라는 결론을 내립니다. 청소년 등

젊은 세대들이 게임에 투자하는 시간이 늘어나자 나이키 운동화나 운동복을 입을 시간이 줄어들고 그렇게 제품 마모는 안 되니 다시 구매하지 않았던 것입니다.

나이키는 '나이키의 경쟁자는 닌텐도'라는 전략적 사고를 하게 되는데, 지금 봐도 시대를 앞서간 상황 판단입니다. 하물며 20년이 지난 지금, 기업에 투자하는 개인의 관점에서 이런 사고방식 역시 충분히 벤치마킹해야 합니다.

현재 20~30대들이 블랙잭, 바카라, 포커 등의 게임보다는 스포츠 베팅, 사행성 온라인 게임(아이템 뽑기 등)에 심취한다면 장기적으로 내국인 카지노 비즈니스에 위협이 될 수 있습니다. 친구들끼리 편하게 하는 표현으로 해 보겠습니다.

"어차피 도박할 놈은 하게 되어 있는데 이제는 카지노가 아닌 스마트폰으로 도박 욕구를 분출할 것이다."

그렇다면 절대 강원랜드에 투자하면 안 되나요? 2018년 상반기 현재, 강원랜드의 PER은 15 수준입니다. 만약 이 수준이 3분의 2 수준인 PER 10~12 수준으로 하락한다면, 위 위험성을 상쇄할 만큼의 가격 이점이 발생했다고 볼 것입니다. 우려가 크면 가격 조건을 보다 보수적으로 보시고 싸게 사시기 바랍니다. 적절한 비유는 아니겠지만, 물건의 하자 및 지속가능성이 우려된다면 그만큼 할인된 가격으로 싸게 사면 됩니다.

전환비용(Switching Cost)

고객이 기존에 사용하던 제품이나 서비스를 다른 곳으로 옮길 때, 그 고객들에게 금전적, 시간적, 정신적 비용이 발생하는 경우, 불가피하게 전환비용이 발생하게 됩니다. 그래서 쉽게 다른 곳으로 이동하지 못할 가능성이 큰데, 이럴 때 그 제품이나 서비스를 제공하는 기업은 전환비용으로 인한 경제적 해자를 갖고 있다고 볼 수 있습니다. 즉, 고객들은 귀찮고 힘들고 타격을 입으니까 기존에 이용하던 제품이나 서비스를 옮기지 않습니다. 그래서 전환비용 해자를 가진 기업으로서는 꾸준한 매출이 가능해집니다.

각 회사에서 많이 쓰는 ERP 시스템(Enterprise Resource Planning)의 경우, 전환비용으로 인한 경제적 해자를 톡톡히 누리고 있는 대표적 사례입니다. 이 ERP 시스템을 사용하는 기업으로서는 ERP 시스템을 사용함으로써 회계, 비용, 인력, 자금출납 등을 관리할 수 있습니다. 한번 전사적으로 구축해 놓은 자원관리 소프트웨어는 다른 기업의 소프트웨어로 바꾸기가 매우 어렵습니다. 설령 더 좋은 시스템이 나와서 ERP 시스템을 교체한다 하더라도, 기존 직원들에게 교육 및 적응 기간이 필요하므로 눈에 보이지 않는 비용 또한 상당히 증가하게 됩니다.

여러분이 투자하고 있는, 혹은 투자를 고려 중인 기업이 전환비용을 가지고 있는 곳인지 잘 파악해 보시기 바랍니다. 일반 시중 은행보다는 애플(Apple)사가 전환비용을 더 가진다고 볼 수 있겠지요. iOS는 2007년에 출시하여 스마트폰의 미래를 바꾼 애플의 운영체제입니다. 애플의 플랫폼인 이 iOS에서는 실행이 되지만, 안드로이드로 바꿔서 실행이 안 되는 경우, 기존의 애플 사용자들은 굳이 플랫폼을 옮기려고 하지 않을 것입니다. 그러나 은행 적금이나 예금은 만료되면 조금 더 이율이 높은 곳으로 바꿀 가능성이 상당히 큽니다.

네트워크 효과(Network Effect)

점점 많은 사람이 어떠한 제품이나 서비스를 사용하게 되면 대개 그 가치가 올라가게 됩니다. 아무도 플레이하지 않는 온라인 게임에 혼자 덩그러니 접속해 있다고 상상해 보세요. 외롭고 심심해서 당장에 접속을 끊을지도 모릅니다. 다른 사람이 아무도 쓰지 않는 SNS를 사용한다고 상상해 보세요. 메모장에 개인 일기를 쓰는 편이 훨씬 나을지도 모릅니다. 이처럼 네트워크 효과란 이용자가 네트워크에서 얻는 가치가 그 네트워크에 연결된 다른 이용자의 수에 영향을 받는 것을 의미합니다. 우리가 자주 쓰는 SNS 등이 네트워크 효과를 톡톡히 누리고 있는 예입니다. 일반적으로 페이스북, 카카오톡과 같은 '플랫폼 비즈니스'는 플러스 네트워크 효과를 기반으로 하고 있습니다. 네트워크 규모가 커질수록 네트워크 가치가 증가합니다(반대로 마이너스 네트워크 효과도 존재할 수 있는데, 도로에 자동차가 많이 다닐수록 도로 정체로 인해 짜증이 폭발하는 경우가 마이너스 네트워크 효과의 대표적 예입니다).

기업은 네트워크 효과로 어떻게 강력한 경제적 해자를 구축할 수 있을까요? 간단합니다. 1+1은 2가 되고 이 2는 다른 1을 불러와서 3을 만듭니다. 그리고 3은 다른 1을 또 불러와 4가 됩니다. 이렇게 반복적인 선순환이 이루어지면 구성원들 사이에 강력한 네트워크 효과가 발생하게 됩니다. 워드 프로그램인 '훈글'을 국내에서 사용하는 것에는 큰 문제가 없습니다. 한국 사람들끼리 이메일로 파일을 주고받을 때 첨부파일로 한컴 오피스를 사용해도 그다지 어려움이 없습니다. 그러나 해외에 있는 외국 회사와 파일을 주고받을 때는 문제가 발생하죠. 반드시 마이크로소프트 오피스의 워드나 엑셀로 작성된 문서 파일을 보내야 할 것입니다. 이 경우 네트워크 효과로 인한 경제적 해자는 마이크로소프트 오피스가 한글과 컴퓨터의 한컴오피스보다 더욱 깊고 크다고 할 수 있습니다.

워런 버핏은 1960년대 뉴잉글랜드주에 있는 직물공장을 인수합니다. 후에 덱스터슈즈라는 신발회사도 인수합니다. 결과론적으로 두 가지 투자 모두 패착으로 이어진 잘못된 투자였습니다. 워런 버핏은 다음과 같이 그의 실수를 회상했습니다.

"지속 가능할 것이라고 믿었던 경쟁력이 몇 년 지나지 않아 완전히 사라졌다."

당신이 매수하고자 하는 기업은 어떠한가요? 경쟁자들이 쫓아오기 쉬운 사업인가요? 그 기업은 과연 경쟁자들로부터 자신을 보호할 만한 강력한 비즈니스 모델, 브랜드, 정부규제 등을 가지고 있나요? 아니면 단순히 소총 하나 쥐고 총알이 빗발치는 무시무시한 전쟁터에 나가 있는 고독한 전사인가요? 이 질문은 저성장시대일수록 더욱더 중요합니다. 저성장시대에 '성장'이란, 한해에 200%, 300%씩 마구 몸집을 불려 성장하는 것을 의미하지 않을 수도 있습니다. 잠재적인 경쟁자들로부터 침범을 덜 받으며 적은 기울기여도 한 해에 10%, 15%씩 '꾸준한' 성장을 가져갈 수 있는 해자로 둘러싸인 기업이 바로 우리가 찾아야 할 기업입니다.

그렇다면 좋은 비즈니스 모델과 강력한 경제적 해자를 가진 기업들을 빠르게 찾아낼 방법은 없을까요? 즉, 눈에 잘 보이지 않는 사업의 '질 (quality)'을 보여 주는 지표는 없을까요?

좋은 비즈니스의 조건

고등학교 친구 중 연극을 하던 친구가 있었습니다. 현재도 극단에서 배우로 활동 중인데 그 친구가 대학교 4학년 때쯤 술자리에서 한 말이 아직도 기억이 납니다. 자기는 지하철을 타든, 길거리를 다니든, 항상 사람들을 엄청나게 관찰한다는 것이었죠.

"저 사람은 왜 저 때 저런 표정을 지을까?", "저기 두 사람의 말투는 어떤 차이가 있지?"

사람들의 행동이나, 말, 전체적 분위기 모두 다 관찰의 대상이라고 했습니다. 대체 왜 그랬을까요? 왜냐하면, 평상시에 사람들을 유심히 관찰해 놓아야 자신이 나중에 어떠한 배역을 맡더라도 쉽게 적용할 수 있기 때문입니다. 자기 인격체가 아닌 전혀 다른 극 중의 인물을 연기해야 하는데, 평소에 남을 자세히 관찰해 두지 않으면 쉽게 인격의 틀이 생기지 않는다는 것이었습니다.

투자자도 사람의 행동을 관찰해야 합니다. 더욱 정확히 말하자면 사람들의 표정이나 말보다는 조금 다른 것을 관찰해야 합니다. 바로 사람들이 어느 곳을 향해 가는지, 그들의 지갑은 어디에서 열리는지, 사람이 몰려 있는 곳은 어디인지 관심을 가질 필요가 있습니다. 결국, 기업의 이익은 그 제품이나 서비스를 소비하는 사람들에게서 나오기 때문입니다.

투자자가 투자하기 좋은 비즈니스 모델은 무엇인가에 대한 질문의 답은 바로 이곳에 있습니다. 사람들을 지속해서 끌어당기며 더 나아가 반복적으로 소비를 일으켜야 좋은 비즈니스 모델을 가진 것입니다. 즉, 좋은 비즈니스 모델이란 ①사람이 바글바글하며 ②이 사람들이 얼마 안 가 다시 또 그것을 사려고 찾아오게 만들며 ③불황에 큰 영향을 받지 않고 ④추가적인 자본 투입이 적은 사업이어야 합니다.

강원도 삼척에는 노인 부부가 운영하는 꽤 유명한 꽈배기 집이 있습니다. 오전에 30봉지, 오후에 20봉지만 딱 팔고, 봉지당 가격은 5,000원입니다. 선착순이며 꽈배기를 구하지 못하고 돌아가는 사람들이 상당히 많습니다. 그런데도 할아버지, 할머니 두 분은 추가로 생산량을 늘리지 않습니다. 본인의 건물에서 운영하며, 주재료가 밀가루이기 때문에 원가율도 상당히 좋을 것입니다. 추가로 공장을 증설하거나 그럴 필요도 없습니다. 사람들은 30명 안에 들기 위하여 가게 개점 시간 전부터 줄을 서서 기다립니다. 또한, 가격도 싸고, 맛에 중독성이 있어서 단골도 아주 많죠. 바로 이러한 지방의 맛집들이 좋은 비즈니스 모델의 성격을 많이 가지고 있습니다.

1. 사람이 많아야 한다

사람이 많아지려면 어떤 비즈니스를 해야 할까요? 그리고 어떠한 비즈니스 모델을 가진 회사가 좋은 회사일까요? 이 세상의 모든 기업은 결국 소비자에게 무언가를 판매합니다. 그것이 서비스든, 핸드폰이든, 농약이나 비료든 결국에는 무언가를 팔고 소비자들은 그에 대한 대가를 지불합니다.

이 세상의 기업들은 크게 쌀을 파는 회사와 비타민을 파는 회사로 나눌 수 있습니다. 쌀은 생존하기 위해 필수적인 것들, 이를테면 식료품을 파는 회사겠지요. 우유를 파는 회사가 사라지는 것은 상상할 수 없습니다(밥을 못 먹는 아기들은 무엇을 먹죠? 우유를 먹습니다). 반면 쌀이 아닌 비타민을 파는 회사는 이와 약간 다릅니다. 비타민은 현재의 생존을 위해 쌀처럼 중요하지는 않으나, 먹으면 '내 삶이 나아지고 더 건강해질 거야'라고 생각하게 만듭니다. 본인의 삶이 더 재미있거나 좋아지게끔 하는 제품이나 서비스를 파는 회사입니다. 이를테면 여행사가 있습니다. 여행 안 간다고 죽는 것은 아닌데, 새로운 자극을 위해 혹은 휴식을 위해 사람들은 떠나게 됩니다.

2. 반복적 소비가 일어나야 한다

비타민을 아주 잘 만들어서 사람들이 사서 먹을 수밖에 없게 만드는 소수의 회사가 있습니다. 제가 정말로 좋아하는 회사들입니다. 저는 이 것을 '비타민에 중독된다.'라고 표현하는데 예를 들어 게임이 가장 대표 적인 비즈니스입니다. 게임을 안 한다고 죽는 것은 아닌데, 일단 잘 만든 게임을 며칠 플레이하고 나면 쉽게 끊기가 어렵기 때문입니다. 심지어 '헤비과금러'(유료결제 서비스를 이용하는 유저 중 금액이 매우 큰 과다 사용자들을 지칭) 들에게는 게임이 비타민이 아닌 쌀일 수도 있습니다. 저희가 어릴 때 플 레이하던 스타크래프트나 리니지를 보아도 그렇습니다. 중독되어 쉽게 끊을 수 없었습니다.

3. 불황이 오더라도 쉽게 소비자들이 떠나가지 않아야 한다

켈로그는 30년 동안 악화한 분기가 한 번도 없었다. 켈로그가 불황에서 살아남은 것은 우연이 아니다. 아무리 상황이 나쁘더라도 사람들은 여전히 콘플레이크를 즐 겨 먹는다. 사람들은 절약하기 위해 노력하지만, 콘플레이크만은 평소처럼 먹는다. 어쩌면 바닷가재 요리를 덜 먹는 만큼 콘플레이크를 더 먹을지 모른다. 사람들은 불 황이라고 개 먹이 구입을 줄이지는 않는다. 따라서 랠스턴 퓨리나는 상대적으로 안 전한 주식이 된다. 사실 내가 이 책을 쓰는 동안 내 동료들은 불황이 두려워 떼를 지 어 켈로그와 랠스턴 퓨리나를 매수하고 있다.

-피터 린치, 「전설로 떠나는 월가의 영웅」

한국으로 치면, LG생활건강이 이런 예입니다. 치약, 샴푸, 음료수 등 을 팔고 심지어 개 사료까지 판매하니 피터 린치가 예로 든 켈로그와 랠스턴 퓨리나를 합친 사업 영역이라 볼 수 있습니다. 이런 기업들은 불황이 오더라도 쉽게 매출이 줄어들지는 않습니다. 사람들은 자동차 구매를 다음 해로 미루고, 해외여행을 안 갈 수는 있습니다. 그러나 불황이 오더라도 아침에 일어나 머리를 감고 이를 닦는 것은 꾸준히 해야 합니다.

4. 신규 자본투자가 적다

사업을 지속적으로 끌고 가기 위해 추가 자본이 많이 들지 않는 회사가 좋습니다. 돈은 계속 잘 벌어도 그 돈의 대부분을 공장을 다시 짓거나 땅을 넓히는 데 써야 한다면 현금이 남아나질 않겠지요. 차곡차곡 돈을 쌓아 가는 기업이 당연히 좋지 않겠습니까?

CAPEX(Capital expenditures, 자본적 지출)는 기업이 미래의 이윤을 창출하기 위해 토지, 건물, 장비 등 고정자산을 구매하거나 투자할 때 사용된 지출액을 말합니다. 당연히 1년 동안 벌어들인 현금보다 추가로 투입되어야 하는 돈이 더 적어야 좋은 회사라고 할 수 있습니다. 즉, 1년 영업활동 현금흐름보다 CAPEX가 적은 기업을 택해야 유리한 투자를 할 확률이 커진다고 할 수 있습니다. 아래 엔씨소프트의 예처럼 말입니다.

	2012	2013	2014	2015	2016	2017
영업활동 현금흐름	2,106	2,362	2,636	2,413	1,120	5,952
CAPEX	98	1,016	195	177	166	288

(단위: 억 원)

게임 산업은 성공만 한다면 엄청난 비즈니스입니다. 어렸을 때 즐기던 게임들을 다시 떠올려 보세요. 하나의 또 다른 세상입니다. 세상을 하나 창조해 내면 사람들이 알아서 접속하고 즐기다가 회사의 통장에 돈을 송

금해 줍니다. 필요한 것은 엄청난 기계 설비, 고가의 장비들이 아닌 사람과 컴퓨터, 그리고 아이디어만 있으면 능력 있는 개인이나 소규모 팀도 엄청난 게임을 만들 수 있습니다.

중독성 강한 담배를 팔며 홍삼 판매까지 하는 KT&G는 누구나 아실 것입니다. 예전에 저희 외할머니에게 명절날 정관장 홍삼 선물을 드렸는데 "그렇지, 역시 홍삼은 전매청이 최고야"라고 말씀하셨습니다. KT&G의 민영화 이전이 한국담배인삼공사, 그리고 그 전신이 바로 전매청(專賣廳)입니다. 이렇게 역사가 길고 국가가 판매권을 어느 정도 보호해 주고 있는 기업은 많지 않지요. 또 다른 기업은 중소형 제약사로 자체 원료합성기술을 가지고 있어 영업이익률이 구조적으로 높게 형성되는 삼진제약입니다. 이 두 회사는 공통점이 있습니다.

	2012	2013	2014	2015	2016	2017
영업활동 현금흐름	7,228	5,834	7,652	12,592	14,978	11,399
당기순이익	7,251	5,593	8,138	10,322	12,255	11,642
CAPEX	2,634	1,626	3,304	2,102	1,617	3,183

KT&G(단위: 억 원)

	2012	2013	2014	2015	2016	2017
영업활동 현금흐름	339	74	324	189	487	373
당기순이익	106	79	207	270	302	358
CAPEX	127	68	133	77	78	91

삼진제약(단위: 억 원)   출처: Naver Stock

두 기업 모두 CAPEX에 비해 압도적으로 현금흐름과 당기순이익이 높습니다. 그건 '당연한 거 아니냐?'라고 하실 분들이 있을 수도 있는데 한

번 찾아보시면 그렇지 않은 기업이 상당하다는 것을 깨달으실 겁니다. 1년에 번 돈을 대부분 다시 지출해서 현금흐름이 나쁜 회사도 상당히 많습니다. 즉, 사업 활동을 하면서 추가적인 자본 지출이 적으며 현금을 계속 벌어들이는 기업에 우리는 주목해야 합니다. 이런 기업들은 '영업활동현금흐름↔당기순이익↔CAPEX'를 비교하면 어느 정도 추려지게 됩니다. 제가 가장 좋아하는 케이스는 바로 '영업활동현금흐름 〉 당기순이익 〉〉〉 CAPEX'의 순을 가진 기업들입니다. 또한, 대개 이런 기업들은 영업이익률이 높다는 공통점을 가지고 있습니다. 어찌 보면 당연한 결과겠지요(2017년 기준 : KT&G영업이익률 30.6%, 삼진제약 영업이익률 19.1%).

최종적으로 가장 바람직한 비즈니스 모델을 한 문장으로 요약하면 '**원가 상승분을 판매가에 전가를 잘할 수 있어 영업이익률이 높고, 현금을 쓰지 않고 벌어들이는 기업**'입니다. 분명 모든 비즈니스 활동에는 원가가 있습니다. 쉽게 말해, 원재료가 되는 무언가는 분명히 어디선가 사 와야 합니다. 그리고 최종적으로 소비자들에게 이를 재가공해서 판매할 때 제품이나 서비스 가격을 판매가만큼 받게 됩니다. 원가와 판매가의 등락에 따라 기업을 3가지로 나눠 보겠습니다.

원가	판매가	투자 가치
원가 ↑	판매가 ↑	Best
원가 ↑	판매가 유지 혹은 낮춰야 하는 기업	Worst
원가 ↑	판매가 ↑↑	Best of Best

우리가 찾아야 할 기업은 원가가 오를 때, 판매가를 오히려 더 올릴 수 있는 기업입니다. 상식적으로는 이해가 되지 않지만, 분명히 저런 비즈

니스들이 있습니다. 경험상 같은 업계의 기업들끼리 비즈니스를 하는 B2B 기업보다는 소비자를 대상으로 하는 B2C 기업에서 Best of Best 기업이 탄생할 확률이 아주 높습니다. 예를 들어 여러분이 샴푸 '리엔'을 5년째 써 오고 있다고 해 봅시다. 리엔을 최근에 샀을 때는 400ml 1개당 4,900원을 냈습니다. 그러나 오늘 마트에 갔는데 5,300원임을 발견합니다. 과연 여러분은 어떻게 할 것인가요? "400원이나 올랐네? 절대 안 사야지. 앞으론 쳐다도 안 볼 거야." 이렇게 되기는 절대 쉽지 않습니다. 아마 400원? 그 정도면 뭐, 하고 카트에 리엔을 담을 것입니다. 그러나 수치상으로 보면 판매가는 무려 8.2%가 상승하였습니다. 여러분에게는 400원이지만, 수많은 전국의 소비자들이 모이면 리엔의 매출액이 8.2%가 상승한 것입니다. 이렇게 판매가의 상승은 소위 말해 빠꼼이 대 빠꼼이의 대결인 기업 간의 거래에서는 쉽지 않습니다. 뻔히 업계 상황을 다 아는데, 갑자기 거래업체가 판매가를 터무니없이 8%나 올린다면 반발할 것이 뻔하기 때문입니다. 가격 전가를 잘할 수 있는 B2C 기업, 어떻게 찾을 수 있을까요? 답은 이미 앞부분에 다 나왔습니다. 리엔이라는 브랜드, 죽염치약, 샤프란이라는 강력한 브랜드가 있으면 충분히 가능한 이야기입니다. 일찍이 워런 버핏과 찰리 멍거는 말했습니다. '무엇을 팔건 간에 1달러를 더 받을 수 있도록 기도를 해야 하는 회사라면 좋은 회사라고 말하기 어렵다'라고요. 기도가 필요 없는 회사에 투자해야 합니다. 강한 경제적 해자와 이로 둘러싸인 좋은 비즈니스 모델을 가진 회사에 여러분의 돈을 맡겨야 합니다.

집 앞 미용실에서 발견한 아주 좋은 비즈니스 모델

그렇다면 실제 가까운 곳에서 비즈니스 모델을 점검해 보는 연습을 해 보겠습니다. 저는 얼마 전 이사를 한 뒤, 새로 이사 온 동네에는 참 많은 미용실이 있다는 것을 깨달았습니다. 수많은 미용실 중 저는 어디를 갈까요? 한 번씩 다 다녀보고 가장 마음에 드는 곳을 갈까요? 그럴 수도 있었겠지만 저는 바로 아파트 단지 제일 앞에 있는 미용실에 갑니다. 단지 앞에만 미용실이 네 곳인데, 가장 가까워서 이동 시간을 아낄 수 있는 데다가 가격 또한 다른 미용실의 절반입니다(다만, 머리는 혼자 감아야 합니다). 사장님이자 유일한 미용사는 40대 초반의 주인 한 분입니다.

한 가지 특이한 점은 제가 갈 때마다 항상 앞에 손님이 있거나 뒤에 손님들이 두세 명씩은 꼭 기다리고 있더라는 점입니다. 가격은 싸고, 머리를 손님이 직접 감는 시스템이기 때문에 상당히 회전율이 빠릅니다. 저는 이 사업이 상당히 훌륭하다고 봤습니다. 아니나 다를까, 얼마 전 40대 남자 사장님이 머리를 자르며 자기와 비슷한 연배의 남자 손님과 이야기하는 것을 듣게 되었습니다. 그 대화에서 좋은 사업이란 무엇인가에 대한 통찰력이 숨어 있었습니다. 그분들의 표현도 집에 오자마자 투자 노트에 적어 두었습니다.

오박사 투자 노트

1. 가게 크게 할 필요 없다

● 주인아저씨가 아는 선배 미용사는 가게 면적 80평에다가 직원을 몇 명이나 두고 있다고 합니다. 그러나 현실은 어떨까요?

"그 선배랑 만나서 이야기해 보면 가져가는 순이익? 나랑 별 차이가 없어. 인건비 빼고 고정비 빼면 손에 쥐는 게 비슷하단 말이야. 매출은 거기가 훨씬 높겠지."

매출도 매출이지만, 얼마나 효율적으로 영업이익률, 순이익률을 뽑아내느냐가 중요합니다. 고정비용이 많이 들어가는 사업은 좋다고 할 수 없습니다. 사업 규모나 시장이 작더라도 효율적으로 운영되는 고효율의 기업을 찾아야 합니다.

2. 막혀 있는 곳이 좋다

● 사장님의 한 마디 "막혀 있는 곳이 좋다."

● "막혀 있는 곳은, 즉 아파트 단지만 딱 떨어져 있는 곳을 말한다. 의정부나 퇴계원 쪽에 이런 단지들이 좀 있다. 그런데 서울 대부분 지역이 조금만 나가면 시내로 갈 수 있고, 다른 순자산도 엄청 많

잖아. 그러면 사람들이 밖으로 샌다고."

사장님이 지금 이곳에 가게를 연 이유도, 위치상 큰 아파트 단지 바로 앞에 있는 첫 번째 미용실이기 때문입니다. 규모는 작더라도 빠른 위치 선점으로 경제적 해자를 구축한 경우입니다. 아파트 단지에서 사람들이 역 주변까지 걸어 나와 미용실을 이용할 확률은 높지 않습니다. 더욱이, 이 미용실의 손님은 거의 100% 남자 학생이나 아저씨이기 때문에 아파트 단지 근처에서 바로 자르지, 역까지 700m를 걸어 나가지 않습니다.

어떤 기업이 선점한 위치는 훌륭한 독과점 시장을 만들어 낼 수 있는 경제적 해자 중 하나입니다. 예를 들어 울산에 코엔텍이라는 폐기물 처리업체가 있습니다. 여러분은 집에 폐지가 생기면 어떻게 하시나요? 값을 아무리 더 쳐준다고 하더라도 차 타고 이동해서 버리지 않습니다. 가까운 곳에서 폐품 처리를 할 것입니다. 산업폐기물이 많이 나오는 울산에서 훌륭한 위치를 확보하여 지속해서 폐기물 처리를 하고 수익을 가져가는 코엔텍은 사업장 위치로서 경제적 해자를 구축한 좋은 예입니다.

3. 판가를 약간 싸게 하는 대신 회전율을 높인다

● 판매가를 조금 낮게 가져가도 회전율을 높여서 많이 팔면 매출은 더 좋을 수 있습니다. 즉, P(가격) × Q(개수)라고 보았을 때, P에서 약간 손해를 보더라도 Q를 많이 가져가는 경우입니다.

비록 사장님 한 분이 경영하는 10평도 될까 말까 한 작은 미용실이지만, 성공하는 비즈니스 모델에 대해 현실적으로 다시 생각해 볼 수 있어 좋았습니다. 왠지 저는 이 미용실이 더 오래갈 것 같다는 생각이 들었습니다. 남들은 허름하고 작고 볼품없다고 하더라도, 효율적 비즈니스임이 분명하기 때문입니다. 만약 이 미용실의 지분이 잘게 나누어져 있다면 어땠을까요? 사야 하지 않을까요? 사람들의 머리는 경기 불황이 와도 똑같이 자라나고, 비슷한 품질로 싸게 머리를 잘라 주는 이곳을 반복해서 찾게 될 것이기 때문입니다.

투자하기에 매력적인 기업이 적은 이유

치르는 가격보다 더 높은 품질을 얻으면 됩니다.

아주 간단하지요.

−찰리 멍거

주식 투자는 해당 기업의 주주가 되는 것이고, 이는 동업하는 것과 차이가 없음을 여러 번 이야기하였습니다. 말 그대로 사업을 공동으로 하는 것이기 때문에, 투자자도 곧 사업가입니다. 그래서 우리는 주식 1주를 사더라도 사업가의 정신을 가져야 합니다. 사업을 하는 사람은 무엇을 중요하게 생각할까요? 본인이 투자한 자본 대비 연 몇 %의 이익을 얻었는지가 상당히 중요할 것입니다. 주주의 투하 자본 대비 몇 %의 이익을 얻었는지를 말해 주며 사업의 '질(quality)'을 간접적으로 나타내는 수치가 바로 ROE(Return On Equity)입니다. 저로서는 투자 판단 시 매우 중요하게 생각하는 수치 중 하나입니다.

ROE(자기자본이익률)=(당기순이익/자기자본)×100

ROE는 주주들이 투입한 자기자본으로 한 해에 얼마만큼의 이익을 냈는지를 나타내는 지표로 '자기자본이익률'이라고도 합니다. 전통적으로 기업의 이익창출능력을 나타내는 대표적인 지표인데, 저성장시대를 맞아 그 중요성이 점점 더 커지고 있다고 보입니다. 따라서 최근에 제가 투자를 결정한 기업들을 보면 대부분이 높은 ROE(최소 10% 이상)를 기록해주는 곳들입니다. 개인적으로는 어느 순간부터 PBR보다 더 우선하여 참고하는 투자 지표 중 하나가 되었습니다. 투자자로서는 ROE가 최소한 시중은행 1년 예금 금리보다는 높아야 주식 투자를 할 유인이 생깁니다. 반대로 어느 기업의 ROE가 현재 시중 금리보다 낮다면, 굳이 변동성이 있는 주식에 투자할 이유는 없습니다. 차라리 은행에 예금하는 것이 더 나을 것입니다.

ROE는 멀리 있는 숫자가 아닙니다. 가까운 현실 세계에서의 ROE를 생각해 봅시다. 당신의 친구가 대학 졸업 후 빈둥빈둥 놀다가 부모님의 등쌀에 못 이겨 결국 커피숍을 창업하였습니다. 아마도 이 친구는 최소 은수저인 듯합니다. 이 친구는 모아 놓은 돈이 없었기에 초기 투자금 전액을 부모님으로부터 받았다고 가정해 봅시다.

친구의 부모님은 총 2억 원을 투자하였고, 친구는 목숨을 걸고 정말 열심히 일했습니다. 운도 따라 주어 영업 첫해의 순이익이 4천만 원이 나왔습니다. 이렇게 되면 부모님으로서는 꽤 높은 ROE를 얻은 셈입니다(4천만 원/2억 원)×100=ROE=20%). 만약 꾸준하게 5천만 원 정도의 수익을 매년 낼 수 있는 이런 커피숍이 있다면 누구나 투자하려고 할 것입니다.

그러나 높은 ROE 수치도 중요하지만, 더욱 중요한 것은 그 ROE가 얼마나 유지될 것인가의 문제입니다. 즉 ROE가 일시적으로 20%를 기록하는 것보다 더 중요한 문제는 '유지 가능성'입니다. 높은 ROE가 꾸준히 유지되는 일은 정말 힘듭니다. 전년도에 벌어들인 돈이 이미 자기자본을 증가시켜 버린 상태에서 올해를 시작하기 때문입니다. 수식으로 보자면 다음과 같습니다.

n년: 자기자본 100억 원으로 사업 시작 ➡ n년 말 순이익 20억 원 달성
    ➡ ROE 20 기록
n+1년: 자기자본 120억 원으로 n+1년 시작 ➡ n+1년 말 순이익 20억 원 달성
    ➡ ROE 16.7 (20/120=16.7)

즉, 첫해에도 두 번째 해에도 20억 원의 이익을 얻었으나 ROE는 20에서 16.7으로 하락하였습니다. 즉, ROE 20이라는 수익성을 유지하려면 두 번째 해에는 더 많은 돈을 벌어야 한다는 결론에 다다릅니다. 다시 위 친구의 커피숍으로 예를 들면 다음과 같습니다.

첫해 : 부모님 돈 2억으로 사업 시작 ➡ 연말 순이익 4천만 원 달성
    ➡ ROE 20 기록(4천/2억)
둘째 해 : 작년도에 얻은 4천만 원을 고대로 사업에 재투자하여 2.4억 원으로 시작
    ➡ 연말 순이익 4천만 원 달성
    ➡ ROE 16.7 기록 (4천/2.4억)

현재 한국 코스피 시장의 ROE 평균은 8~9 수준입니다. 저는 이 수치의 2배가량인 15~20 혹은 그 이상의 ROE를 지속해서 올려 주는 기업에 주목해야 한다고 봅니다. 이러한 수익성 강한 기업들이 일시적인 오해에 둘러싸였을 때(=주가가 지지부진할 때) 그 지분을 사야 한다고 믿습니다.

게이트웨이 PER 12, 델 PER 35 (중략) 현재 델은 자본금 대비 200%의 수익을 내고 있으나 게이트웨이는 40%에 불과하다. 그런데도 델은 게이트웨이 PER의 3배 가격에 거래되고 있다.

−피터 린치

피터 린치의 이 말은 의미 있는 투자 조언입니다. 단순 PER 수치로 두 회사를 비교하기보다는 자기자본에 비교해 높은 수익률을 올려 주는 회사에 더욱 프리미엄을 주어야 한다는 말입니다. PER 수치로 보면 델이 게이트웨이보다 3배나 비싸 보입니다. 그러나 델은 자기자본대비 2배의 수익을 매년 기록하나, 게이트웨이는 자기자본의 40%에 해당하는 수익만 올릴 뿐입니다(200%/40%=5배 차이). 수익창출능력을 고려했을 때, 델은 게이트웨이보다 싸게 거래된다고 볼 수 있습니다.

이제 ROE와 앞서 말한 자산 가치, 즉 PBR의 관계를 살펴보겠습니다. 제 주변에는 PBR이 2가 넘으면 비싸서 살 수 없다는 사람들이 있습니다. 그분들이 10년 전에도 비싸다고 하며 사지 못했던, 그리고 앞으로도 살 수 없는 기업이 바로 LG생활건강입니다. LG생활건강의 ROE 수치는 2014년 22.9, 2015년 25.1, 2016년 24.9, 2017년 21.9로 엄청난 수익률을 보여 주고 있습니다. 은행 이자와 비교해 보시면 금방 답이 나옵니다. 10년 전인 2000년대 중후반에도 ROE 20~30을 기록하던 회사였습니다. 다만 PBR 수치가 높다는 수치적 단점이 있습니다. 2017년 기준, PBR=6에 다다릅니다. 그러나 이렇게 LG생활건강처럼 10년이 넘는 긴 시간 동안 지속해서 높은 ROE를 올리는 기업의 PBR은 다르게 생각해야 합니다. 즉, PBR이 높더라도 높은 ROE를 생각하면 현재의 PBR도 저렴한 것임을 알 수 있습니다. 아래는 ROE 5, 10 ,15, 20을 각각 가정할 때 10

년 뒤 자산 가치 변화에 대한 표입니다.

ROE =5 가정시	n	n+1	n+2	n+3	n+4	n+5	n+6	n+7	n+8	n+9
	1	1.05	1.10	1.15	1.22	1.28	1.34	1.41	1.48	**1.55**
ROE =10 가정시	n	n+1	n+2	n+3	n+4	n+5	n+6	n+7	n+8	n+9
	1	1.10	1.21	1.33	1.46	1.61	1.77	1.95	2.14	**2.36**
ROE =15 가정시	n	n+1	n+2	n+3	n+4	n+5	n+6	n+7	n+8	n+9
	1	1.15	1.32	1.52	1.75	2.01	2.31	2.66	3.06	**3.52**
ROE =20 가정시	n	n+1	n+2	n+3	n+4	n+5	n+6	n+7	n+8	n+9
	1	1.20	1.44	1.73	2.07	2.49	2.99	3.58	4.30	**5.16**

ROE=5의 차이가 시간이 흐름에 따라 더욱 격차를 크게 벌립니다. 어마어마한 이익을 거두는 고ROE 기업 속에 엄청난 투자 기회가 숨어 있는 법입니다. 현재의 높은 PBR 수치가 염려되어 슈퍼스타를 놓치는 우를 범하지 마십시오. 또한, 중요한 것이 '영업이익률'(기업의 매출액에서 영업이익이 차지하는 비율로 (영업이익÷매출액)×100)입니다. 보통 영업이익률이 두 자리대(10% 이상)를 기록하면 수익성이 우수한 기업으로 평가하는데, 만약 15%, 20%를 넘어가는 기업이라면 유심히 그 기업을 들여다보십시오. 왜냐하면, 흔히 볼 수 없는 기업들이기 때문입니다. 영업이익률은 본업에서 얼마만큼 효율적으로 돈을 벌었느냐에 대한 유용한 판단지표입니다. 사실, 순이익은 이자 비용이나 이자 수익 등 본업 외의 활동들도 계산에 포함되기 때문에 순전히 본업 자체가 잘되는지를 확인하려면 영업이익을 보셔야 합니다.

기업의 이익이 개선되는 가장 최고의 시나리오는 무엇일까요? 매출 증가와 마진 개선(영업이익률의 상승)이 동시에 일어나는 경우입니다. 이윤이 개선되지 않은 채 매출만 증가하면 이익은 매출증가율만큼만 늘어나게 됩니다. 매출의 변화 없이 마진만 개선된다면—한마디로 똑같이 팔았는데 효율적으로 팔아서 돈을 더 남긴 경우—마진 개선분만큼만 이익이 증가하게 되죠. 반면 매출과 이윤, 이 두 가지가 동시에 모두 개선되면 이익이 더 많이 늘어나게 됩니다. 투자자로서 제일 행복한 경우라고 할 수 있습니다.

저는 투자 기업의 '이익'을 중점적으로 봅니다. 기업의 이익을 보며 투자할 때 중점적으로 보는 수치는 딱 두 가지입니다. 바로 매출액과 영업이익률입니다. 매출액은 현재의 크고 낮음을 보지 않고, 향후 매출액의 성장 가능성을 점검해야 합니다. 영업이익률은 '두 자리대인가, 그리고 꾸준히 유지되고 있는가'를 봅니다.

위대한 투자가이자 워런 버핏의 스승 중 한 명인 필립 피셔의 투자 대상을 찾는 15가지 조언을 다시 살펴보겠습니다. 포인트 1이 바로 '적어도 향후 몇 년간 매출액이 상당히 늘어날 수 있는 충분한 시장 잠재력을 가진 제품이나 서비스를 하고 있는가?'입니다. 일시적인 비용 절감은 단기적 이익에는 좋지만, 근본적인 해결책이 될 수 없습니다. 매출액이 뛰어야 합니다. 포인트 5에서는 영업이익률이 나옵니다. '영업이익률은 충분히 거두고 있는가?'라는 질문에 답할 수 있어야 하죠. 매출이 증가하는데도 불구하고 이익이 그에 비례해 늘지 않는다면 매력적인 기업이 아니기 때문입니다. 무엇보다 영업이익률은 단순히 작년, 혹은 올해가 아니라 수년에 걸친 추이를 보아야 합니다. 호황기에는 거의 모든 기업의 영업이익률이 높아지기 때문입니다.

참고로 아래는 코스피 시총 상위 200개 기업의 평균 영업이익률 추이 (단위: %)입니다. 다음 평균치를 참고하여 ROE와 영업이익률 모두 두 자리대 이상을 '장기적(3년 이상)'으로 기록하고 있는 회사를 유심히 찾아보시기 바랍니다.

2015년	1분기	2분기	3분기	4분기
	9.10	9.23	8.03	7.87
2016년	1분기	2분기	3분기	4분기
	9.33	9.53	9.14	6.92
2017년	1분기	2분기		
	9.64	11.17		

나의 최고의 매수들은 통상 숫자상 사지 말아야 하는 기업들이었다. 왜냐하면, 그런

경우에 상품에 그만큼 강한 확신이 있었기 때문이다. 그것이 단순한 담배꽁초 투자

가 아니라는 의미다.

-워런 버핏

주가가 기업의 가치보다 일시적으로 낮은 가격에 거래될 때 주식을
매수해야 한다는 말은 당연해 보입니다. 그러나 실수는 무턱대고 PER나
PBR 수치가 낮다고 하여 덜컥 매수하는 우를 저지를 때 발생합니다. 특
히 낮은 PER 주의 경우를 제일 조심해야 합니다. 개인 투자자들이 가장
함정에 빠지기 쉬운 사례입니다. 예를 들어 A 회사는 작년도 순이익이
100억 원, 작년도 말 시가총액 1천억 원으로 PER 10을 기록했습니다(작
년 연말 기준). 그러나 3개월이 흐른 오늘, 주가를 다시 보니 시가총액이
800억 원대로 거래되고 있네요. 그래서 "오! 올해 PER은 8로 내려왔다,
매수의 기회가 왔구나!"라고 이 단계에서 무턱대고 단순히 생각하시면
안 됩니다. 의심을 해 봐야 합니다. 올해에 급격한 기업의 순이익 정체

혹은 감소가 예상될 수도 있기 때문입니다. 만약 이 기업의 올해 예상 순이익이 50억 원이라면 어떻게 될까요? 시가총액 800억 원에 거래되더라도 올해 말 예상 PER는 16(800/50)으로 작년 말 PER 10보다 더 비싼 상태일 수도 있습니다. 우리가 기업의 '이익'을 추적해야 하는 가장 중요한 이유입니다. 기업의 과거 기록이 아닌, 앞으로의 이익 증가 전망을 주요 판단 기준으로 삼는다면 투자에서 손해 볼 확률이 급격히 줄어들 것입니다. 만약에 저라면, 올해의 이익이 작년보다 50%나 하락하는 이유가 무엇인지 일차적으로 조사해 본 뒤, 내년도 이익 증가의 가능성이 보이지 않는다고 하면 과감히 이 주식은 제외시킬 가능성이 높습니다. 그러나 일시적으로 올해만 이익이 50% 줄어들고 내년부터는 다시 견고하게 100억 원의 수익을 꾸준히 올려 줄 것으로 기대된다면, 분할 매수로써 투자를 서서히 준비할 것입니다. 배당금까지 유지된다면 올해와 내년, 2년치의 배당을 받을 만한 절호의 기회가 오고 있음을 직감하면서 말입니다.

> 벤저민 그레이엄 역시 맹점이 있었다. 그는 어떤 사업에는 프리미엄을 지불할 가치가 있음을 간과했다.
>
> −찰리 멍거

1988년 워런 버핏은 역사적인 움직임을 보입니다. 바로 코카콜라(KO)를 매수하기 시작한 것입니다. 당시 버크셔 해서웨이의 20.7%에 해당하는 금액을 말이지요. 한 개인도 전체 계좌의 20%를 한 기업에 투자하면 나름 집중하여 샀다고 할 수 있는데, 버크셔의 운용 금액을 생각하면 그야말로 엄청난 집중 투자입니다. 그리고 3년 뒤인 1991년부터 1997년까지 버크셔 해서웨이의 포트폴리오 중 코카콜라의 비중은 34~43%까지 상승합니다. 가히 엄청난 집중 투자입니다. 그 이유를 코카콜라의 '브랜드' 측면으로 설명할 수도 있겠지만, 워런 버핏이 투자를 시작한 80년대 말 코카콜라의 이익 창출능력을 보면 어느 정도 납득이 가능합니다.

1988년 코카콜라(The Coca-Cola Co(NYSE:KO)) PER 15, PBR 5, ROE 31

PER보다 높은 ROE(31>15)가 모든 것을 말해 줍니다. PBR은 신경 쓰지 않은 듯합니다(15년 전이던 1972년 시즈캔디를 매수했을 때도 당시 기준 PBR 3.1배를 지불했기 때문입니다. 하지만 당시 시즈캔디도 ROE 25를 기록 중이었습니다).

이렇듯 워런 버핏과 멍거라는 전설을 만든 70~80년대의 최고의 투자는 바로 기업의 수익 창출능력이 핵심이었습니다. 엄밀히 말해 PBR보다는 ROE 측면에 답이 있었습니다.

1972년 시즈캔디 PER 12, PBR 3.1, ROE 25
1988년 코카콜라 PER 15, PBR 5, ROE 31

중요한 점은 ROE에 비해 PER이 낮았다는 점입니다. 왜냐하면, 아무리 훌륭한 기업이더라도 이익과 비교하여 터무니없이 비싼 가격에 산다면 최악의 투자가 될 수도 있기 때문입니다.

워런 버핏과 멍거는 분명 기업의 수익 창출능력에 집중해서 위대한 투자 이력을 쌓았습니다. 최근 저 역시 ROE의 중요성과 그 기능에 대해 나날이 생각을 발전시켜 가는 중입니다. 그러나 분명한 점은 ROE가 높다고 해서 너무 높은 PER를 지불하는 일은 피해야 한다는 것입니다.

사실 투자하시는 분들의 투자 성향에 따라 '어느 수치를 중요하게 생각할 것인가?'에 대한 답은 모두 다를 것입니다. 저는 한 기업의 주가가 PBR보다는 ROE에 의해서 움직인다고 믿는 편입니다. 조금 다르게 표현하자면, 향후 기대되는 ROE의 증가율, 그리고 그에 따른 자기자본 증가 속도에 맞추어 주가는 움직인다고 보는 것입니다.

마지막으로 강조하고 싶은 점은 너무 높은 PER을 지불하지 않는 조건으로 높은 ROE를 꾸준히 올려 주는 기업을 사야 한다는 것입니다. 이 전제 조건은 너무나 중요합니다. 한국 시장의 PER 평균을 11~13 정도로 본다면, 2배, 3배 이상(PER 20~30 이상)의 기업을 투자할 때에는 면밀히 주의해야 합니다. 아무리 좋은 비즈니스 모델을 가지고 높은 이익을 올려 주는 기업이더라도, PER이 30 이상이면 저로서는 매수가 조금 망설여지는 것이 사실입니다. 그러나 20 정도까지는 충분히 지불할 수 있습니다. 아무리 훌륭한 회사라도 너무 비싸게 사면 위험한 투자가 됩니다. 피터 린치는 일찍이 70년대 초 예를 들었습니다.

"1972년 맥도날드는 주가가 무려 이익의 50배까지 상승했다(PER 50). 그러나 이러한 기대를 충족할 방법이 없었기에 주가는 75달러에서 25달러로 떨어졌고, 더 현실적인 수준인 이익의 13배 가격이 되어 훌륭한 매수 기회를 만들어 주었다."

역사에서 배워야겠지요. 맥도날드는 훌륭한 기업이었지만 1972년에는 훌륭한 투자 대상은 아니었던 셈입니다.

나쁜 공은 치지 않고
좋은 공을 치는 타자되기

주식 투자로 인해 부를 얻을 수도 있겠지만, 반대로 전 재산이 날아갈 수도 있습니다. 주식 투자가 부동산 투자보다 위험하다는 것은 너무나 자명합니다. 왜일까요? 투자금을 전액 사기 맞지 않는 이상, 부동산 투자는 최소 땅은 건질 수 있어도, 주식 투자는 제로점으로 내려가기가 너무 쉽기 때문입니다. 즉, 휴지 조각이 될 수 있는 것이 주식이기 때문입니다. 좋은 기업을 찾는 것도 좋지만, 투자자는 망하는 기업을 고르면 안 됩니다. 그래야 최소한 다음번에라도 패자 부활의 기회가 찾아옵니다

야구 경기에 대입해 보죠. 타자는 좋은 공을 쳐야 타율이 잘 나오겠지만, 실제로 그 이전에 그 타자에게 필요한 능력은 나쁜 공을 안 칠 수 있는 능력입니다. 투자자에게 나쁜 공인, 상장 폐지가 될 만한 기업들은 어떤 증상을 보일까요? 금감원의 최근 발표 자료를 보면 정답이 나와 있습니다. 상장 폐지되는 기업은 폐지 이전에 ⓐ자금 조달, ⓑ지배 구조 및 경영권, ⓒ회사의 영업 위험에 문제가 발생합니다. 즉, 미리 신호를 준다는 것입니다. 이 신호를 알아채는 투자자는 생존할 확률이 높겠죠.

첫째, 자금 조달 현황에서 문제가 발생합니다. 이 부분은 상식적인 선에서 매우 간단합니다.

"소액 공모 및 사모 조달 금액이 각각 전년 대비 2~2.5배 증가한다."

이 말인즉슨, 은행을 통한 정상적인 자금 조달이 어려워진 기업이 사모를 통해 자금을 조달했음을 의미합니다. 제1금융권에서 대출이 안 되자, 제2, 제3으로 달려가는 사람과 비슷합니다.

둘째, 경영권이 자주 변동되는 회사입니다. 금감원 발표 결과, 상장 폐지한 기업들을 검토해 보니, 상장 폐지 이전 3년간 최대주주가 바뀐 회사는 59%, 대표이사가 바뀐 회사는 54%라고 합니다. 전체 상장 기업의 최대주주와 대표이사 변동률이 각각 22%, 28% 수준인 점을 고려할 때 2배 이상 높은 비율입니다. 최근 들어 사장이 자주 바뀌었으면 항상 의심하세요.

셋째, 기업이 본업 이외에 계속 이상한 사업들을 추가합니다. 기존 사업과 연관성이 적은 다른 사업을 신규 목적 사업으로 추가하면 의심해야 합니다. 사업 목적이 자주 변경되는 기업은 신규 사업 진출을 통해서도 이익 측면에서 실질적으로 나아진 경우가 거의 없습니다.

날아오는 공마다 방망이를 휘두르는 타자보다는, 안 좋은 공은 냉정하게 치지 않는 까다로운 타자가 타율도 좋습니다. 좋은 공을 쳐야 함은 단순히 실패를 피하기 위해서가 아닙니다. 가뭄이 와도 저수지 가장자리부터 마른다는 말이 있습니다. 즉, 중심지, 코어(Core)는 별 영향 없다는 말입니다. 우리나라, 그리고 한 업종을 대표하는 멋진 기업을 사야 하는 이유 중의 하나입니다. 위에서 말한 상장 폐지 징후가 있는 기업들은 설령 운에 의해 어느 정도 기간은 사업을 영위할 수도 있습니다. 그러나 작은 어려움, 즉 일시적 가뭄이 오면 가장 먼저 마르게 되어 있습니다. 그렇다면 어떤 기업이 끝까지 살아남는 핵심 기업이 될 수 있을까요? 저는 그러한 기업을 찾기 위한 최종 단계로 다음의 체크리스트를 만들어 놓고 집 책상에 포스트잇으로도 붙여 놓았습니다.

오박사 투자 노트

오박사 투자 체크리스트

1. 10년 뒤에도 이 사업이 건재할까?

   ➡ BM(비즈니스 모델)의 유지 가능성

2. 높은 ROE를 기록하고 있으며, 이것이 유지 가능한가?

   ➡ 고 ROE 유지 가능성

3. 중국과 경쟁하지는 않는가? 상관없는가? 아니면 오히려 중국인에게 파는 가?

4. 경영진이 믿을 만하고 사업에 집중하는가?

5. 배당하는가? 안 한다면 현금을 잘 쓰는가?

6. 경기에 민감한가? 아니면 경기와 큰 상관이 없는가?

7. 반복 구매나 충성, 중독이 일어나는가?

8. PER이나 PBR이 높다면, 2번 질문을 다시 생각해 본다.

9. 이익 성장 가능성이 있는가?

10. 없다면, 해자로 보호되는 산업인가? (브랜드, 정부규제, 네트워크 효과 등)

※ 9, 10이 두 개 다 해당 안 되면 투자를 심각하게 재고할 것.
※ 이익이 감소하고 ROE가 떨어지는 주식은 일단 다시 생각한다(가치 함정 가능성이 크다).

오박사 투자 노트

워런 버핏의 투자 사례

워런 버핏은 연례보고서 2년 치를 읽고, 페트로차이나의 가치가 1천억 달러라고 추정 ▶ 그런데 당시 주가로 산정하면 시가총액은 350억 달러에 불과 ▶ 가치가 주가를 넘었으니 주식을 사지 않을 이유가 없음 ▶ 기회라고 판단되어, 민첩하게 판단하고 신속하게 매수!

"이 회사는 정확히 8,983억 원의 가치를 가지고 있어!"라고 정확히 계산할 필요는 없다는 말입니다. 포인트는 바로 그 회사가 가지고 있는 품질에 비교해 싼 가격에 사야 한다는 것입니다. 우리는 주식이라는 그 회사의 작은 파편들을 사는 것이기 때문입니다.

막연한 기대보다는 머니볼처럼

안전 마진만 확보한다면 우리가 미래를 정확히 예측해야 할 필요가 없어진다.

-벤저민 그레이엄

운전할 때 앞차와의 간격이 멀수록 사고 확률이 낮아지듯이 투자자는 안전 마진을 확보하여 주식을 사야 합니다. 예를 들어, 보유 중인 순유동 자산(유동자산-유동부채)이 시가총액과 비슷한 회사가 있습니다. 본업에서 의 멋진 성장은 없지만, 꾸준히 시가총액의 10분의 1 정도는 벌어 주는 기 업도 많습니다(PER 10). 이런 기업의 주가는 쉽게 내려가기 어렵습니다.

사람들은 사업 내용이 심심한 기업보다는 성장하는 산업의 화제의 기 업들에 더 높은 프리미엄을 지급하고자 합니다.

결론부터 말씀드리면, 성장성에 너무 많은 기대는 금물입니다. 성장이 란 단어는 참 매력적으로 들립니다. 여기에서 성장이란 바로 '이익'의 성 장성을 의미하는데, 만약 영업이익이 작년에 200% 증가하였다? 업종을 막론하고 매우 좋은 신호입니다. 그러나 그 성장이 일회성이었는지, 지 속가능성이 있는지는 판단하지 않고 대부분 사람은 우르르 몰려갑니다.

점점 더 높은 가격을 내려는 사람들이 몰려드는 과정에서 비이성이 싹

틀 확률이 아주 높죠. 즉, 해당 기업이 올릴 것으로 예상하는 올해 이익보다 매우 높은 배수로 시가총액이 형성되는 것입니다. 사람으로 비유하자면 직장인 김 씨는 퇴근 후 집에서 인터넷 개인방송을 시작했습니다. 그런데 그 방송이 점점 흥행하고 명성을 얻게 되어 막대한 광고 수익이 나서, 본업(=직장)에서의 수익은 점차 큰 의미가 없어지고 있습니다. 사람들은 김 씨가 곧 일을 그만두고 앞으로 유튜브 스타가 될 것으로 확신하게 됩니다. 그러면서 점점 더 높은 가격을 내게 되어 김 씨의 주가는 상상 이상으로 오르게 됩니다. 가령 김 씨의 현재 소득은 연봉 3천만 원 + 개인방송 수익 2천만 원=5천만 원인데 성장성에 많은 사람이 집중한다면 몸값이 50억 원 정도에 형성될 수 있는 것입니다. 이 경우 PER는 100이 됩니다(50억/5천만).

2015년도 초에 투자업계에서는 이런 말이 있었습니다. "주가가 상승하는 비결은 간단하다. 아무 사업이나 시작한 뒤, 사업 영역(화장품업)을 추가하고 공시를 내는 것이다. 그러면 주가는 오른다." 화장품은 생각보다 이윤이 매우 높은 비즈니스이긴 합니다. 그리고 중국에 팔 수 있는 소비재라는 측면에서 매우 높은 기대를 받았습니다. 그래서 개별 기업의 근본은 꼼꼼히 따져 보지 않고, 오로지 화장품회사라는 이유만으로 주식을 매수하는 투자자들도 많았지요.

문제는 이런 회사들이 실적으로 증명해 보이지 못하고, 성장이 주춤한다는 인식을 주게 될 때입니다. 이렇게 되면 사람들은 실망하여 고 PER인 회사가 순식간에 평범한 PER의 회사로 전락하게 됩니다(=주가 하락). 이렇게 '성장'이란 말은 투자자 누구나가 좋아하는 말이겠지만, 조심히 다루지 않으면 역으로 독이 될 수 있는 위험한 단어임을 명심해야 합니다.

그래서 저는 이익의 성장성만큼 그 이익의 '꾸준함'도 매우 중요한 요소라고 생각합니다. 제가 인상 깊게 본 영화 중 〈머니볼〉이 있습니다. 미국 야구를 소재로 한 책이 원작으로, 브래드 피트 주연의 영화화까지 된 작품입니다. 저평가된 야구 선수들을 뽑고 팀을 구성하여 경기에서 승리해 나가는 과정이 주식을 고르고 포트폴리오를 운영하는 것과 매우 유사하게 느껴졌습니다.

브래드 피트가 연기한 오클랜드 애슬레틱스 단장 빌리 빈은 기존 야구팀들이나 스카우트들이 중요하게 생각하던 타율, 타점, 선수의 재능, 잠재력, 운동 능력 대신, '출루율'이라는 숫자에 주목했습니다. 빌리 빈에게 있어 홈런과 장타를 휘두르는 것은 관심의 대상이 아닙니다. 볼넷을 골라 1루를 밟든, 몸에 맞아 1루를 밟든, 안타를 쳐서 1루를 밟든 그것은 똑같은 '출루'일 뿐이었습니다. 즉, 화끈하게 점수를 뽑아내는 선수보다는 꾸준하게 잘해 주는 선수들로 팀을 꾸리는 전략이었습니다.

ROE(Return On Equity, 자기자본이익률) 개념이 다시 이 부분에서 나오게 됩니다. 앞서 언급했듯이 기업이 자기자본으로 그 해에 얼마만큼의 순이익을 올렸는지를 알려 주는 지표입니다. 100억 원의 자기자본으로 5억 원의 순이익을 올렸다면, 그 기업의 ROE는 5%며, 100억 원의 자기자본으로 50억 원의 순이익을 올렸다면, 그 기업의 ROE는 50입니다. 조금만 생각해 보면 '야구의 출루율=주식 투자의 ROE'라는 개념은 상당히 유사한 면을 가지고 있습니다. 출루를 많이 해서 1루, 2루, 3루를 차근차근 밟아 홈으로 많이 들어오는 팀이 야구 경기에서 승리함은 당연합니다. 마찬가지로 주주의 돈인 자기자본으로 많은 돈을 매해 꾸준히 벌어다 주는 기업이 좋은 기업임은 분명합니다.

순간적으로 반짝 높은 이익을 찍어 주는 기업은 평소에 계속 부진하다가 간혹 뜬금포로 만루홈런을 터뜨리는 선수들에 비유할 수 있습니다. 우리가 찾아야 할 선수(기업)는 장기적으로 그리고 지속적으로 높은 출루율(ROE)을 기록해 주는 이들입니다. 한 경기에서만의 승리가 아니라 리그 우승을 위해서는 매 경기 출루를 많이 해서 득점 확률을 높여야 합니다. 1루를 밟지 않고서는 점수를 낼 수가 없습니다. 한해만 반짝하여 높은 순이익을 기록하는 회사보다는 매해 자기자본대비 높은 순이익을 꾸준히 기록해 주는 회사야말로 장기투자에 가장 적합한 투자 대상일 것입니다. 야구 선수나 기업에 비유할 필요도 없습니다. 평범한 일반인도 마찬가지입니다. 반짝 몇 년간 고액연봉을 받거나 사업이 잘되는 것은 중요하지 않을 수 있습니다. 중요한 것은 꾸준하게 이익을 높여 갈 능력이 있느냐의 문제입니다.

꾸준함의 대명사로 저는 연예인 박경림 씨를 뽑습니다. 저의 학창시절 때 박경림 씨의 인기는 참 대단했습니다. 2000년대 초반, 그녀는 거의 연예계 우량주였습니다. 가수 활동까지 했었고, 조인성 씨와 시트콤에서 러브라인을 그렸죠. 이렇다 할 안티팬도 없었습니다. 그리고 여러 CF도 많이 찍었습니다. 2000년대 중반 이후 활동이 뜸해졌고, 많은 분들이 라디오 DJ 정도로만 활동하는 줄로 아실 겁니다. 그러나 그녀는 현재 '영화 시사회 MC' 분야에서 두각을 나타내고 있습니다. 누구든 시사회 MC를 찾는다면 박경림을 찾는다는 속설이 있을 정도입니다. 거의 모든 시사회 MC를 독점하다시피 했습니다. 그녀가 시사회 MC를 맡은 영화 중 소위 '대박' 영화들이 나오면서 그녀는 이 작으면 작다고 할 수 있는 분야에서 독과점 기업이 되어 버렸습니다. 아마 박경림 씨가 기업이고, 그녀의 지분 가치가 시장에서 거래되었다고 가정하면, 그녀는 분명히 투자자들에게 장기간 큰 수익과 기쁨을 안겨 주었을 것입니다. 일시적으로 높은 이

익을 얻고 주춤한 듯 보였으나, 그녀의 수익 창출능력은 절대 떨어지지
않고 이어져 오고 있기 때문입니다.

주변에서 투자 아이디어 찾기

> 45세와 13세가 함께 좋아하는 매장이라면 기업 분석을 시도하는 게 바람직하다.
>
> —피터 린치

 기회는 우리 주변 어느 곳에나 있다는 걸 잘 아실 겁니다. 다만 우리가 못 알아볼 뿐입니다. 저 역시 많은 기회를 놓쳐 왔습니다. 여전히 제가 할 수 있는 최선의 행동은 반성하고 다음 기회를 찾아 나서는 것뿐입니다. 투자 대가들도 크게 다르지 않습니다. 일찍이 구글에 투자하지 않았음을 워런 버핏이 후회했고, 애플에 투자하지 않았음을 피터 린치가 후회했습니다. 워런 버핏의 주력회사인 보험사 GEICO가 인터넷 광고를 하기 위해 구글에 막대한 광고 수수료를 지급할 때 워런 버핏은 구글을 조사했어야 했다고 아쉬워했죠. 피터 린치 역시 손녀가 애플 제품을 사 달라고 할 때, '애플이 그 제품 하나를 팔면 얼마를 버는 것인지'를 계산 했어야 했다고 자조적인 말을 하였습니다. 저 역시 입사 초기부터 놓친 투자 기회들이 많습니다. 당시 어머니, 그리고 지금은 제 아내가 된 여자 친구가 su:m 37 브랜드를 가진 화장품을 쓸 때, 저는 어느 회사의 브랜 드인지 파악했어야 합니다. 인터넷에 한 번 검색해 보면 될 일인데, '섬

37? 그냥 외국 거겠지 뭐' 하고 넘어갔습니다(숨 37은 LG생활건강의 화장품 브랜드 중 하나입니다).

한 번만이라도 물어봤으면 저의 투자 레코드도 조금 달라졌을 텐데 말이죠. 이제는 이렇게 물어보겠죠. "이건 어느 회사 브랜드야? 이거 좋아?" 2012년 초 당시 LG생활건강의 주가는 40만 원 후반대였습니다. 사드(THAAD) 이슈가 나중에 불거지긴 했지만, 꾸준한 이익 증가와 극상의 영업이익률을 자랑하며 주가는 100만 원을 돌파하였습니다. 어려운 책을 읽고 여의도에서 근무하는 증권사 지인을 알거나 고급 정보를 알아야지만 주식에 투자할 수 있는 것이 아닙니다. 그 대신 꾸준히 주변에서 보이는 신호들을 무시하지 마세요.

여러분은 학창 시절 교장 선생님 훈화가 기억나시나요? 저는 고3 졸업식 때의 훈화가 기억에 남습니다. 교장 선생님이 파격적으로 짧은 축사를 했거든요.

"여러분, 반성하지 않는 삶은 앞으로 나아가지 못합니다. 발전이 없습니다. 앞으로 사회 나가서 반성하면서 계속 앞으로 나아가세요. 졸업을 축하드립니다."

강한 충격이었습니다. 보면 아시겠지만, 여러분 앞에 펼쳐질 밝은 미래를 향해 나아가라는 말이 아니지요. 지금 저의 언어로 치환해 보자면 '너희들은 살면서 계속 크고 작은 실패를 경험할 것이다. 그러나 실패를 반추해 보고 반성하면서 공격 방법을 조금씩 다르게 해 나가며 끊임없이 부딪쳐라'로 들립니다. 반성하지 않는 삶은 발전이 없습니다. 저 역시 투자에 있어서 50만 원 미만의 LG생활건강을 놓쳤던 것이 큰 아픔과 반성으로 남아 있습니다. 그만큼 LG생활건강은 우리와 친숙한 브랜드와 제품들로 우리 주변에 널려 있었기 때문입니다(지금 한번 여러분의 욕실 안 제품들을 5개만 찾아보세요. 대부분 LG생활건강이나 아모레로 분류됩니다).

그 이후 저는 제가 가는 곳마다 최대한 사실조사를 하려고 합니다. 물어보는 것을 두려워하지 않죠. 새로 가는 편의점마다 계산할 때 저는 물어봅니다. "요새 어느 담배가 제일 잘나가요?" 친절한 아르바이트생들은 자세히 알려 줍니다. 보통 제가 저렇게만 물어도 2~3개 브랜드는 말해 줍니다. 꼭 빠지지 않는 것이 '에쎄'입니다. 말보로, 던힐도 많지만, KT&G의 에쎄가 대답에서 빠진 적은 없었습니다. KT&G의 주가가 내려가면 '전자담배가 앞으로 기존 궐련 시장을 잠식할 것이다'라는 기사와 분석은 크게 조명됩니다. 그러나 회사 근처 편의점에 가서 물어보면, 아직도 중장년층에서 에쎄의 브랜드 파워는 강력함을 알 수 있습니다(주가 하락 시에 많은 이들의 눈에는 KT&G의 해외 매출이, 아프리카와 남미 등지에서 연 10%, 20%씩 증가하는 것은 보이지 않나 봅니다).

모든 기업에 투자하기 이전에 현직에 있는 관련자들에게 동향을 물어보는 전략이 최고일 수 있습니다. 거창한 방법이 아닙니다. 그 물건을 소비자들에게 파는 슈퍼 주인아저씨, 편의점 아르바이트생이 정답지를 들고 있는 시험 감독관일 수도 있습니다.

저는 요즘 블로그에 '주변에서 투자 아이디어 찾기'라는 주제로 투자 일기를 최대한 자주 쓰려고 노력합니다. 직접 찍은 사진과 함께, 저의 소감을 그대로 바로바로 적곤 합니다.

오박사 블로그 엿보기

집 근처 편의점에서 투자 아이디어 찾기

① 영양제(정관장, 비타민), 생수, 젖병, 아기 분유, 아기 과자
② KT&G, 롯데, 매일유업, 초록마을

-우리 집에서 투자 아이디어 찾기

    편의점이나 마트, 집에서 사실조사를 해 볼 수 있는 기업들이 참으로 많습니다. LG생활건강, 오뚜기, 동서, CJ제일제당, 매일유업, 남양유업, KT&G 등 수없이 말이죠.

> '매일유업 주식을 사고 난 뒤에는 항상 편의점이나 마트에서 컵 커피 코너에
> 가 본다. 매일유업 바리스타 룰스 한 개에 1,800원. 카페라떼는 개당 1,000원
> 에 판매 중이다. 사진을 찍고 보니, 매일유업 라떼가 제대로 진열이 안 되어
> 있었네. 열 맞추고 온다는 것을 깜빡했다.'

-17.09.02 오박사 개인 일기

B2C 기업이면서 소비재를 파는 기업들에 투자하는 데 평범한 일반인들이 기관 투자가들보다 불리하지 않은 조건입니다. 좋아지고 나빠지는 경기와 무관하게 끊임없이 팔려나가는 LG생활건강의 죽염치약을 바라보면 무슨 생각이 드시나요? 연습장에 아래와 같이 적어야 할지도 모릅니다.

'불멸의 LG생활건강, 한국의 P&G'

P&G는 1837년 미국 오하이오주에서 설립된 비누, 샴푸, 칫솔, 기저귀 등 필수 소비재를 꾸준히 판매 중인 회사이며 세계 최대 생활용품 제조업체입니다.

배당금 성향을 50년이 넘는 기간 동안 연속 상향하였으며 100년이 넘는 기간 동안 배당을 끊이지 않고 지급했습니다(1890년 배당금을 지급하기 시작한 이후 쉬지 않는 배당금 지급). 두 번의 세계대전, 대공황, 오일쇼크, 9.11테러, 서브프라임 사태 등 수많은 위기가 P&G주식과는 상관이 없는 듯합니다. 이와 마찬가지로 LG생활건강의 죽염치약, 샤프란은 아마 2030, 2040년대에도 계속 팔리고 있을 것입니다. 그러나 주의할 점은 항상 있습니다. 단순히 어떤 제품이 좋다고 무턱대고 기업에 대한 조사 없이 주식을 사면 안 됩니다.

『전설로 떠나는 월가의 영웅』 2000년 2판 때 피터 린치는 서문을 이렇게 다시 썼습니다.

"저는 여러분에게 쇼핑하기 좋다거나 좋아하는 제품을 만든다는 이유로, 또는 음식이 맛있다는 이유로 주식을 사라고 권하지는 않습니다. 상점이나 제품 혹은 식당을 좋아한다는 사실은 분명 그 종목에 관심을 가지고 분석할 이유가 되지만, 그것만으로는 주식을 매수할 수 없습니다. 회사의 수익 전망, 재무 상태, 경쟁력, 향후 계획 등에 대해 스스로 충분히 공부하기 전에는 절대로 투자하지 마십시오."

이제 할아버지가 된 피터 린치는 70~80년대 당시 첨단기술 업체보다는 스타킹 업체나 호텔 체인, 음식 프랜차이즈 업체에 투자했습니다. 투자 기업은 어떠한 절대적 기준이나 수식에 따라 선별했다기보다 자신이 직접 제품과 서비스를 경험한 뒤 유망 기업을 선택했습니다. 물론 후에 면밀한 이익과 재무 상태에 관한 공부를 해야 한다고 말하고 있지만, 우선은 눈과 피부로 먼저 제품과 서비스를 접했다는 것이 중요한 부분입니다. 최근 사용 경험이 있는 일상제품을 생산한 기업들 사이에서 투자 대상을 고르는 작업은 매우 가치 있는 일입니다.

1970년대 헤인스(Hanes)라는 기업은 레그스(L'eggs)라는 이름으로 다양한 색깔의 플라스틱 달걀 모양 용기 안에 여성용 스타킹을 넣어 판매하였습니다.

당시 이 기업은 고급 팬티스타킹을 생산해 백화점에 주로 공급하고 있었으나, 중저가에 품질도 그다지 좋지 않은 제품을 주로 팔던 슈퍼마켓에 비교적 저렴한 가격에 고급 제품을 공급하는 결정을 내렸습니다. 수많은 미국 여성들은 주로 출입하던 슈퍼마켓에서 희한

한 모양의 스타킹 제품을 우연히 접하게 됩니다(정확히는 슈퍼마켓 계산대 부근에 진열함). 품질에 매우 만족스러워하는 아내 캐롤린의 말을 피터 린치는 놓치지 않았습니다. 그는 바로 제조회사가 어디인지 알아본 후 바로 헤인스의 주식을 매수했고 30배가 넘는 이익을 거두었습니다. 이런 기업들은 지금도 어디에나 있습니다. 다만 우리가 무시하고 지나갈 뿐입니다.

대부분이 머나먼 곳에서 유망 기업을 찾고 있을 때, 그들과 같이 투자 세계의 변두리를 떠돌아다니는 우를 범하지 말아야 합니다. 고급 정보를 찾아 헤매는 것보다는 가까운 주변 지인의 실제 제품 사용기와 후기에 귀 기울여 보는 것이 더 나을 수도 있습니다.

아니면 그냥 자주 가는 커피숍에서도 주위에 귀를 기울이면서 얼마든지 투자 아이디어를 찾아낼 수 있습니다.

오박사 블로그 엿보기

카페에서 엿들은 투자 아이디어

"철수는 키가 몇이야?"

→ 키 비교가 오갔다. 키 크는 약, 홍삼 등 검색.

"영수가 랩을 잘한대."

→ 랩을 잘하는 게 화제가 되고 칭찬 거리가 된다.

"아버님이 치매가 와서 요양병원에 모셨어."

→ 치매 화제. 노인 건강 문제. 치매약에 관한 이야기. 치매약 관련 제약회사
탐색.

"애들이 휴대전화 게임에 미쳐 살아."

→ 게임 이름들. 게임회사 탐색.

우선주의 매력

우선주(preference shares)란 보통주보다 배당 혹은 잔여재산 분배 등에 있어 우선적 지위가 인정된 주식을 말합니다. 삼성전자, 삼성화재 등 기업명 뒤에 '우'가 붙은 주식들이 있습니다. 투자 초기에는 저 역시 삼성전자면 삼성전자이고 삼성화재는 삼성화재지 뒤에 붙은 '우'는 무엇일까 궁금했습니다.

'우'는 우선주의 약자입니다(간혹 '우량주'로 착각하는 분들이 있습니다). 삼성전자, 삼성화재 이렇게 회사의 이름만 붙은 것은 보통주라고 합니다. 그리고 기업명+우가 붙은 주식은 우선주라고 합니다. 본래 주식의 소유자인 주주는 주주총회에 참석해 해당 기업의 주요 경영 사항에 대해 의결권을 행사합니다. 그리고 배당을 받습니다. 반면, 우선주 소유자는 의결권을 포기해야 합니다. 회사 경영에는 참여할 수 없죠.

우선주는 왜 만들어졌을까요? 투자자의 입장보다는 기업의 입장에서 생각해 보면 편합니다. 주식회사는 잘게 쪼개진 주식들로 이루어진 회사이며, 그 회사의 주식을 많이 가진 존재가 회사 경영에 참여 및 간섭할 힘이 생깁니다.

당신은 한 주식회사의 대표입니다. 이 회사의 지분 35%를 가지고 있습니다. 근데 어느 날 돈이 많은 B씨가 등장해 막대한 자금력으로 당신보다 많은 50%의 지분을 가지게 되었습니다. 그럼 당신보다 B씨가 회사의 지분을 많이 가지고 있으니 사실상 경영권을 더 쥐고 있게 되는 사람은 B입니다. 이렇게 경영권 혼란이 생길 소지가 있습니다(물론 현실 세계에서는 B씨가 지분을 모으기 시작하면, 당신 역시 경영권 방어를 위해 주식을 매입할 것입니다). 그래서 당신은 우선주라는 것을 만들었습니다. 회사의 이익을 나누어 주는 배당을 가장 먼저 우선순위로 줄 테니 대신 경영권이 없는 주식을 만들어서 주겠다는 의미입니다. 투자자 입장에서는 많은 배당을 기대할 수 있고, 기업으로서는 경영권의 위협 없이 자금을 조달할 수 있으니 서로의 요구가 충족되는 셈입니다.

본 주와 우선주 사이의 가격 차이를 나타내는 '괴리율'이라는 개념이 있는데, 이를 이용한 투자방법도 유용합니다.

$$\frac{(보통주\ 가격 - 우선주\ 가격)}{보통주\ 가격} \times 100 = 괴리율$$

본 주의 주가 100만 원, 우선주 주가 50만 원 = 괴리율 50%

선진국의 경우 보통주와 우선주의 괴리율이 약 25%로 알려져 있습니다. 그러나 우리나라에는 괴리율이 40%~50%까지 벌어지는 주식들이 많습니다.

우선주가 보통주와의 괴리율이 높을수록 투자 기회가 커진다고 볼 수 있습니다(단, 보통주의 가격이 거품이 아니라는 가정). 보통주의 주가는 상승했지만, 우선주 주가가 그 상승 폭만큼 오르지 못했을 때 그 차이를 메우려는 움직임이 발생하기 때문입니다.

향후 우리나라도 선진국들처럼 기업 지배 구조가 투명해지며 주주 친화 정책이 강화된다면 같은 이익이더라도 주주들에게 배당금을 더 많이 지급할 것입니다. 또한, 기업 지배 구조가 개선되면 대주주의 경영권 프리미엄은 감소할 수밖에 없고, 이 과정에서 보통주와 우선주 사이의 괴리율은 우선주의 주가 상승을 통해 축소될 것입니다. 아직 덜 오른 우선주들에 주목해야 합니다.

오박사가 고른 피터 린치 십계명

피터 린치의 중요 키워드를 뽑아 십계명을 정해서 정리해 보았습니다.

① 부채

"기업이 위기를 맞았을 때, 생존과 파산을 결정하는 요소는 무엇보다도 부채다."

② 장부 가치

"장부 가치를 보고 주식을 산다면, 그 자산의 실제 가치가 무엇인지 자세히 파악하고 있어야 한다. 파산한 철도 회사의 터널이나 쓸모없는 차량도 장부에는 자산으로 기록된다. 인쇄소나 직물공장의 운송비도 안 나오는 거대한 기계들도 마찬가지. 장부 가치만 보면 위험한 착각을 할 수 있다. 실제 가치가 중요하다."

③ 이익

피터 린치는 이익에 대하여 매우 강조하였다.

"이익이야말로 진정으로 중요한 유일한 성장률이다."

"나를 포함해서 헐값 주식을 찾는 이들은 감정적으로 비난받는 주식을 좋아한다(단, 실적이 더할 나위 없이 좋아야 한다)."

· "고객을 안 잃으면서 매년 판매 가격을 올릴 수 있는 회사를 발견한다면, 기가 막힌 투자 기회다(담배 같은 중독성 제품이 이에 해당)."

④ 성장

"유통업체나 음식점 가맹점은 이익을 늘리고 주가를 끌어올리는 동력이 주로 매장 확장에서 나온다. 동일 매장 매출액이 증가세이고, 과도한 부채로 어려움이 없으며, 보고서에 밝힌 대로 확장 계획을 실천하고 있다면, 그 주식은 대개 보유할 가치가 있다."

⑤ 착각

주가의 현재 움직임이 회사의 기본 가치를 가리킨다는 '착각'.

⑥ 핵심, 그리고 시장 하락에 대하여

"기업을 제대로 알고 매입하는 것이 핵심이다."

"시장의 흐름을 보지 않고, 기업만 분석해서 투자하는 진정한 기업 투자자에게 저가 매수는 성스러운 가치이다. 급격한 매도세로 순자산의 10~30%가 사라지는 것은 문제가 되지 않는다."

"나는 조정장을 재난으로 보지 않고, 더 많은 주식을 싼 가격에 살 기회로 여겼다."

⑦ 스토리

"원래의 스토리가 의미를 유지하는 한, 기다리면서 상황을 지켜보라. 몇 년 뒤에는 놀랄 만한 실적을 거둘 것이다."

⑧ 최적 시점

"주식 매입의 최적 시점은 백화점에서와 마찬가지로 좋은 물건이 좋은 가격에 나왔다고 당신이 확신하는 날이다."

⑨ 거시 경제

"특정 사업이 특정 방법으로 명백하게 영향을 받는 경우가 아니라면, 외부경제 여건에 관심을 덜 가져도 된다."

예1) 유가 하락 ▷ 오일 서비스 회사는 분명히 영향받아도, 의약품 회사는 안 받음.

예2) '86~'87년경 달러 약세 ▷재규어, 혼다, 스바루를 매도.

⑩ 프로정신

"다른 사람이 등 뒤에서 당신이 하는 일을 어떻게 평가할지 걱정한다면, 당신은 프로이기를 포기한 것으로 생각한다."

자주 들었던 질문

현금 비율을 어느 정도로 유지하시나요?

저 또한 투자를 시작할 때 저보다 앞서 경험한 사람들에게 자주 물었던 질문입니다. 우선 대가들을 살펴보면, 미국의 피터 린치나 국내의 존 리 같은 펀드 매니저들은 대개 100% 주식 비중을 유지하는 편입니다. 벤저민 그레이엄은 50:50 혹은 25:75로 유동적입니다. 워런 버핏의 경우 정확한 현금비율을 알 수는 없지만, 주가가 하락하거나 시장이 폭락할 때 주식을 대거 사들여 왔으므로 어느 정도의 현금비율은 항상 가져갔다고 보아야 합니다. 저의 경우 7:3(주식:현금) 비율이 최적의 상태입니다. 저에게 있어 제일 편안함을 주는 수치이기 때문입니다. 5:5로 하자니 너무 주가 하락만을 기다리는 것 같고, 그렇다고 8:2, 9:1의 비율로 투자하자니 주가가 하락하면 추가 매수할 여력이 적어져 마음이 편치 않았습니다. 개인마다 고통을 인내하거나 스트레스를 감당할 수 있는 정도가 다릅니다. 즉, 최적의 현금 비율은 여러분이 여러 경험 등을 통해 스스로 정하셔야 합니다. 제가 해 드릴 수 있는 조언은, 가장 '편안함'을 느끼고 동시에 '조바심'을 내지 않는 지점이 바로 여러분의 최적 현금 비율이라는 것입니다. 다만 계좌 내 주식 100% 포지션은 심리적으로 다소 어려운 일이었음을 저는 경험을 통해 잘 알고 있습니다. 사고 싶은 기업의 주식인데 갑작스럽게 하락했다면 갖고 있던 현금으로 신규 매수할 수도 있어야 합니다. 그렇지 않은 경우라면, 가지고 있는 주식을 일부 매도하고 새 주식을 사야 하는 상황이 되는데 저는 별로 그 상황을 좋아하지 않습니다.

> 개인적인 생각으로 투자자들은 주어진 증권에 투자 가용한 최대 금액까지 한 번에 '가득' 매수하는 것을 자제해야 한다. 이 조언에 귀를 기울이지 않는 사람들은 더 이상의 매수 여력이 없기 때문에 큰 가격 하락이 발생해도 무력하게 지켜볼 수밖에 없을 것이다. 일정 부분을 남겨 놓고 매수하는 것은 가격이 하락해도 투자자들이 주당 평균매수단가를 낮출 수 있게 한다.
>
> ―세스 클라만

한 번에 사시나요?

저는 주식을 살 때 철저히 분할 매수를 하는 편입니다. 거래량이 적은 기업의 경우에는 20~30번 넘게 잘게 쪼개서 산 적도 많습니다. 거래량이 많은 기업도 최소 5번에 걸쳐서 사는 편입니다. 이 부분은 첫 번째 질문인 적정한 현금비율의 문제와 달리, 제가 자신 있게 말씀드릴 수 있는 부분입니다. 절대 어느 특정 주식을 한 번에 다 사시면 안 됩니다. 여러분이 사고 싶은 A기업에 대한 총 투자 금액을 미리 설정하십시오(매우 중요한 부분입니다. 무턱대고 사고 또 사다가 본인의 예상과 다르게 너무나 많이 사 버릴 수도 있음). 총 투자 금액을 설정하셨다면 최소 3회, 보통 5회, 많게는 7회에 나눠서 사시기 바랍니다. '주식은 원래 사면 떨어진다!' 이렇게 생각하시는 편이 낫습니다. 이론적으로는 하나도 말이 안 되지만 이렇게 마인드를 세팅하니, 이제는 단기적 주가 하락이 덤덤합니다. 그러나 사람 대부분은 주식을 사면 당연히 올라야 한다고 생각합니다. 명심하십시오. 단기적으로는 원래 주식은 사면 떨어지는 법입니다. 그러니 오늘 다 사야 한다고 생각하지 마시고, 내일, 일주일 뒤, 한 달 뒤에 나눠서 사십시오.

매도는 언제 해야 하나요?

첫째, 투자한 기업의 스토리가 변했을 때 매도해야 합니다. 가격이 하락하였다고 하여 본능대로 무턱대고 매도하는 것을 가장 경계해야 합니다. 좀 더 쉽게 풀자면, 애초에 내가 아는 방법으로 회사가 돈을 벌지 않거나 미래에 그러할 소지가 포착되었을 때에는 매도해야 합니다. 자세히 관찰해 봤는데 내가 원하고 기대하던 방향과 전혀 다르게 움직인다면, 매도한 후 관심 기업에서 지워야 합니다. 당신이 친구의 푸드트럭에 투자했다고 가정해 봅시다. 총 필요한 자본의 50%를 출자한 당신은 매년 수익금의 30%를 현금으로 받기로 하였고, 당신은 다른 일이 있어 푸드트럭의 운영은 친구가 하기로 하였습니다. 그런데 이 친구가 음식을 팔아서 돈을 벌어야 하는데, 알고 보니 푸드트럭은 그대로 두고 인형뽑기방에 가서 인형을 마구 뽑습니다. 달인이 되어 방송에도 나오고 인형들을 갖다 팔아 수익금을 마련하고 있습니다. 이래도 당신은 계속 그 친구와 동업을 하시겠습니까? 말도 안 되는 비유를 한 것 같지만, 실제 비즈니스 세계에는 이러한 사례들이 수없이 많습니다. '사업 다각화'의 탈을 쓴 '사업 다악화'로 인해 기업의 근간이 흔들리는 경우는 매우 흔한 일입니다. 계속 푸드트럭 일을 열심히 해서 돈을 버는지 확인하십시오.

둘째, 비정상적인 다른 사유로 주가가 급등했을 때 매도합니다. 보통 어떤 테마에 묶여서 기대도 안 했는데 갑자기 상한가를 기록하거나 하는 경우입니다. 이 경우 사람의 욕심상 더 가지고 있기 쉬운데 저는 웃으면서 어김없이 매도합니다. 주가 상승이 당신이 생각하는 투자근거 때문은 아니었지만, 결과적으로 주가가 올랐기 때문에 웃었다고 표현을 한 것입니다.

셋째, 갑작스럽게 회사가 적자로 돌아섰을 때, 자세히 파악해 보고 지속될 것 같은 경우 매도해야 합니다. 첫 번째 이유인 스토리가 변한 경우와 비슷한 경우인데, 투자한 기업에서 갑작스럽게 예상치 못한 분기 적자가 나오는 경우가 더러 있습니다. 이럴 때 과연 계속 보유하느냐, 검토후 매도하느냐의 문제는 상당히 중요합니다. 한진해운을 2011년도에 매수했을 때, 티웨이홀딩스를 2016년도에 매수했을 때의 경험을 통해 얻은 생각입니다. 당시 한진해운은 업황이 본격적으로 꺾이기 시작한 순간이라 분기 적자가 발생한 경우, 빨리 비즈니스 상황을 체크하고 반등이 쉽지 않을 것이 어느 정도 보였기에 매도했어야 합니다(저는 그 검토를 게을리했고, 기업에 대한 믿음 때문에 더 늦게 파는 실수를 저질렀습니다). 2016년도에 티웨이홀딩스 역시 갑작스럽게 분기 적자가 발생하게 됩니다. 아무리 계절성이 있다 하더라도 1분기에 영업이익 73억 원, 순이익 67억 원을 기록한 회사가 2분기에 영업손실 −45억 원, 순손실 −54억 원을 기록합니다. 갑작스러운 적자의 경우 투자자로서는 솔직히 배신감이 들기 쉽습니다. 그러나 투자자는 숫자와 논리를 확인해야 합니다. 인력 채용 및 교육, 정비사들을 새로 고용하면서 비용이 많이 발생하게 됩니다. 그 이유는 바로 2015년도 12대에 비해 항공기 대수를 추가로 늘리면서 발생한 불가피한 비용 상승이었습니다. 게다가 일본의 구마모토현에서 지진이 발생(2016년 4월 14일 진도 6.7 규모)하여 일본 노선이 완전히 망가지게 되었습니다. 일시적으로 주춤한 것이냐, 아니면 완전히 한진해운처럼 업황이 꺾인 것으로 봐야 하느냐에 대한 질문에서 저는 당연히 전자로 판단하였습니다. 저가 항공사의 업황은 당분간 나쁘지 않을 것이고 산업 역시 계속 상승할 것이라 판단했고, 일본 지진 이슈는 반년 정도 지나면 회복할 것으로 보았습니다. 결국 2016년 여름은 티웨이홀딩스에 투자하기에 매우 좋은 시점이었습니다. 단순히 남들과 반대로 가는 것이 역발상 투자가 아니라 숫자와 논리가 맞아야 역발상이지 않나 하는 생각을 하게 된 순간이었습니다.

해외 주식에도 투자해야 하나요?

결론부터 말씀드리자면, 큰 방향성으로는 해외 주식에도 투자해야 합니다. 우리나라 코스피 시가총액은 2017년 말 기준으로 1,600조 원에 이릅니다. 엄청나지요! 하지만 미국은 한국의 20배에 달합니다. 한국 주식시장은 세계 15위권 위에 자리매김하고 있습니다. 결국 더 큰 시장, 더욱더 엄청난 브랜드를 소유한 메가 기업의 지분을 소유하기 위해서는 해외주식, 특히 미국 주식에 투자해야 합니다. 그러나 그것은 큰 방향성에서말이지, 결과적으로는 국내 주식부터 투자를 잘해야 한다고 믿습니다.

나이키, 스타벅스와 같은 브랜드를 우리가 아무리 자주 접하고, 잘 안다 하더라도 한국은 그들의 넓은 세계 시장 중 하나일 뿐입니다. 게다가 현실적으로 사업보고서를 읽는다 해도 언어적 한계에 어느 정도는 봉착하게 됩니다(P&G의 사업보고서는 약 100쪽에 이릅니다).

결국, 궁금한 것이 있다면 전화해서 물어볼 수 있고 신문 기사를 쉽게 찾아볼 수 있는 국내 주식부터 우선 잘 투자할 수 있어야 합니다. 그다음에야 해외 주식에 투자할 무형의 자격이 생긴다고 믿습니다.

오박사의 손글씨 투자 노트

직접 손으로 써 보는 것은 참 중요합니다. "요즘 같은 디지털 시대에 클라우드도 있고, 기록할 디지털 매체가 얼마나 많은데 대체 손으로 쓰고 있는 것이냐!" 하고 반문하실지도 모릅니다. 그러나, 손으로 써 보면 느낌이 옵니다. 그 회사의 매출액 3년 치를 숫자 하나하나씩 눌러쓰면서 느껴 보기 바랍니다. 대부분의 실적 자료들은 인터넷상에 모두 공시되고 오픈된 자료지만, 이렇게 직접 손으로 3~4년간의 매출액, 영업이익 등을 순서대로 써 내려가다 보면 분명히 다른 무언가가 느껴질 것입니다.

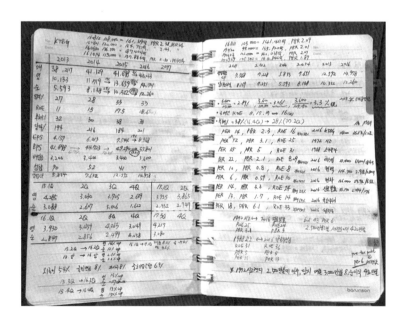

에필로그

어렸을 때 뉴스를 보면 X세대, 오렌지족 같은 단어를 많이 나왔습니다. 그 후 월드컵 세대라는 말이 잠시 나오더니 대학교 때쯤에는 외적, 내적 건강을 추구하는 '웰빙족'이라는 말도 있었습니다.

그러다가 2010년대엔 비관적인 신조어들이 나오기 시작했습니다. 88만 원 세대, 그리고 3포 세대, 4포 세대, N포 세대까지 이제는 매우 암울한 신조어들이 많이 생겼습니다. 굳이 제가 설명하지 않아도, 사람들이 느끼는 삶의 난이도는 점점 올라가고 있습니다.

TV를 잘 보지 않지만, 2017년 연말 시상식을 우연히 보았습니다. 김건모, 이상민, 토니, 박수홍, 윤정수가 카메라에 잡혔습니다. 대체 내가 몇 살 때부터 저 사람들이 활동했었나 하며 셈을 하게 되더군요.

김건모를 비롯해 룰라 이상민, HOT 토니, 박수홍, 윤정수 등의 전성기 시절은 저의 초등학교, 중학교 시절로 되돌아가야 합니다. 제가 지금 30대 중반의 아기 아빠가 되었는데도 아직도 연말 시상식장에서 위치를 공고히 하고 있음을 보고 매우 많은 생각이 들었습니다.

비관적 신조어들이 생겨나는 현실과 연말 시상식에 나오는, 오래도록 인기를 누리는 연예인들을 연결지어 보니 제 머릿속에는 '한국, 진짜 쉽지 않겠구나.' 하는 생각이 자리 잡았습니다.

모든 것이 쉽지 않습니다. 강남 모 주공 아파트 단지에는 19억 원 이하에는 부동산 매도를 절대 하지 말자며 아파트 내에 전단이 붙었습니다. 열심히 지방에서 공부만 하던 중고등학교 시절과 취업만 하면 모든 것이

해결될 줄 알았던 대학 시절의 제가 떠올랐습니다. 저는 약간 화가 났습니다. "대체 뭘 했던 거지? 무엇을 믿고 있었던 거지?" 여러분도 익숙히 받아들였던 것들에 대해 분노하셔야 합니다.

예체능계만 봐도 기존 플레이어들이 선점 후 수성을 수십 년씩 하고 있고 강남 아파트는 준공된 지 수십 년이 되었지만, 입지의 힘으로 분양가가 20억 원에 육박하고 있습니다. 이미 한국 내 많은 영역에서 선점과 수성이 이루어졌습니다. 비즈니스 섹터는 말할 필요조차 없습니다. 창업해서 모두가 마윈이나 손정의가 될 수 없습니다.

제가 내린 결론은, 시간이 흐를수록 큰 부의 흐름이 개인에게까지 쉽게 내려오지 않는다는 것입니다. 외환위기 이후 대부분의 국내 기업들은 부채 비율과 유동성 관리에 매우 민감해졌습니다. 그래서 불안한 시기에는 현금을 내부적으로 많이 보유합니다.

그래서 저는 바로 이러한 시기일수록 개개인이 기업의 지분을 소액이라도 사야 하는 때라고 봅니다. 되도록 사는 것을 넘어서서 '사 모으는 것'이 좋습니다. 기업뿐만 아니라 개인에게도 축적의 개념이 필요합니다.

2020년에도 한국에 사는 개개인들의 삶의 난이도는 정말 쉽지 않을 것 같습니다. 이미 암울한 신호들이 약간의 신문기사만 검색해 봐도 널려 있습니다. 하지만 한편으로는 기회의 시기가 될 수도 있을 것으로 생각합니다. 왜냐하면, 아직 많은 한국의 개개인들은 주식을 도박, 숫자 게임으로 생각하고 있기 때문입니다.

초기에 저 역시 믿지 않았습니다. '주식이 어떻게 기업의 지분이야? 정보가 없으면 무조건 큰손들에 의해 지게 되어 있어. 예전부터 어른들이 주식은 하지 말라고 했어!'를 비롯하여 '주식은 사기'라는 생각 때문이었습니다. 지나고 보니 이 모두가 잘못된 자본주의적 미신이었습니다.

중세 시대에는 특정인을 그린 그림에 바늘을 찌르면 실제로 그 사람에게 해를 입힐 수 있다 믿었습니다. 중세부터 초기 르네상스까지 유럽에서 널리 행해지고 믿어지던 미신이었습니다.

정확한 본질에 대해서 모르기 때문에 이러저러한 사견들이 붙어서 잘못된 미신이 형성됩니다. 주식을 둘러싼 미신과도 같은 이야기들을 이 책을 통해 조금이라도 해소하시고, 더 밝은 미래를 향해 갈 수 있는 밑바탕이 된다면 저는 이 책이 소명을 다했다고 생각합니다.

여러분과 저는 자본주의 시대에서 살고 있습니다. 신분제 사회나 원시 시대가 아닙니다. 자본주의 사회에서는 생산 수단을 소유해야 합니다.

미국의 유명 가수인 칸예 웨스트는 그의 부인(이었던) 킴 카다시안에게 크리스마스 선물로 두 개의 상자를 줬다고 합니다. 첫 번째 상자에는 디즈니 미키마우스 인형과 아디다스 양말, 애플 헤드셋이 들어 있었고, 다른 상자에는 그 기업들의 주식 증서가 있었습니다. 디즈니 920주, 아디다스 955주를 포함, 애플, 넷플릭스, 아마존과 같은 미국의 주요 기업들의 주식 증명서가 들어 있었던 것입니다! 카다시안은 엄청난 남편이라며 그녀의 SNS에 주식 증서 사진과 함께 글을 썼습니다.

미국은 연예인들도 기업의 지분을 선물로 주고받을 정도입니다.

아무리 '헬조선'이라지만, 지옥일수록 우리는 좋은 기업의 주식 매수를 통해 기업의 지분을 가지고 있어야 하며 그 부를 공유해야 한다고 믿고 있습니다.

주식은 부동산과 달리 적은 돈만 있더라도 조금씩 사서 모아 갈 수 있다는 장점이 있습니다. 스타벅스에 갔는데 주문할 때 줄을 섰던 경험이 있으시다면, 구글에 'SBUX'라고 한 번만 검색해 보세요. 그 회사가 1년에 얼마를 벌고, 지금 시가총액은 얼마인지 알아보세요. 찰나의 검색이 여러분의 위대한 시작이 되어 줄지도 모릅니다.

자본주의 1교시

자본주의 생존 공략집

인간이란 존재는 완벽하지 않아서 누군가 어떤 일을 먼저 가르쳐주지 않으면 직접 시도하고 깨지면서 배울 수밖에 없습니다. 아가들의 걸음마부터 성인이 돼서 배우는 수영 강습까지 넘어지고 물을 먹으면서 배울 수밖에 없습니다. 다만 먼저 경험한 사람이 처음에 조금이라도 오답을 잡아주거나 좋은 길을 안내해준다면 그 시행착오를 줄일 수 있습니다.

우리는 타인의 경험을 통해, 가장 소중한 가치인 '시간'을 아낄 수 있습니다. 순수 노동력만을 투입하여 세후 연 5천만 원을 벌 수 있다고 가정할 때, 투자를 통해 본인의 노동력 외에 5천만 원을 추가로 벌었다면 1년이라는 시간을 버는 셈이니까요.

저도 자본주의 선배님들의 도움을 얻었기 때문에, 제가 얻은 경험과 노하우들을 바탕으로 '자본주의'를 교과목으로 개설하면 어떤 식으로 가르칠까 하는 상상을 해 보았습니다.

이제부터 제가 평소에 틈틈이 기록해 둔 '아이들에게 전수해야 할 자본주의 1교시' 강의 내용을 공개합니다.

빈 병 팔기

우리는 병을 파는 것부터 시작해야 합니다. 병을 파는 일은 어렸을 때 시작하면 좋을, 매우 중요한 미션입니다.

젝스키스 멤버였던 고지용 씨가 한 프로그램에 나와 아들에게 위조 지폐 감별법을 알려 주고 슈퍼에 빈 병 팔기를 시키는 것을 보고 깜짝 놀랐습니다.

그의 아들인 승재 입장에서 보면, 아버지는 한때 S급 아이돌 그룹의 한 축이었다가 현재는 한 기업의 이사이고, 또 어머니는 의사인데 말입니다. 또, 승재가 저녁에 잠을 안 자면 아들을 본인 BMW 뒷좌석에 태워 강남에서 드라이브를 시키는 고지용 씨의 모습 또한 인상적이었습니다.

분명 평범하지 않은 환경인데 이런 아이에게 부모님이 위조 지폐 감별법과 빈 병 팔기를 가르친다? 이러한 경험이 장기적으로 축적된다면, 분명 승재와 일반 아이들 사이에는 향후 매우 큰 차이가 생길 것입니다.

방송 중 고지용 씨가 돈은 쉽게 벌리는 게 아니라고 하자 아들 승재가 병을 팔아 아이스크림을 사 먹겠다고 하는 장면을 보며, 아마 미래의 승재한테 또래 아이들이 덤비면 10명 중 9명은 깨질 거라고 생각했습니다 (장담하는데 승재 밑에서 일할 가능성 높음). 승재를 이기려면 빈 병 팔기부터 제대로 시켜야겠죠. 사교육 수업만 열심히 받으면 승재 같은 미래 자본가의 자제들 밑에서 일할 가능성이 커집니다.

차익거래

어린 시절 워런 버핏은 할아버지가 경영하는 식료품점에서 코카콜라 6병을 25센트에 매입한 후 그 6병을 개당 5센트에 팔아 총 30센트의 매출을 올리면서 5센트의 이윤을 얻었습니다.

차익거래(Arbitrage)의 정석인데, 이는 약간 응용할 수 있습니다. 생수를 싸게 사서 얼린 뒤 더운 곳이나 산 정상에서 조금 비싸게 팔아 차익을 얻는 것 등이죠. 이런 거래는 어렸을 때 경험할수록 좋다고 생각합니다. 가히 자본주의 실전 전투 모드라 할 수 있으니까요.

월드컵 응원 기간 중 인천문학경기장 근처에서 사이다, 생수를 얼려서 팔던 기억이 납니다. 그런 행동은 돈을 얼마 벌었든지 간에 후에 더 큰 자본주의에서의 자립심과 독고다이 감성을 키워 줄 것이 분명합니다.

바자회나 벼룩시장

어린 시절 제가 다니던 초등학교는 매년 겨울 즈음에 바자회라는 것을 하였습니다. 각자 집에서 팔릴 만한 것들을 가져와서 좌판을 깔고 파는 것이었는데 구매자들은 학부모님들과 친구들이었습니다. 실전 경제 느낌을 갖게 하는 데에는 시장 바닥 경험만 한 게 없다고 봅니다. 저에게는 그때 그 바자회 자리에서 물건을 팔아 본 어릴 적 경험이 현재에도 매우 강한 동기 부여가 됩니다.

아직도 그때가 기억납니다. 초등학교 6학년 겨울, 제가 가져간 아이템은 연필이었습니다. 당시 미국에서 누가 선물로 사 갖고 온 연필이 집에 3다스 정도 남아서 그것을 팔려고 갖고 간 것이었죠. 문제는 잘 안 팔렸다는 것이었어요(연필은 누구나 다 있단다…).

그런데 갑자기 한 어머님이 오셔서는 "너 혹시 이 교복 파는 거니?"라고 물어보셨던 것을 기억합니다. 사립 초등학교라 교복을 입고 다녔는데 학교 잠바를 좌판 옆에 벗어 두었던 것입니다. 어린 나이에 반사적으로 "아뇨! 이건 파는 거 아니에요!" 하고 말했는데 집에 와서 곰곰이 돌이켜

보고 '사람들이 원하는 걸 팔아야 하는구나.' 하고 깨달았죠. 초4, 초5 학부모들에게는 제가 가져간 연필이 아니라 곧 졸업할 6학년 학생의 교복 잠바가 눈에 들어왔던 것입니다. 이러한 개념을 빨리 익히면 야생에서 살아남는 데 매우 유용할 것입니다. 원시 시대로 치면 창던지기 기술이 겠죠.

고지용 씨도 이런 기술을 전수하고자 승재를 벼룩시장에 데려갔습니다. 승재가 병과 바꾼 돈을 다 썼을 때 그는 이렇게 말했죠. "돈 다 썼으니까 이제 돈 벌러 가 볼까?"

승재는 장난감들을 팔면서 손님이 준 돈이 진짜인지 가짜인지 확인하는 꼼꼼함을 보이고, 혼자 있을 때도 "누나, 이것 좀 봐 봐." 하며 손님을 확보했습니다. 손님 취향에 맞춰 물건을 권하고, 끼워 팔기까지 시도하는 등 빼어난 수완을 보여 놀라울 정도였습니다.

주식 및 기업 이야기

대개 사람들은 나이가 들어가면서 인생에 대한 경험이 축적됩니다. 그러나 '금융'과 '투자' 분야에 대해서는 나이와 축적 간의 상관관계가 그다지 강하지 않은 듯합니다. 어리고 젊더라도 반복적인 학습과 경험을 통해 금융과 투자 분야에서 나이가 많은 사람보다 더 많은 경험과 지식을 쌓을 수 있습니다.

제가 첫 책인 『내가 주식을 사는 이유』에서도 썼지만, 한국 성인들의 금융 지식과 경험 수준은 그렇게 높은 편이 아닙니다. '복리'에 대해 명확히 이해하고 있는 사람이 생각보다 많지 않은데, 초등학교에서 고등학교까지 총 12년간 금융을 명확히 가르치지 않은 탓도 있다고 봅니다.

그래서 저는 자녀가 있으신 분들이라면 아이가 스스로 생각도 하고 책과 신문을 읽을 수 있는 때가 되면 바로 시작하셔야 할 것이 '기업'에 대한 이야기를 나누는 것이라고 생각합니다.

귀감이 되는 어떤 분의 경험담을 공유합니다. 그분이 고등학교 1학년

이 되었을 때, 그분의 아버지께서는 1천만 원을 줄 테니 대학 4년간 용돈으로 쓰라고 하셨답니다.

대신 바로 주는 게 아니라, 증권 계좌를 열어 주시면서 "6개월 내에 내가 납득할 만한 주식을 골라 오면 네 이름으로 매수하고, 대학교 1학년이 되면 매도할 수 있게 해 주겠다."라고 하였다고 합니다.

그래서 그분은 고교 1학년임에도 6개월 동안 틈나는 대로 주식 책도 읽고 경제 서적도 읽은 뒤 이 종목 저 종목들을 적은 리스트를 들고 갔는데 아버지께서는 그 매수 근거를 찬찬히 물어보시면서 번번이 퇴짜를 놓으셨다고 합니다(그 과정에서 아버지는 계속 퇴짜의 이유를 알려 주셨다고 합니다).

6개월 만에 결론을 내리고 최종적으로 투자한 주식은 SK텔레콤으로 그분은 그 뒤 2년 6개월 후에 그 주식을 매도하게 됩니다. 그런 경험 때문인지 그분은 대학에서의 전공도 경제를 선택하게 되었습니다.

⇒ 매우 바람직한 사례이며, 자본주의에서 보다 우위를 점할 수 있는 '올바른 투자 경험'을 아버지가 조기에 심어 주셨다고 생각합니다. 저는 조금만 더 신속하게, 초등학생 때부터 시작해야 한다고 믿습니다.

진리의 게임, 부루마불

주식과 함께 양대 자산 시장인 부동산 시장을 빼놓고서는 한국의 자본주의와 투자를 논할 수 없습니다. 한국의 부동산을 보면 참으로 많은 생각을 하게 됩니다. 보면 볼수록 이 시장의 진리는 간단합니다.

'입지를 선점하면 월세를 받으면서 편하게 살 수 있고, 선점하지 못하면 변두리로 밀려난다. 선점을 못 했지만 핵심 지역에 살고 싶은 자는 대가를 내면서 살아간다.'

1982년 5월 어린이날에 출시된 부루마불이란 게임을 아마 대부분이 아실 겁니다. 현재까지도 건실하게 운영되고 있는 중소기업인 '씨앗사'의 이상백 대표가 직접 고안하며 만들어 낸 게임입니다. 외국에서 호텔 인테리어 디자인 일을 하던 이상백 씨는 여가 시간에 즐기던 미국의 보드게임 모노폴리에 착안하여 부루마불을 만들었다고 합니다.

모노폴리는 독점을 뜻합니다(부루마불의 조상 격인 모노폴리 게임은 부동산 '독점'을 지향하는 게임인 것입니다).

부동산 시장과 자본주의를 동시에 익힐 수 있는 진리의 게임이 바로 부루마불입니다. 부루마불 게임에서 승리하기 위해서는 신속하게 자본을 갖고 좋은 위치를 선점해야 하며, 선점이 완료된 뒤에는 무리하지 않고 최대한 조용하게 숨는 것이 좋습니다.

투자 감각

예전 히스토리 채널에서 방영한 영국 다큐 〈미국을 일으킨 거인들(The Men Who Built America)〉을 매우 인상 깊게 봤습니다.

존 피어폰트 모건(J.P Morgan)의 아버지는 어린 모건한테 돈다발을 주면서 계속 게임처럼 금융을 교육시킵니다. 그러면서 "투자를 잘하면 직접 사업을 하지 않아도 돈을 벌 수 있단다."라고 말합니다.

우리는 우리 스스로에게는 물론이고, 우리 후손들에게도 자본주의를 제대로 가르쳐야 할 것 같습니다. 영어 단어, 수학 공식도 중요하지만 농경사회가 아니기 때문에 일정 레벨 이후에서는 성실성보다는 자본주의 게임의 룰을 이해하고 얼마나 많은 에너지를 갖고 있느냐가 더 중요합니다. 일의 종류는 불법이 아니라면 크게 문제 되지는 않는 것 같습니다.

예전에 저희가 믿었던 정답들이 점점 정답에서 멀어지고 있습니다. 더 이상 학벌, 회사, 자격증과 같은 초기 타이틀이 그 사람을 계속해서 밥 먹여 주지 않는다는 것을 여러분은 잘 알고 계실 것입니다.

레고(모형물) 조립

저는 중1 때 테스트한 IQ 검사에서 135를 받았습니다. 상위 10% 정도에는 속하는 IQ로 기억되는데, 아마도 어렸을 때부터 레고를 많이 해서 그런 것 같습니다(물론 근거는 없습니다). 어쨌든 레고를 많이 해서 바보가 되었다는 사람은 못 보았으므로 저는 아이들에게 레고 및 모형물 조립 취미를 권장하려고 합니다. 컴퓨터 게임보다는 훨씬 나을 듯하고요.

일찍이 제가 사회생활 초기에 많은 도움을 받고 상담 메일에 답장도 해 주셨던 고마우신 분이 계십니다. 그분을 직접 뵙기란 매우 어려운 일이지만, 그분의 가르침은 저에게 늘 이정표가 되어 왔습니다. 한번은 교육과 관련해 말씀하신 부분을 다음과 같이 적어 두었습니다.

-자식에게 모형물을 조립하는 취미를 권하자(사회에서 보수를 많이 받는 직종은 남이 써 놓은 것을 이해하고 풀이하는 사람이기 때문)
-서류 해독 능력을 키우기 위해서 모형물 조립을 권하는데 모형물 박스 안에는 조립 설명서가 포함되어 있음

-이는 가장 쉬운 종류의 서류이지만 처음부터 쉽게 이해하는 것이 쉽지 않음

(사유 : 엔지니어가 작성한 것이기 때문)

따지고 보면 사회에서의 '일'이란 것도, 우리의 '노동'이란 것도 레고와 비슷한 메커니즘입니다. 어떤 업무든지 처음부터 쉽게 이해하는 것은 쉽지 않으며 우선 남이 미리 만들어 놓은 서류나, 하고 있는 모습들을 보면서 '이해'해야 합니다. 그 후에 자기만의 방식대로 '잘 풀어내서' 결과물(성과)을 내는 것이기 때문입니다.

경쟁은 최대한 피해 가기

마지막 자본주의 생존 전략은 바로 '경쟁은 될 수 있는 한 피해 가라'입니다. 이 원칙은 수능 세대인 저희가 겪어 온 바와는 많이 다릅니다. 경쟁에서는 무조건 이겨야 된다면서 어렸을 때부터 시험 점수, 나이가 들어서도 학점, 토익 점수 등 수치화할 수 있는 항목들로 우리들을 정량화하고 남과 그것을 비교하면서 살아왔습니다. 하지만 경쟁은 가능하다면 최대한 피해야 하는 것입니다.

ⓐ 경쟁이 심하게 일어날 부분은 진입을 피해야 한다.
ⓑ 그러나, 그곳이 금싸라기 땅이 분명하다면 타이밍으로 선제적으로 행동하여 그곳을 점한다(=선점).

로스쿨의 예를 들어 보겠습니다. 제가 대학 3학년 시절 로스쿨 1기가 처음 생겼습니다. 당시 법대와 경제대학 건물은 붙어 있어서 저는 법대 도서관을 자주 이용했습니다. 아직도 시험 기간 때 보았던 조금 나이가 많은 로스쿨 1기생들의 다크 서클이 기억납니다. 그 당시에는 몰랐지만, 당시 그들은 나름 선구자였습니다. '로스쿨'이란 것이 미국에만 있지, 정확히 한국에서 어떻게 정착될지 미지수이던 시절에 과감하게 로스쿨을 지원한 사람들이었습니다.

그래서 시간이 흘러 로스쿨 1기, 2기 출신들이 사회에 나올 때쯤 생각보다 잘 풀린 케이스가 많습니다. 1, 2기 출신들과 이야기를 해 보아도 로스쿨을 선택했음에 후회를 하는 사람을 보지 못했습니다. 그러나 기수가 올라갈수록, 변호사 시험에서 낙방한 경험이 있을수록 그 후회의 강도와 빈도는 높아져만 갔습니다. 즉, 1, 2기는 시장 선점을 넘어서 시장이 형성되기 이전에 그 땅을 '선점'했던 것입니다.

제가 항상 하는 생각 중에 '베스트 케이스를 가정하지 말자.'가 있습니다. 대다수의 사람들은 미래의 어느 시점을 가정할 때, '내가 다른 평균적인 사람들보다 잘 풀렸을 때'를 머리에 그리는 것 같았습니다.

예를 들어 제가 대학에 처음 입학했을 때 대학 동기들한테 꿈이 뭐냐고 물어보면 대다수가 펀드 매니저가 되거나, 한국은행에 입행하는 것이었습니다. 아무도 처음에는 증권사 지점 영업직원, 은행원 등을 꿈이라고 말하지 않았습니다. 그러나 역설적으로 대부분이 증권사 지점 영업을 하거나 은행원이 되었습니다. 저도 펀드 매니저를 신입생 때 초반 몇 개월은 꿈꿨던 것 같은데 시간이 흘러 그냥 일반 기업의 회사원이 되었으니 저 역시 제가 낙관적으로 그렸던 미래보다는 잘 안 풀렸던 것입니다 (단순히 직업-연봉 관점에서만 보자면).

결과적으로 보면, 펀드 매니저, 한국은행 등은 경제학과 학생들이면 모두 꿈꾸는 그런 경쟁이 치열하고 진입 장벽이 있는 어려운 곳이었습니다. 차라리 그 20대 초반 때부터 경쟁이 없고 남들이 잘 보지 않는 곳에 먼저 들어가서 선점을 하고 있었으면 어땠을까 생각하고는 합니다. 그리고 미래에는 절대 같은 실수를 반복하지 말자고 다짐합니다.

자본주의 1교시
돈은 쉽게 벌리지 않는다

빈 병 팔기 : 돈은 쉽게 벌리는 게 아니야

차익거래 : 자본주의 실전 전투 모드

바자회나 벼룩시장 : 상대방이 필요로 하는 것을 알자

주식 및 기업 이야기 : 조기 유학 대신 올바른 조기 투자 경험

진리의 게임, 부루마불 : 독점, 독점, 독점

투자 감각 : 너보다 돈을 더 잘 버는 친구에게 투자

레고 조립 : 남이 쓴 것을 이해하라

경쟁은 최대한 피해 가기 : 경쟁이 없을 때 꿀이 떨어짐

투자? 그 이전에 노동이 중요하다

얼마 전 꽤 고민이 있는 듯한 분의 질문을 받았습니다. 그분의 표정은 정말 답을 못 찾겠다는 느낌이었습니다. 입사한 지 얼마 안 된 사회 초년생이라고 했던 것으로 기억합니다.

그분의 고민은 회사에서 상사가 주말에도 나와 업무 공부를 하라고 한다는 것이었습니다. 영업이나 기술직이 아닌 문과 관리직 소속인 그분은 투자 공부 등 투자에 대한 자기 공부 시간을 확보하고 싶은데 회사에 주말에도 나가게 되면 공부할 시간이 사라지니 어떻게 해야 할지에 대한 고민이었습니다.

잠시 생각하고 답변을 드렸는데, 요약해 보면 아래와 같습니다.

-사업 혹은 투자로 결국 돈을 벌고 싶다면, 역설적으로 사업과 투자에 대한 공부, 사색, 안목이 아니라 일 잘하는 법부터 배워야 함
-그 일이라는 것에는 많은 것들이 포함되어 있는데, 할 일, 급한 일, 하면 좋은 일들을 정해서 투 두 리스트(To do List)를 만들어 실행하고 지워 가는 일 등이 포함됨

-일을 잘하기 위해서는 성실하고 더 나아가 세심해야 함(머리를 쓸 줄 알아서 시간이 흐를수록 발전해야 함)

자본도 없고 아이템도 없고 그렇다고 투자에 천부적인 재능이 있거나 훌륭한 스승이 있는 것이 아니라면(대부분이 이에 해당) '일을 대하는 태도'가 우선이라고 봅니다. 증여 등으로 물려받은 자산이 있는 상태에서 시작하는 것이 아닌, 급여 계좌를 새로 열고 그야말로 '제로 베이스'에서 시작하는 것이라면 꾸준히 노동력을 돌리는 것이 가장 현명합니다.

경제학에서도 이는 간단히 증명되는데, 갖고 있는 것이 '노동력'밖에 없다면, 선택은 두 가지입니다. 노동 시간을 더 투입하든가, 아니면 업무 효율을 높임으로써 단위 시간당 생산량을 늘리는 것입니다. 사회 초년 생일수록 이 두 가지를 모두 해야 된다고 생각합니다. 더 많이 일하고 더 많이 실수하고 다시 고치고 하면서 업무 효율을 높이는 것입니다.

전략 게임 스타크래프트에 비유한다면, 게임의 초반일수록 본진에서의 미네랄(자원) 채취는 안정적으로 꾸준히 해야 합니다. 괜한 욕심으로 일꾼을 적게 뽑고 바로 공격 모드로 간다면 전투에서 패배하기 딱 좋습니다.

돈이 좋은 이유

다소 자극적인 제목이지만, 돈이 좋은 이유는 생각보다 많습니다. 가장 자명한 진리는 바로 자본주의 사회에서 돈을 많이 가지고 있으면, 그렇지 않았을 때보다 불행을 막을 확률이 높아진다는 것입니다.

가족이 아파 본 분들이라면 아실 겁니다. 돈이 많은 사람일수록 환자에게 더 좋은 병원, 더 좋은 병실에서 병을 고치게 해 줄 수 있다는 것을요. 가난한 사람은 성금 모금 프로그램에 나와야 합니다. 저는 울면서 매스컴에 나오고 싶지 않습니다.

돈에는 감정이 없습니다. 이것이 제가 돈, 자본을 좋아하면서도 무서워하는 점입니다. 여러분과 제 계좌의 쉼표에는 감정이란 것이 조금도 들어가 있지 않습니다(그래서 돈과 감정을 분리하라는 것이지요).

우리는 돈으로 시간을 살 수 있습니다. 이 말은 듣기에는 좋으나 역으로 말하면 아주 잔인한 자본주의 시스템상의 진리를 내포하고 있습니다. 돈이 없으면 본인의 시간을 갈아 넣어야 합니다. 자신의 시간과 노력을 쏟아부어야지만 돈으로 교환해 주는 것입니다.

24시간은 누구에게나 공평하다는 말이 있습니다. 물론 겉보기로는 맞는 말인데, 저는 이제 그 말에 그다지 동의하지 않습니다. 누군가는 돈을 주고 다른 사람의 시간을 사기 때문입니다.

2011년도에 나온 영화 〈인타임(Intime)〉을 저는 자본주의 필수 시청각 교보재라고 생각합니다. 이 영화에서는 시간이 곧 목숨입니다. 저스틴 팀버레이크가 연기한 남자 주인공은 슬픔을 안고 삽니다. 그의 어머니는 시간이 부족해서 일터에서 돌아오다가 죽습니다. 이 세계에서 시간은 곧 생명이라 00:00초가 되면 죽습니다. 그래서 사람들은 시간을 벌려고 일을 합니다. 남자 주인공은 나중에 여러 시도를 통해 잔인한 현실을 깨닫게 됩니다. '이 세상에 시간은 원래 충분했다.'는 사실을. 그러나 소수에 의해서 독점되는 구조라 그 소수에 끼지 못한 다수들은 시간이 부족해서 길거리에서 비명횡사하고 맙니다.

결론은 간단합니다. 돈을 바라볼 때 감정을 빼고 바라보자는 겁니다. 저는 왜 유튜브 오박사TV에서 영상마다 '자본'을 외치는 걸까요. 이 말은 단순히 돈을 벌자가 아니라, 곧 우리들의 시간을 확보하고 지키자는 뜻입니다. 그 확보한 시간을 우리 자신을 위해 쓰고, 우리 가족들과 함께 보내는 데 쓰는 것이죠.

예를 들어 직장인 A의 회사는 광화문입니다. 그런데 집이 마포구나 성동구처럼 접근성이 좋은 곳이 아니라, 경기도 외곽 지역이라면 출퇴근이 지옥 같을 것입니다. 새벽에 첫 차를 타러 나와야만 하겠지요. 물론 그 버스는 쌩쌩 달려 서울로 들어오겠지만, 그 시간에 집이 회사와 가까운 사람들은 잠이라도 더 잘 수 있습니다. 생각보다 주택 가격은 이렇게 서울 3대 업무 지구(광화문, 여의도, 강남)의 접근성을 둘러싼 채 이를 상당히 효율적으로 반영하고 있습니다. 이 말은 비싼 값을 지불하면 그만큼 길 거리에서 시간을 쏟지 않고 시간을 아낄 수 있다는 뜻입니다.

주식도 마찬가지입니다. 배당금이 연간 200만 원이라고 해 봅시다. 배당 수익률 4% 가정 시 5천만 원의 자본금이 필요합니다. 이는 곧 월급이 200만 원인 누군가의 한 달 노동 시간을 벌었다는 의미가 됩니다. 돈으로 시간을 살 수 있다는 점을 기억한다면, 무분별하게 소비하는 습관을 멈출 수 있을 것입니다.

편지가 한 통 왔다

하루는 저와 나이대가 비슷한 분으로부터 장문의 메일을 받았습니다.

그분은 사업으로 자수성가한 할아버지 덕택에 돈 걱정 모르고 살았다고 합니다. 중학생 때까지만 해도 할아버지 댁에 상주하던 기사님, 집안 일 봐주셨던 분이 계셨고 그분의 어머니가 결혼하시던 시절엔 당시 돈으로 무려 100억 부자로 지역에서는 꽤 알아주는 부자였었다고 합니다. 그분 역시 본인이 졸업하기 전까지 당연히 사업을 물려받고 편하게 살 줄 알았다고 합니다.

그러나 갑자기 그분의 할아버지가 돌아가시고 사업을 물려받으신 아버지께서 여러 차례 오답지를 선택한 데다 다른 문제까지 얽혀 버리게 되면서, 결국 그분이 대학을 졸업하던 무렵 사업체가 부도가 났다고 합니다.

어쨌든 현재는 열심히 고군분투 중이신데, 자본주의의 양극단을 왔다 갔다 해 보니 한 가지를 느끼셨다고 합니다. 바로 '뼈에 고통이 새겨지는 느낌'이었다고 합니다.

그리고 저는 답장을 보냈습니다. 보내면서 저의 지난 과거들이 잠시 생각나기도 했는데요, 내용은 아래와 같습니다.

안녕하세요. 사실 저도 유사한 경험을 했습니다. 저 역시 유치원 때 경상도 ＊＊시 할아버지 댁에 내려가면 기사 아저씨, 집에서 밥해 주는 아주머니가 계셨죠. 계단이 있는 2층집이었고 할아버지가 지나가면 시내에서 사람들이 인사를 했습니다.

명절 때면 할아버지 건물 1층에 있던 신한은행 지점장 아저씨와 아주머니가 와서 저한테 용돈을 많이 주고 갔어요. 할아버지께서 선거날에(아마도 대선) 투표를 하러 근처 초등학교에 갔는데, 투표용지를 넣는 순간 사람들이 일어나서 박수를 쳤죠. 당시 저는 유치원생이어서 투표를 하면 모두가 박수를 쳐 주는 줄 알았습니다. 지역 유지의 인생이 나쁘지 않다는 것을 너무 어린 나이 때 느꼈습니다.

할아버지께선 제가 고3 때 돌아가셨는데, 그 이전에 저한테 제안했던 것들이 굵직굵직하셨죠. 저는 다 이행하지 않았지만…… 예를 들어 중3 때 학교 자퇴하고 미국으로 유학을 가라고 한 거나…… 저는 거부했죠. 항상 큰 선택을 내리기 전에 생각합니다. 지금 할아버지가 내 옆에 있으면 어떤 조언을 해 주셨을까? 물론 그 답은 제 안에 있습니다.

전성기 자산은 1970년대 중후반 기준으로 순자산 40억 대였던 걸로 나중에 얼핏 들었습니다. 그 시기 이후 순자산은 할아버지만 알고 계셨다고 합니다.

어쨌든 이러저러한 일들이 발생하여 저 역시 통장 제로점에서 시작한 사람인데요. 중간에 시행착오 역시 많았습니다. 난 가만히 있는데 추락하는 엘리베이터 안에 있는 것처럼 손 쓸 방도가 없는 기분은 느껴 본 사람만이 알 겁니다.

뭐 어쨌든 인생은 경험이고 모 영화 대사처럼 세상에 사연 없는 사람은 없죠. 모두가 다 각자의 사연을 안고 삽니다. 내가 특별한 것도 아니고 나도 그냥 그들 중 하나일 뿐(one of them)이라고 생각합니다. 그러니까 어차피 자본주의는 절대 평가가 아니고 상대 평가이므로, 한 단계 한 단계씩 깨고 올라가야 승리하는 것입니다. 동정심과 애정은 친한 가족 그리고 소수의 친구들한테만 가져야 생존 가능한 것 같습니다.

향후 좋은 곳에 등기 치시고 주식 계좌도 수억 원 이상 넣어 놓으시고 배당금으로 가족들과 행복한 생활하시기 바랍니다.

②

자본주의 멘탈

자본주의 생존 공략집

분야를 막론하고 특정 분야에서 잘되고 성공하는 사람들이 있습니다(저는 상위 5% 이내의 사람들을 그런 사람들이라 생각하고 있습니다. 수능시험도 상위 4%가 1등급이었죠). 그들의 마음가짐에는 분명 평균적인 사람들과 다른 그 '무언가'가 있습니다. 자본주의를 대함에 있어서도 필요한 '무언가'가 있습니다.

여러분이 현재 몸담고 계신 분야는 다르더라도 1)돈을 모으고, 2)그것을 지키고, 지킴과 동시에 3)그것을 불려 나가기 위해서는 특정한 성공 멘탈이 공통적으로 필요합니다. 제가 직접 느끼고 재정적으로 성공한 분들을 옆에서 지켜보면서 얻게 된 생각들에 대해 공유하려 합니다.

자본가의 근간은 노동이다

자, 이번 글에서는 요새 특히 되어서는 안 될 꼰대가 한번 되어 보겠습니다. 어차피 제가 이상주의자는 아니니, 그냥 현실적인 꼰대가 되어 보도록 하겠습니다. 부모님으로부터 몇 장(=억)을 증여받는 등의 프리미엄 서비스로 시작하시는 실버 스푼 이상의 분은 이 글을 읽을 필요가 없게 되겠습니다. 그렇다고 거창한 글은 아닙니다.

제 블로그의 글이 본의 아니게 현재 '투자' 카테고리로 분류되는 것을 잘 알고 있습니다. 하지만 초기에는 업무 툴이나 일 빨리/제대로 하는 법 등 전체적인 '일하는 법'에 초점이 맞춰져 있었습니다.

제가 시드 머니가 어느 정도 모이고 나서 투자 공부를 하며 저장해 놓은 것들이 쌓이고 쌓여서 지금 이렇게 된 거지, 사실 저의 블로그의 글은 자본가 베이스라기보다는 노동자 쪽에 가깝습니다.

어느 책 한 권을 출판사로부터 받아 보게 되었습니다. 그 책의 저자분의 글을 제가 4~5년 전쯤에 따로 프린트해서 읽던 기억이 납니다. 당시 꽤 힘들게 모아 가며 읽었었는데, 이렇게 책으로 깔끔히 정리되어 나오다니 매우 감사할 따름입니다. 하지만 이분의 글과 책은 대부분의 사람들에게는 이해되지 않을 것입니다.

"Why? 왜? 대체 내가 왜?"

대체 내가 왜 받는 돈보다 더 많이 보여 줘야 하는 건데?

결론 먼저 말씀드리면, 이 질문에서 벗어나는 순서대로 자본가로 가는 위대한 여정이 시작된다고 봅니다. 그리고 그분의 책은 바로 그 '일하는 법'에 포커스가 맞춰져 있습니다. 제가 좋아하는 저의 정신적 스승님은(그 분은 절 제자로 생각 안 한다는 것이 함정이지만) 일찍이 말씀하셨죠.

"받는 돈보다 더 일해라. 네가 사회에 먼저 보여 주기 전까지는 국물도 없다."

"파출부로 고용되더라도 일을 더 잘하는 방법이 존재한다. 너구리 라면을 끓이더라도 그것을 예술로 끓일 줄 알아야 한다. 그래서 고객들로 하여금 다시 너만을 찾을 수 있게 해야 한다."

이게 바로 맨땅에서 자본가로 가는 그 첫걸음, '노동'을 하는 방법입니다. 자본주의는 냉혹합니다. 자본가들은 딱 마인드가 영화 〈타짜(2006)〉의 곽철용 캐릭터 마인드라, 먼저 안 보여 주면 국물도 없습니다.

요새 많은 분들을 보는데, 사회가 고착화되고 양극화되면서 본인이 노동 시장에 투입되기 이전에 그렸던 본인의 모습과 현실과의 괴리가 커서 힘들어합니다. 제가 2014년부터 했던 말이 있습니다.

"지금 특정 직업, 섹터가 좋아 보인다고 그 분야를 준비했다가는 노동 시장에 진출할 때 이상과 현실의 괴리감에 괴로워할 것이다."

대학 4학년 때 무심코 들었던 노동경제학 수업에서 박철성 교수님이 해주신 말씀입니다. 학점은 잘 못 받았는데 큰 깨달음을 준 분입니다.

난 이런 일하려고 여기 들어온 게 아니다 vs 넌 그런 일 하려고 뽑힌 거다

주식이나 부동산 투자의 방법론적인 것들은 나중에 열심히 배우거나 혹은 본인의 시드 머니를 서서히 소진하면서 배우면 되지만, 일단 일을 잘해서 사회로부터 얻는 대가, 즉 몸값을 높이고 꾸준하게 현금 흐름(Cashflow)를 발생시키는 사람만이 투자할 자격이 생기게 됩니다. 이것을 무시하는 사람들이 꽤 많은데 안타깝습니다.

여러분 열심히 일하세요, 그리고 그보다 더 잘하도록 노력하세요

저는 회사를 다니던 시절, 제 선배들이 미웠던 적도 많지만 나름 보람을 느꼈던 적도 여럿 있습니다.

1. 어느 선배의 컴퓨터 폴더 정리를 보았을 때
-난 중구난방이고 날짜순으로 되어 있는데, 그 선배의 폴더에는
-001. *** , 002. *** 이렇게 분류되어 있었다. 간단한데 업무 속도는 훨씬 빨랐다.

2. 어느 선배의 엑셀 파일을 열어 보았을 때
-그 선배는 엑셀을 어떻게 하면 잘 짤 수 있을까 매우 고민하는 것처럼 보였다.

-처음에는 '굳이 저럴 필요 있나? 일단 데이터(data) 때려 넣으면 되는 거 아닌가?' 했는데 결국 그 선배의 워크 툴이 맞았다.

-즉, 수리 영역으로 치자면 나는 '일단 숫자 대입해서 대충 하나씩 지워 가면 되는 거 아닌가?'였고 그 선배는 '나에게 5분이 주어지면 4분은 생각하고 1분만 계산한다.' 이렇게 갔던 것 같다.

-결론 : 그것이 일을 잘하는 것이었다.

붕어빵을 팔고 폐지를 줍더라도 분명 일 잘하는 법이 있다는 것이 저의 오래된 믿음입니다. 하물며 좀 고차원적인 업무일수록 더욱더 수많은 개선의 방법이 존재하겠습니다.

전 강의하는 자리에서 말합니다. 오늘이 비록 투자 강의지만 사실은 절약하는 것이 우선이라고 말입니다. 그 말은 즉, 노동 소득이 모든 것의 '근간'이란 말입니다. 노동은 자본 소득을 일으키는 근간이며 원천 기술입니다.

역사적으로 한 시대의 메인이 되는 원천 기술을 무시하는 나라는 원천 기술이 강력한 나라에게 공격받아서 식민지화되어 왔습니다.

모두가 투자만 잘하면 밥 잘 먹고 잘살 것으로 아는데, 제 생각에는 i)노동(=본인의 본업)이 안정적으로 굴러가야 하고, ii)그걸 잘 지켜 낼 줄 아는 수비 시스템이 가동된 뒤(=절약) 미드필더에서 치고 올라가서 골을 넣는 iii)투자 실력이 뒷받침될 때, 서서히 사장님 소리 들을 준비가 된 것이라고 봅니다.

처음부터 벤츠 타면 안 된다니까

우리의 인생은 게임과 비슷하다고 저는 생각합니다. 주위를 둘러보면, 처음부터 여러 좋은 아이템들로 풀 세트를 전부 다 장착하고 시작하려는 사람들이 너무 많습니다. 물론 여력이 되고 주변의 지원이 받쳐 줘서 그렇게 하는 건 이해하지만, 그냥 제로 베이스에서 시작해야 되는 상황인데도 풀 세트를 다 장착하고 시작하려는 것을 보면 그 캐릭터의 미래가 뻔히 보입니다.

우리나라 남자 기준으로, 사회생활을 시작하여 조금씩 돈이 벌리기 시작하는 평균 나이대는 20대 후반~30대 초반입니다. 이때 조심해야 할 것들이 많은데 그중 하나가 바로 '외제차 리스+월 60~70만 원 이상 월세 조합'이라 할 수 있습니다.

"첫 차부터 벤츠 E클래스로 시작하면 나중에 대체 무슨 차를 탈 수 있겠나? 40대 되어서, 50대 되어서 막 페라리, 롤스로이스를 타야 만족을 할 거 아닌가?"

집도 마찬가지입니다. 신혼부부들을 보면, 초기부터 은행에서 전세 자금 대출 수억 원을 받아 마포구/용산구/성동구 신축 전세로 들어갑니다. 이렇게 하면 대체 그다음 이사는 어디가 적당할까요? 제가 봤을 땐 노원구/도

봉구/강북구 구축 아파트에 등기 치고 몸 테크하는 사람이 훨씬 수준 높고 미래도 밝습니다.

우리는 우리의 초깃값을 되도록 겸손하고 절약하는 정신으로 낮게 가져가야 합니다. 그리고 그 이후부터 점점 업그레이드되는 삶을 살아가면 됩니다. 그도 그럴 것이 주식도 성장하는 주식은 투자가들이 프리미엄을 줘서 높은 퍼(PER, 주가 수익률)로 형성이 됩니다(시가 총액이 한 해 벌어들이는 순이익의 높은 배수에 형성됨). 우리들의 인생도 시간이 흐르며 조금씩 성장하는 게 좋지, 처음부터 바로 최고 속도로 달려 버리면 조금만 성장세가 꺾이는 날에는 분명 낙담하고 추진력을 잃어버릴 것입니다.

즉, 조금씩 발전하는 삶이 제일 좋습니다. 그래서 오늘보다 내일이 조금 더 발전하고…… 그러면 됩니다.

오래전 누가 한 말

어디서 들은 건지는 정확히 기억나지 않지만, 이 말만큼은 정말 진리인 듯합니다.

"대충하면 힘든 거 몰라."

정말로 운동이든지 일이든지 투자든지 대충하면 힘든 거 모릅니다. 비슷한 예로, 누가 격투 커뮤니티에 질문 글을 최근에 올린 걸 보았습니다.

"어느 운동이 제일 힘든가요? 복싱? 주짓수, 유도, 무에타이?"

아마도 가장 힘들고 운동 효과 좋은 운동을 시작하겠다는 느낌의 글이었는데, 리플이 명대사였습니다.

"이 글을 쓰신 분은 어느 운동이든 제대로 해 본 적이 없는 분이군요."

그렇습니다. 하나라도 제대로 파고들어 가면 모든 일이 쉽지 않습니다. 한번 마음먹고 시도한 일이라면 극한을 맛보고 결국 성과를 얻어야 합니다. 동시에 우리는 스스로에게 물어봐야 합니다.

"지금 당신은 과연 어느 분야에서 극한까지, 지구 맨틀 핵까지 파고들어 갈 기세로 덤비고 있는가?"

전성기 메가스터디 손주은 선생이 예비 고3 학생들에게 쓴소리를 했던 영상은 유튜브에서 꽤 인기 있는 영상입니다. 그 영상처럼 우리는 지금의자에 앉아 있는 자세부터 똑바로 해야 할지 모릅니다. 하나를 하더라도 제대로 해야 합니다.

그래서 저는 일찍이 자본주의 사회에서 태어났으면 주식·부동산·사업 중에서 한 가지 주무기를 정해야 하고, 그것을 발전시켜야 한다고 믿었습니다. 사회생활을 시작하고 2년 차가 되었을 때부터 현재까지 이 생각은 유효합니다. 저는 '주식'으로 무기를 정했지만, 여러분은 각자에게 잘 맞는 것을 택하시면 되겠습니다. 자본주의를 살아가며 본인의 무기 하나쯤은 반드시 필요하니까요. 앞서 말씀드린 격투 커뮤니티의 다소 어리석은 질문처럼, 주식·부동산·사업 중 어느 카테고리를 택하든지, 그리고 어떤 하위 섹터를 골라서 주무기를 삼는가는 중요하지 않습니다. 불법적인 일이 아니라면 본인에게 잘 맞는 종목을 택해서 끊임없이 파고들어 가야 합니다.

요새 모든 것이 쉽지 않다

굳건하고 흔들림 없을 것 같던 사람이 위기 상황에서 당황하는 모습을 보면 그곳에 같이 있던 그 상황을 잘 모르는 사람들조차 그 순간 덩달아 당황하게 되고 겁에 질리게 됩니다.

아버지 직업이 군인이었기 때문에 어린 시절 저는 전국 여러 곳을 많이 다녔습니다. 비행기 역시 자주 탔는데, 제가 초등학교 2학년이던 무렵의 일이었습니다. 당시 다섯 살도 안 된 제 동생과 함께 비행기 화장실을 가려고 하는데, 엄청난 흔들림이 오면서 큰 난기류가 왔습니다. 얼마나 심했냐면 화장실을 가는 도중에 스튜어디스 두 명이 저희를 붙잡아 빈자리에 앉히고 벨트를 매게 할 정도였습니다. 저는 동생한테 안심하라고 했는데, 어린 제 눈에 스튜어디스의 당황하는 눈빛이 보였습니다. 그때 저는 공포를 느꼈습니다. 전혀 흔들림이 없을 것 같은 사람이 흔들리는 것을 보는 것만큼 큰 공포는 없습니다.

가만 보면 한국은 불경기가 아니었던 적이 없고 항상 과거보다 현재가 제일 힘들었던 것 같습니다. 그래서 저는 위기가 올 것이라는 막연한 '비관론'을 잘 믿지 않습니다.

최근에 저에게도 불안감을 주는 경험이 있었습니다. 2012년경부터 자주 들르던 맛집이 있었습니다. 순두부찌개 맛집이었어요. 그곳 사장님은 대기업에서 정년까지 일하고, 자영업에서도 성공을 한 분이었어요. 보통 스토리는 대기업에서 정년까지 일하고 자영업을 시작했다가 망하는 것이 일반적인데, 그분은 불가능해 보이는 것들을 성공으로 바꾼 분입니다.

2018년 초까지만 해도 그 70대 사장님에게는 '여유'라는 것이 느껴졌습니다. 가끔 덕담도 해 주셨지요. 그러나 2019년 여름경, 그 가게를 오랜만에 방문했을 때 사장님에게 '여유'라는 글자가 사라졌습니다. 직원들을 다그쳤고, 손님들이 다 있고 다 들리는데도 "그렇게 일하지 말란 말이야." 하고 서빙하는 분들을 혼냈습니다. 그리고 같이 간 친구가 이곳에서 서빙하는 사람들이 다 바뀌었다고 말하더군요. 사실이었습니다. 왜 그럴까 생각해 보니, 간단합니다. 원가(식재료, 인건비) 상승이 판매가에 전이가 잘 안 된 상황입니다. 순두부찌개의 가격은 그대로였거든요. 그나마 이분이 여기까지 버틸 수 있었던 이유를 저는 알고 있었습니다. 그분은 임대료를 내지 않습니다.

초창기에 장사가 잘될 무렵에, 돈을 모아 그 땅을 사서 자기 건물(비록 1층이지만)에서 순두부를 판 것입니다. 전혀 흔들림이 없을 것 같았던 자영업의 끝판왕조차 시간이 흐르면서 점차 불안해하는 것을 보며 앞으로 몇 년간 더욱 쉽지 않을 수도 있겠다는 생각이 들었습니다.

사실 그분은 토너먼트로 보면 수많은 경쟁자들을 물리치고 최소 4강에는 들어온 분이었습니다. 그 강력한 무기는 바로 '임대료가 나가지 않는 구조'였지만, 주 52시간 시행으로 회사 근처 저녁 매출이 확 감소하고 인건비가 상승하면서 원가율이 안 좋아졌습니다. 비단 자영업뿐만 아니라 다른 분야에서도 이제 점점 더 성공하기가 어려워진 것은 자명한 것 같습니다.

남들과 같은 방식으로, 남들이 다 가는 곳을 향해, 남들이 다 가는 시점마다 발맞춰 움직이다 보면 어느덧 가난해져 있는 본인을 발견하게 될 것입니다. 이 메커니즘이 이제 사회 각 분야에서 일어날 것입니다.

노력이란 것은

순자산이 어마어마하다고 알려진, 아마 100억대는 충분히 되지 않을까 개인적으로 생각하는 강남 건물주이자 한국 농구계에서 한 획을 그었던 서장훈. 저는 초등학교 때부터 그를 좋아했습니다. 그가 연세대학교 시절부터 보여 주었던 센터로서의 강력함이 뭔가 맘에 들었던 것 같습니다.

최근에 유튜브에서 그가 3분간 원 포인트 레슨을 하는 영상을 보게 되었습니다. 그런데 그 자리가 원래 가벼운 듯한 자리여서 그런지 대부분 20대 학생들이 웃으면서(마치 예능 보듯이) 그의 말을 가볍게 듣는 걸 보며 참 아쉬웠습니다.

서장훈이 청년들에게 하는 메시지는 간단하면서도 임팩트가 있었습니다.

1. 무책임하게 여러분을 응원하고 여러분의 청춘을 응원한다는 말은 다 거짓말일 가능성이 크다.
2. 여러분이 하고 싶은 거 즐기면 다 된다는 식의 조언은 맞지 않다.
3. 즐기는 것의 방법 차이가 있겠지만 즐기기만 해서 이룰 수 있는 건 없다(그렇

기 때문에 자신에게 냉정하라).

제 생각에도 노력이란 것은 하면 할수록 즐거운 걸 계속 반복적으로 하는 것이 아닙니다. 하기 싫은 것을 참고 하는 것이 노력이라고 생각합니다.

이에 맞물려 자본주의에서 변하지 않는 진리 중 하나는 바로 "남들이, 혹은 나조차도 하기 싫은 일을 해야 몸값이 오른다."라는 것입니다. 돈은 많이 벌고 싶어 하면서도 하기 싫은 일은 절대 안 하려는 경우를 많이 보는데요, 자기 좋은 일만 하면서 돈 버는 일은 거의 없다고 생각합니다.

경험상 아무리 적성에 맞는 일을 찾았다 하더라도, 그 일이 매일 반복되고 매주 반복되고 매달 해야 되는 일이 되면 이내 질리고 매너리즘에 빠지게 됩니다. 그리고 이내 여행 사이트를 검색하고 항공편 땡처리를 알아보게 되는 자신을 발견합니다(현실 도피). 그렇게 되면 앞 칸에 앉을 자격을 박탈당하는 것입니다.

"나와 당신의 수입은 각자가 만들어 내는 부가 가치에 의해 결정되어야 한다." 이것이 저의 오래된 믿음입니다. '부가'라는 말과 '가치'라는 말을 2개로 나누어서 생각해 보세요. '부가'는 덧붙인다는 것이고 '가치'는 말 그대로 쓸모이자 중요성(Value)인 것입니다.

아무런 가치 생산 없이 단순 전달자이거나 똑같은 말을 읊조리는 앵무새 역할을 하면서 몸값과 월급이 오르기를 바라는 것은 범죄입니다. 사람의 월급은 올라도, 조류의 월급은 오르지 않습니다.

예를 들어 자기는 어느 섹터에서 경력이 오래 되었고 대단한 일을 담당했다고 말하는 사람이 있다고 해 봅시다. 이 사람의 말도 잘 판단해서 봐야 할 게, 그 사람이 하는 일이 양적, 질적 변화가 하나도 없고 심지어 지식의 양도 그대로고 퀄리티도 예전 과거에 머물러 있다면 무슨 근거로 그가 나은 사람이라고 판단할 수 있겠습니까? 단순히 그 업계에 오래 있었다고 능력 있는 사람은 아닙니다.

어떨 때 보면 사람들은 시간(연차)이 흐르면 자연적으로 수입이 오를 것이라고 생각(착각)하는 것 같습니다. 그러나 경쟁은 치열하고 가치를 지속적으로 생산해 내는 사람은 찾기 힘듭니다. 올해보다 내년에 수입이 더 늘어나야 한다고 생각하는 사람들은 '부가 가치'의 의미를 사전에서 다시 찾아볼 필요가 있습니다.

술 먹은 날에는 집까지 걸어오기

자본주의는 덧셈/뺄셈의 영역과 곱하기/나누기의 영역이 같이 상존하는데, 그중에서도 덧셈/뺄셈을 잘해야 곱하기/나누기의 영역으로 갈 수 있습니다. 무엇보다 덧셈/뺄셈 중 가장 필요한 능력치는 바로 '수비' 능력입니다. 본인의 상황을 냉철하게 잘 분석해서 세운 목표치에 맞게 매월 나가는 고정 지출을 줄여야 하는 것이 자본주의 생존 초기의 기본 스킬입니다.

보장성도 약하면서 돈만 빠져나가는 일명 쓰레기 보험 등, 말도 안 되게 고정적으로 우리들 통장에서 슬금슬금 나가는 금액들을 제거하는 것이 우선입니다. 즉, 새는 물을 막는 것입니다. 이것이 투자보다 더 중요합니다. 초기에는 새는 돈을 막고 안 쓰는 것이 투자입니다

제로점에서 시작하는 분들이 계시다면 명심하세요. 운동 경기로 치면, 경기 초반에 실점을 줄여야 하며 타이트한 수비로 경기를 시작해야만 합니다.

왜냐하면 느슨하게 시작했다가 중후반에 수비력을 끌어올리기가 쉽지 않기 때문입니다. 공격력은 어느 시점부터 공격 모드로 서서히 끌어올릴 수 있다 하더라도 안 되던 수비가 갑자기 말도 안 되게 촘촘히 잘되는 팀

을 그 어떠한 스포츠 경기에서도 본 적이 없는 것 같습니다.

그러면 결국 어떠한 결론에 도달하느냐? 우리들의 생활 수준을 매월 버는 소득보다 낮게 유지해야 한다는 결론에 다다릅니다. 소득이 하나도 없다가 당장 몇백만 원씩 벌게 되면 소비가 커지게 됩니다. 초기 직장인들이 조심해야 하는 부분입니다. 왜냐하면 한번 늘어난 소비는 쉽게 다시 줄이기가 어렵기 때문입니다.

집도 큰 평수에서 시작하면 줄이기가 어렵듯이(살림살이도 기본적으로 있고) 소비 역시 한번 늘려 버리면 다시 조이기가 쉽지 않습니다. 줄일 수 있을 때 줄이는 것이 노하우라면 노하우입니다.

조금은 다른 이야기인데, 사회 초년기의 '월세 vs 전세' 논쟁은 블로그, 유튜브상에서도 상당히 많습니다. 과연 우리는 월세로 살아야 할까요? 아니면 전세로 살아야 할까요?

저는 그 논쟁이 다소 무의미하다고 생각합니다. 전세 대출 5천만 원을 3% 이자율로 받는다면 연 150만 원, 월 12~13만 원이 지출되는 구조입니다. 상식적으론 월세 40~50만 원 낼 바에는 대출을 받고 12~13만 원 내는 걸 택하는 편이 낫습니다. 그러나 현실은 그렇게 숫자로만 설명이 되진 않더라고요. 전세 대출을 받으면 보통 본인이 원래 들어가 살 수 있는 곳보다 조금 더 넓거나 방이 하나 더 있거나 하는 곳에 들어가게 됩니다. 그렇죠? 원래 본인의 역량보다 더 큰 집을 계약하게 되는 것입니다. 이렇게 집이 좀 커지고 빈 공간이 생기면 어떻게 될까요? 그곳을 무언가로 채워 넣으려는 욕구가 생깁니다. 가구, 기타 살림살이 등을 사면서 소비가 늘어납니다.

원룸은 (저도 그랬으니까) 빗장 수비 모드로 살아도 된다고 보는데 반해 투룸, 쓰리룸 혹은 아파트 전세를 살게 된다면 빈 공간을 그냥 두지 않을 확률이 큽니다. 이것도 사고 저것도 사고 살림살이를 채워 넣을 가능성이 큽니다. 여기에서 불필요한 소비가 발생되는 구조지요.

그런 면에서 고액 월세가 아니라면 생활 수준을 조금 낮게 유지하면서 월세로 사는 게 낫지 않나 생각해 봅니다. 왜냐하면 첫 번째로 제 경험이 그러했으며, 두 번째 이유는 월세로 살면 전세 보증금에 해당하는 돈을 나의 '투자금' 측면에서 활용할 수가 있기 때문입니다.

2010년대 초에 당시 저는 300만 원 초중반대의 월급을 받았습니다. 이는 사회 초년생으로서 나쁘지 않은 금액이었습니다. 전세 대출을 받아나도 좀 괜찮은, 그럴싸한 빌라 같은 곳이나 방이 2개 있는 곳에 살고 싶었습니다. 그러나 저는 계속 학생 때 살던 학교 후문 쪽 좁은 원룸에서 살았습니다. 가구들을 살 필요도 없었고 그냥 생활 수준은 대학교 때와 똑같았습니다. 이래서 사회 초년기의 월급은 거의 그대로 보전할 수가 있었습니다.

중요한 것은 월 가용 현금 흐름을 높이는 데 주력하는 것입니다. 즉, 가처분 소득을 늘리는 것인데, 월수입에서 지출을 빼면 됩니다. 가처분 소득을 늘리는 길은 간단합니다. 수입을 늘리거나 지출을 줄이거나. 하지만 가장 좋은 방법은 수입도 늘리면서 지출을 줄이는 것이겠죠?

이 구간에서 늘 그렇듯이 자본주의에서는 함정 카드가 발동하게 되는데, 통상 월수입이 늘어나면 소비가 늘어나게 된다는 메커니즘입니다.

무엇보다도 인간의 심리, 그중에서도 보상 심리 때문인데 고생한 것에 비례해서 소비 욕구가 같이 커지게 되는 것이지요.

"아니, 내가 이 정도 고생해서 이 정도(씩이나) 버는데 이 돈을 날 위해 못 써?"

이런 생각이 커지지 못하게 꽉 붙잡아야 생존할 수 있습니다.

회사 취업하고 나서도 저는 근처 학교 기숙사에서 식권 사서 식당 밥을 먹는다든가 밥을 다 먹고 물은 그곳에 있는 정수기를 이용해 마신다든가 하는 방법을 썼습니다.

혹은 술을 먹었으면 보통 택시를 타는데, 그러지 않고 집까지 걸어오는 식으로 이전 스테이지의 생활 수준을 그대로 유지했습니다.

사회 초년생 1년 차 때, 강남역에서 술을 마셨는데 2호선 지하철이 끊겼던 날이 있습니다. 그때 저는 아, 강남역에서 왕십리가 이렇게 멀구나를 한강 다리를 건너면서 체감하게 되었습니다. 비록 아낀 건 택시비 1~2만 원이었겠지만 그로 인해 그 이후부터 1~2만 원도 쉽게 쓸 수가 없게 되었습니다.

이렇게 이 챕터를 마무리하면 "그러면 돈을 무조건 쓰지 말라는 것이냐?"라고 반문하실 수 있습니다. 그러나 아닙니다. 마지막으로 '현명한 소비'가 있습니다. 저는 약자로 '현소'라고 혼자 속으로 되뇌이는데요, 세상에는 그냥 소비와 현소가 있습니다.

현명한 소비는 두 가지 조건일 때 발생합니다.

첫 번째는 A라는 소비를 하지 않음으로써 그에 따른 나비 효과로 B, C, D라는 우발적인 소비가 일어날 수 있을 때 우리는 A라는 소비를 현명하게 해야 할 수도 있습니다(이때 금액 차이는 A<B, C, D).

예를 들어 A는 매일 마시는 커피인데 만약에 커피를 너무 좋아하는 사람이 커피 마시는 비용을 아끼다가 절제력을 다 써 버려서, 후에 스트레스가 관리가 안 되어 외제차를 갑자기 사 버리는 경우에 해당합니다. 말도 안 되는 비약이라고 하실 수도 있지만, 이런 경우가 은근히 많습니다. 적은 비용을 소비함으로써 충분히 막을 수 있는 것이었는데 그걸 참다가 우발적인 더 큰 소비로 나가는 경우를 간과하지 마세요. 이럴 때는 전략적으로 A라는 소비를 해야 합니다.

　두 번째는 바로 생산성 있는 다른 자산으로 되돌아올 수 있을 때, 그때
는 소비해야 합니다. 가장 간단한 예로 15,000원짜리 책을 사서 (내가 기업
으로 치면) 자체 R&D를 집행하는 것입니다. 자체 연구 개발을 통해 향후
나의 몸값과 결과물이 15만 원 이상 향상되었다고 하면 우리는 15,000원
을 비용으로써 소비해야 합니다.

　이런 두 가지 경우의 현명한 소비를 제외하고서는 대부분 다 쓸모없는
무의미한 소비로 이어질 확률이 크다고 보면 됩니다.

인플레이션을 이해해야

투자를 해야겠다고 마음먹었으면, 우리는 무엇보다 인플레이션을 이해해야 투자를 잘할 수 있습니다. 엄밀히 말하면, 인플레이션을 이해해야 인생에 두려움을 가지게 되고, 그 겁이 더욱 강력한 투자 동기가 됩니다.

사람들은 보통 원금을 지키게 되면 좋아합니다. 전세를 사는 사람들의 심리도 대부분이 '원금 보장'이기 때문일 겁니다. 전세 그 자체는 나쁜 것이 아닙니다. 그러나 자본주의 사회를 살아감에 있어 널리 퍼져 있는 무조건적인 '원금 보장 추구 마인드'야말로 우리의 자산을 갉아먹는 것임을 이해해야 합니다.

새우깡의 가격은 1971년도에 50원에서 1988년에 200원으로 4배 상승하였습니다. 이것이 1997년에 500원으로 올랐죠. 그래서 제 기억 속에도 새우깡=500원이라는 공식이 조금 강했던 것이 사실입니다.

하지만 10년이 지나 2007년에 700원, 2014년에 1,100원을 돌파합니다. 2017년에는 1,200원으로 올라갔습니다.

전설의 엔터테이너였던 심형래 씨가 얼마 전 유튜브 방송에 나와, 본인이 한때 영화 한 편(비디오 한 편)에 출연하면 2억 원을 받았다고 했습니다. 지금도 2억 원이면 엄청난 금액인데, 당시 2억 원이면 상상 초월이죠. 당시 압구정 현대아파트가 7000~8000만 원이었다고 합니다. 영화 한 편이면 2~3채를 살 수 있는 금액이었는데 리플들을 보니, 부동산을 사지 않고 사업에 투자한 것을 모두가 아쉬워했습니다. 하지만 그 아쉬움은 본인이 가장 크게 느낄 겁니다.

이렇듯 "물가는 오르고 화폐는 계속 풀리는 것이 자본주의의 기본 메커니즘이다."라는 것을 이해해야 합니다. 한 국가 경제가 통화량을 줄이면서 경제를 이끌어 간다는 것은 상식상 이해가 어렵습니다.

인플레이션을 이해함에 있어 '가격과 가치' 개념도 동시에 이해해야 합니다. 앞의 예처럼 압구정 현대아파트는 그 자리 그곳에 수십 년 동안 그대로 있어 왔습니다. 입지 가치는 불변입니다. 아파트가 어디로 이동한 것이 아니니 말이죠. 그야말로 부동산(不動産)입니다. 입지 가치는 그대로 인데, 그것을 평가하는 잣대인 '가격'은 명목상 10배, 20배 이상 상승해 왔습니다.

경제가 발전하고 화폐가 풀리면서 똑같은 가치를 내는 'A'라는 존재에 대해서 사람들이 점차 명목적으로 많은 금액을 지불할 수 있게 되고 그게 가격이 됩니다. 그래서 같은 새우깡, 같은 아파트여도 가격이 오르는 것입니다.

이렇듯 물가의 상승, 인플레이션을 장기적으로 방어하려면 개인은 현금을 100% 들고 있기보다는 이를 현명한 자산을 구매함으로써 본인의 현금과 구매력을 지켜야 합니다.

결론 : 현금을 지키기 위해서는 오히려 현금을 버려야 한다. 이것이 아이러니하지만 당연한 자본주의의 생존 방식이다.

선지자의 말을 이해하지 못한 채

제가 대단하지는 않아도 지금 먹고살 수 있게 된 데에는 알게 모르게 많은 도움 주신 분들이 있습니다.

그중 한 분의 글을 통해 기본기를 배웠습니다. 이미 그분은 문을 닫고 사라지신 지 꽤 오래되었습니다. 온라인상에서라도 글을 볼 수 있었으나 그분의 흔적을 이제는 찾을 수가 없습니다. 가장 최근 글이 2016년도 7월로 그 뒤 소식이 없는 걸로 봐서 그는 이미 자본주의 맵을 탈출하셨는지도 모릅니다. 이분의 메세지만큼은 강력했습니다.

2016년도 여름, 당시 그분의 순자산은 18~19억(주식+부동산)으로 30대 초반, 셀프 메이드 자수성가맨이었습니다. 그분의 메시지를 프린트해서 줄을 치며 10번 넘게 읽었는데 당시에는 100% 이해하지 못했고 행하지 않은 부분도 있습니다(특히 아래 항목의 #7번을 이행하지 않았습니다). 그래서 딱 지금의 제가 되었습니다. 인생은 현진건 작가의 소설『운수 좋은 날』과도 같죠. 답지를 줘도 왜 마킹을 못 하니(설렁탕을 사 왔는데 왜 먹지를 못하니)?

제가 나름대로 당시 그분의 메시지를 정리한 것인데, 이것은 두고두고 어느 시점에서 봐도 매우 중요한 자본주의에서의 기본기를 함축하고 있습니다.

1. 공부하면 리스크를 줄일 수 있다.

2. 이젠 바뀌려면 뭐라도 해야 하는 세상.

3. 모든 것은 경험이고 실패하더라도 젊었을 때의 실패는 나에게 밑거름이 된다.

4. 무엇인가 해야 하는 상황인데 아무것도 하지 않으면서 무엇인가 일어나길 기대하는 친구들이 많다.

5. 공부의 부족, 경험의 부족.

6. 자산 증가에 방해되는 습관들은 버리기로 했다. 자산 증가에 방해가 안 되는 취미들을 즐기려 하고 있다.

7. 1가구 1주택에서는 내 집 거주 안전성이라는 무형의 가치 때문에 거시 경제를 무시해라(디딤돌 대출 받으면 30년 고정금리에 1.9%까지 해 준다. 주위 사람들한테 많이 얘기하고 있다-2016년 7월).

8. 거시 경제를 예측하려는 분들도 많고 무시하는 분들도 있는데 나는 예측보단 무시가 맞는 것 같다.

9. 좋은 주식이라면 실적이 계속 좋아지기 때문에 거시 경제랑 크게 상관없이 가므로 장기 투자의 관점에서 거시 경제를 무시하라.

10. 자기 돈을 지키면서 종잣돈을 모으는 느낌, 소비하지 않으려는 억제, 소액으로라도 투자의 경험, 조금이라도 이자를 더 받기 위해 여기저기 발품 팔기 등 이 모든 것이 경험이다.

이분이 이렇게 답지를 줬는데도 저는 정답에 마킹을 안 했습니다. 2016년도 중반에 순자산 18억~19억 정도였으니 지금은 아마 최소 30억 정도일 겁니다. 이분의 목표가 당시 순자산 40억이었습니다. 이분은 흙수저로 출발하셨는데, 토익 시험 때 다소 억울하게 샀던 4B연필이 너무 아까워 그걸로 노트 필기를 계속하고 대학 때도 과외를 쉬지 않고 매년 하셨다고 했습니다. 그러면서 주식 투자를 시행하셨고 결국 대학 시절부터 순자산 증가 속도가 매우 빨랐습니다. 이후 사회생활을 시작하시면서 부동산 쪽으로도 공부를 하셨는지 투자 방향을 투 트랙으로 가져가게 됩니다. 탈일반인 멘탈이라고 볼 수 있겠습니다. 보통 주식이나 부동산, 둘 중 한 전략으로 가는데 이분은 두 개를 동시에 '성공적으로' 공격하셨지요. 언젠가 좋은 기회에 만나 뵙게 된다면 꼭 고맙다는 말을 전하고 싶습니다.

사라지실 때 글도 삭제되어서 하드 카피로 프린트를 해 놓지 않았다면 큰일 날 뻔했습니다. 프린트 해 놓은 것도 딱 1부라 파일철에 잘 넣어 놓고 있습니다. 종이가 사그라지지 않기를 바랄 뿐입니다.

뜯어고쳐야 할 우리들의 공통 약점

예전에 자주 좋은 말을 해 주시던 분께서 반복적으로 하던 말씀이 있습니다. "우리들 안에 내재되어 있는 안 좋은 DNA를 찾아 하루빨리 고쳐야 된다."

고등학교 친구 중 현재 일본에서 대기업 재직 중이며, 일본 생활을 도합 10년 넘게 한 친구가 있습니다. 초/중/고/대학교, 군대까지는 100% 한국에서 생활했으니 그 누구보다 한국과 일본을 하이브리드로 잘 알고 있는 친구라고 봅니다. 그 친구가 일본에서 비행기를 타고 들어오는데, 일본인 할아버지와 한국인 승무원 사이에 작은 말다툼이 있었다고 합니다. 그 친구는 일본인 할아버지가 화내는 것도 이해되고, 한국인 승무원의 날 선 대응도 이해가 갔다고 합니다. 일본인 할아버지는 제 친구가 일본인인 줄 알고(외모는 거의 일본인입니다) 좌석에 앉으며 한마디 했다고 합니다.

"내가 한국인을 수십 년간 봐 와서 잘 아는데, 한국인은 항상 자기 주장이 옳다고 생각하고 남 입장을 생각 안 한다."

생각해 보니 반박이 잘 안 되더군요. 그리고 그 친구가 한국에 왔을 때 잠깐 제게 말해 준 한국인의 특성이 있었습니다. 나름 객관적으로 보려

했다고 하는데 한 번쯤 돌아볼 만합니다. 저는 저의 단점과도 많이 비슷하다고 생각합니다.

내가 느낀 한국인의 특성

1. 항상 부러움을 느낌(남의 연봉, 지위, 재산)

→ 일본인은 남의 집안 사정을 안 캐물음

　어쩌다 들리면 귀를 쫑긋하는 정도

2. 자신의 생각이 항상 옳음

→ 일본인도 사람마다 다르지만 다른 사람의 의견도 존중하면서 틀린 부분이 있으면 인정하는 사람이 한국보다 많음

3. 유세를 떪

→ 한국인은 자존심이 강해서 자기의 강한 점을 자꾸 내세워서 자랑하는 스타일이 많음

→ 일본인은 자신을 낮추는 게 미덕이라서 자랑을 잘 안 함. 돈이 많아도 지위가 높아도 자기가 먼저 자랑을 잘 안 함.

물론 일본인도 완벽하지는 않습니다. 그들도 역사적으로 보면 이상한 면에서 상당한 단점을 보이기도 하죠. 하지만 그건 솔직히 저의 주된 관심사가 아니고, 그냥 저는 우리들 속에서 자주 발견되는 공통 약점 DNA를 찾아 극복하는 걸 목표로 삼고 있습니다. 단점 극복이 쉽지는 않습니다. 하지만 남의 장점을 100% 흡수할 만한 초능력이 있지 않은 이상, 단

점을 하나씩 고쳐 가는 것도 좋은 인생 전략이라고 봅니다.

1. 항상 부러움을 느낌

사실 이 부분은 제가 일전에 모 여대 도서관에까지 가서 빌려 읽은 『조선인의 사상과 성격』이라는 책에 반복적으로 나오던 내용입니다(그 책은 절판되고 중고로도 구하기 쉽지 않았습니다). 사실 제가 봐도 우리들은 남 신경을 엄청 씁니다. '국토 면적이 넓지 않아서 서로 붙어 있기 때문에 신경을 많이 쓰나?'라는 생각까지 들 정도였습니다.

인생은 마라톤에 비유할 수 있습니다. 적당히 남들의 페이스를 신경 쓰는 건 좋을 수 있지만, 본인은 돌보지 않은 채 다른 사람들의 레이스에만 신경을 쓰는 것은 완주에 그다지 도움이 되지 않습니다. 레이스 도중에 누군가라도 한 명이 본인을 앞서간다고 가정해 보세요. 이내 그 사람에게 부러움을 느끼게 되고 그게 금방 시기와 질투심이 되는 마법을 경험할 수 있습니다. 냉정하게 본인의 체력을 안배해 가며 완주해야 할 마라톤 경기에서 시기와 질투심이 가득한 마라토너가 성공적으로 완주할 거라고는 생각하지 않습니다.

2. 한번 가지게 된 감정을 잘 안 바꿈

저는 생각보다는 감정을 안 바꾼다고 표현하고 싶습니다. 우리들이 '감정적'이라고 느끼기 때문입니다. 냉정해야 할 때, 냉정해야 하는 자리에서 생각보다 감정적인 사람들이 많아서 놀랄 정도였습니다. 처음 그 상대나 어떤 존재에 대한 '감정'이 정해지면 그걸 잘 바꾸려 들지 않습니다.

3. 유세를 떤다

한 대에 8천만 원 이상 하는 벤츠 E클래스가 그래서 우리나라에서 유독 잘 팔리는 것 같습니다. 앞서 잠깐 언급한 『조선인의 사상과 성격』이란 책은 유감스럽게도 조선총독부가 일제 강점기 때 조선에 대한 통치를 용이하게 하려고 펴낸 책입니다. 당연히 한국인들로서는 감정적으로 좋은 책이 아닙니다. 이 책에서 보여지는 일본인들의 진지한 연구 태도에 한 번 무서웠고, 두 번 무서웠던 이유는 100여 년 전에 조선인들을 표현한 내용들이 현재의 우리들을 이야기하는 게 아닌가 싶을 정도로 대부분 정확히 맞아 들었기 때문입니다.

100년이 흘렀지만 그 책에서 현재 한국인들의 마음가짐을 정확히 꿰뚫은 부분이 나옵니다. 이게 바로 나쁜 피라고 봅니다. 잘 안 바뀌는 DNA인 것이죠.

"중국 노동자에 비해 노동 현장에서 조선인 노동자는 사치스럽고 근검함이 없다. 보수도 높이 요구해서 잘 고용을 안 한다. 편하게 많이 벌겠다는 얼버무림으로 세상을 사는 경조부박의 기풍이 일반인에게 많이 보인다. 이 폐풍을 개선하는 것이 초미의 급선무다."

1900년대 초반의 기록인지 2020년의 기록인지 모를 정도로 우리는 잘 바뀌지 않는지도 모릅니다. 그래서 어떻게 살아야 할까? 간단하게 제가 내린 결론은 두 문장입니다.

"남을 부러워하지 않고 남 신경을 적게 쓰면서 동시에 생각을 유연하게 가져간다. 이 과정에서 감정을 좀 덜어내려는 의도적 노력이 필요하다."

사업(그중 자영업)과 투자

자영업이란?

최근 우리에게 그 어떠한 단어보다 부정적으로 인식되고 있는 단어가 바로 '자영업'이라 봅니다. 자영업을 하면 쉽게 망한다든가 절대 성공할 수 없고 은퇴 자금 등을 다 날려 먹는다는 식의 언론 보도를 너무 자주 접하다 보니 그런 것 같습니다.

사전에서 자영업을 검색하면 그 뜻은

자영업(自營業) : [명사] 자신이 직접 경영하는 사업이며,

영어로는 'self-employed'가 됩니다.

자본주의에서 레벨을 올리기 위해서는 주식 · 부동산 · 사업의 3가지 큰 무기 외에는 다른 옵션이 없다고 생각합니다. 그래서 제 입장에서 자영업을 하는 사람들은 진짜 생사의 갈림길에 서 있는 것 같이 느껴집니다. 투자를 업으로 삼는 사람들과 함께 투 탑으로 자본주의 시스템상 생사의 기로에 서 있습니다. 그들은 장기적으로 생존하기 위해서 빠른 눈치와 결단력을 겸비해야만 하죠.

어떤 시스템 속에서 연결 고리 하나, 혹은 부품 하나로 소속되어 정해진 급여를 받고 일하는 게 아니라 자기가 직접 시간과 노동력을 투입하여 성과를 내는 사람들한테 인생은 절대 호락호락하지 않은 것입니다. 그래서 일전에 인생에 절대적 안정이란 있을 수가 없고 매일매일 두려움을 가지고 심장 박동 수를 계속 유지해야 한다는 말을 들었는데 참 맞는 말 같습니다.

살면서 장기적으로 언행을 일치를 시키는 게 가장 어려움

제 지인 중에는 작은 사업을 시작한 지 2년 만에 대기업 대리~과장급 수준의 현금 흐름을 만들어 낸 분이 계십니다. 업종은 무역업인데, 이분을 처음 본 10년 전에도 그분은 무역에 관심을 갖고 있었고 이후에도 계속 아이디어를 발전시켜 오며 결국 성과를 냈던 걸로 기억합니다. 그분을 보며 '꾸준한 관심'의 중요성을 다시 한번 절감했습니다. 입사 초기부터 투자 관련 스터디를 조직해서 꾸준히 공부하고 무역 아이템들을 찾고 그랬습니다(주식 · 사업 서칭). 보통 입사 초기나 인생의 모든 스테이지 초기에는 특성상 심리적 · 육체적으로 눌러앉기가 쉬운 법인데, 그는 쉽게 안주하지 않았고 그것이 바로 성장 동력이었습니다.

결국 자본주의 시스템하에서 진정한 부를 추구하시려는 분이라면 상위 1% 이내의 급여 생활자가 아닌 이상에야 주식 · 부동산 · 사업 중에 답이 있다고 봅니다. 이 중 한 가지는 발을 담고 있어야 답이 있다고 보이는데, 결국 그분은 강남 3구에 원하는 집도 사고 현재 사업체도 잘 운영하시는 중입니다. 물론 본인의 노동력을 투입한 만큼 나오는 구조라서 "에이, 이게 어떻게 사업체야?"라고 겸손하게 말하시지만 수년간의 노력 후 얻는 월 현금 흐름 수백만 원은 정말 가치 있습니다.

제가 최근에 느끼는 점이 있습니다. 사람 역시 주식처럼 최소 5~10년 흐름은 봐야 한다는 것입니다(1년은 너무 단기이므로 더 오래 봐야 합니다). 이분은 제가 처음 본 2009년 말~2010년 당시부터 언행을 일치시키는 삶을 결과적으로는 계속 살아오는 사람이었습니다. 이게 중요하죠.

사실 제가 조언을 얻고 롤 모델, 혹은 반면교사로 삼기 좋아하는 분들은 나이대가 저보다 3~7살 정도 많은 분들입니다. 딱 이 나이 차이의 연장자가 하는 조언들이 경험상 잘 먹혔던 것 같습니다. 최근에 만나 이분과 말을 나눠 보니 요새 제가 느끼는 사회의 모습과 크게 다르지 않았습니다. 공통분모는 명확했습니다.

"이제 사회에는 진짜 역전의 기회가 없어진 듯하다."

고착화, 나쁘게 말하면 대한민국 설국열차가 이미 용산역에서 출발했다는 것입니다.

같은 대기업 입사 동기인데도 A는 학벌이 좋았고 빠릿빠릿하기도 해서 입사 초기에 좋은 부서로 배치받습니다. 그곳에서 주말마다 안 쉬고 공부하고 결국 미국 MBA도 다녀오고 얼마 전 더 좋은 회사로 성공적인 이직을 하였다고 합니다(성공 경험의 축적).

B라는 분 역시 입사 동기로서 마찬가지로 성실했는데 초기 디폴트값 차이(학벌 등)로 인해 약간 안 좋은 부서에서 시작하게 되었습니다. 현재 역시 그는 열심히 일하지만 그렇게 큰 주목을 못 받고 있다고 합니다. 이런 사례 외에도 결국 개개인의 퍼포먼스는 비슷했지만 스타팅 포인트가 어디였냐에 따라서 5~10년 후에 많은 상황이 바뀌어 있는 것을 우리 주변에서 쉽게 볼 수 있습니다.

이렇게 보면 인생은 결국 운이라 해석할 수도 있습니다. 하지만 저는 약간은 다른 식으로 보는데 바로 "초기의 작은 차이가 나중에 결과적으로 엄청난 차이를 불러일으킨다. 따라서 초기에 방향 설정을 정말 잘해야 한다."로 해석합니다.

즉, 한국 자본주의 시스템하에서는 초깃값과 그 이후 펼쳐지는 첫 나비 효과가 시간이 흐르며 점점 강하게 작용하는 것입니다. 초기에는 인식도 못 할 정도로 작은 스타팅 포인트의 차이, 첫 선택의 간격 때문에 결국 시간이 지나 있으면 결과가 상당히 달라집니다.

그래서 결론은?

우리는 그 어떠한 선택도, 쉬워 보이는 일상적 선택이라 하더라도 가볍게 넘기면 안 됩니다. 다 기록하고 철저하게 빈틈은 없는가 확인하고 또 확인해야 하죠. 그 선택이 미래의 여러분을 둘러싼 풍경을 바꿉니다.

영화 〈기생충〉에서 많은 이들의 기억에 남는 대사가 바로 "아들아, 역시 너는 계획이 다 있구나."입니다.

우리는 계획 있는 삶을 살아야 합니다. 오늘 내가 나눈 말, 오늘 내가 산 주식, 오늘 내가 본 아파트 매물, 오늘 내가 본 신문 기사 그리고 그 모든 것들이 모이고 모여 한 끗 차이를 만든다면 모든 일을 건성건성 대충 처리할 수가 없을 것입니다.

주식 투자는 어떻게 해야 할까?

자본주의 생존 공략집

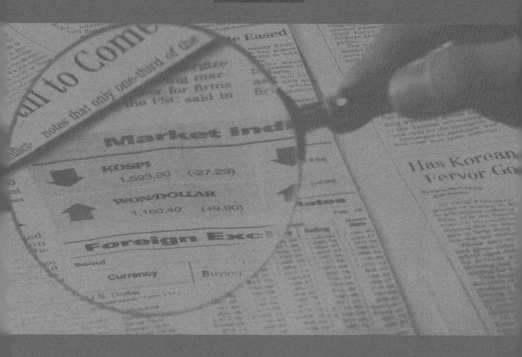

지금 당장 팔 물건이 아니라면 오늘 바로 이 시점의 현재 가격은 중요치 않을 수도 있습니다. 중요한 것은 그 물건의 품질이겠지요. 하지만 우리는 인간인지라 현재의 가격에 집착합니다. 우리가 가격을 조금 더 먼 거리에서 지켜볼 수 있을 때, 투자는 한 단계 높은 곳으로 도약이 가능합니다.

그와 더불어 주식 투자를 통해 장기적 수익을 가져가기 위해서 견지해야 할 생각과 방법론들이 몇 가지가 있습니다.

암탉의 배

주식 투자는 암탉을 기르듯이 해야 합니다. 마치 황금알을 낳는 암탉처럼 길러야 합니다. 일반 달걀을 낳더라도 암탉은 소중한 존재인데 황금알을 낳는다면 여러분은 그 닭을 어떻게 대하시겠습니까? 그날 하루하루 자기 기분에 일희일비해서 암탉을 노려보며 칼을 손에 잡지는 않을 것입니다.

주식을 매수한 후 조금 가격이 하락했다고 쉽게 팔아 버리면 안 된다는 것입니다. 당신이 처음 매수했던 이유가 변하지 않았고 단기적인 시장의 흔들림 때문에 가격이 바뀐 거라면 주식을 계속 가지고 있어야만 하죠. 하지만 대부분의 사람들이 초기 매수 이유는 곧장 잘 잊어버립니다. 오래 그 이유를 생각하거나 점검하지 않고, 단순히 현재의 '가격'에만 집중하는 것이 인간의 본성인지도 모릅니다.

우리는 흔들리면 안 됩니다. 따라서 애초에 계속 모아 가고 땅에 심을 만한 주식들을 사야 합니다. 이 생각에는 변함이 없습니다. 특히 한국의 주식 시장에는 경기 순환주(시클리컬)의 성격을 띠는 기업들이 많습니다. 축구 경기로 치면 기복이 심한 선수들이 미드필드진을 구성하고 있는 것인데, 공격력도 있고 수비력도 좋은 선수들이라기보다는 컨디션 좋고 공격력도 좋은 경기 때는 엄청 잘하다가 조금 어려운 팀을 만나면 하염없이 무너져 버리는 수비력이 아쉬운 팀인 것이죠.

그래서 한국 주식들에 투자할 때는 특히 아래 사항들을 주의해야 합니다.

1. 잘 모르면 사지 않기
2. 어설프게 아는 기업을 잘 안다고 착각하여 집중 투자 하지 않기

순환 주기에 따라 이익이 들쑥날쑥한 경기 순환주는 보물도 많지만 함정도 동시에 많은 카드들이라 조심히 다루어야 합니다.

한국 주식들을 공부하고 실제로 매수 후 배당을 받고 분기 실적을 체크하다 보면 실제로 항상 아쉬운 점들이 나옵니다.

한국의 주식 시장은 기본적으로 메인 미드필더들이 경기 순환주들이라 난이도가 높은 시장이라 말씀드릴 수 있습니다. 그리고 진정한 의미의 소비재, 강력한 브랜드를 가진 기업이 많지 않습니다. 그렇게 되면 시가 총액이 5천억 미만인 중소형 주식들을 잘 고르는 능력이 같이 발달해야 하는데, 그렇지 않으면 수익률 측면에서 고전을 하게 되는 시장이라고 생각합니다. 대형주들을 많이 담을 수밖에 없는 설정액이 큰 주식형 펀드들의 성과가 그리 좋지 않은 이유이기도 합니다.

전략 게임이자 이제는 민속놀이가 된 스타크래프트 게임이 있습니다. 그 게임에서 운영 방법 중 하나로 '더블 넥서스'라는 전략이 있습니다. 이는 현실에 비유하면, 현재 내가 가지고 있는 기본 자원에 추가로 자원 시설을 또 하나 도전하여 얻어 낸 뒤 그 2개를 같이 돌려 가며 세력을 키운다는 전략입니다. 물론 이 과정에서 수비가 취약해지게 되고 일시적으로

적에게 공격받을 위험에 노출됩니다.

현재 제가 내린 결론은 대한민국에서 무리한 '더블 넥서스(확장 시도)는 좋지 않다.'입니다. 그렇게 되면 어떻게 해야 되는가? 정반대의 전략인 방어적인 전략을 택하는 것을 고려해 보십시오. 더블 넥서스의 반대 전략으로 자신 본진의 출입구를 제대로 틀어막고, 본인이 갈 수 있는 최대한 선에서 성실히 전선을 구축하는 것입니다. 무리한 공격을 해서는 안 된다는 전략입니다. 그리고 본진의 생산 수단을 활발히 돌리면서 확장의 기회를 노려야 합니다. 쉬운 말로 "무리하지 않고 꾸준하게 힘을 모아야" 하는 것입니다.

결국 이를 다시 한국 주식 투자에 돌리면 아래와 같습니다.

순간적인 오해로 인해 주가 낙폭이 커진 기업들을 잘 선별해서 보유하기 시작합니다. 그래서 일정 시간이 흐른 뒤, 자기가 처음에 목표로 한 적당한 시가 총액 범위가 오면 이를 '실현'해서 이익을 누적시키는 식으로 투자를 지속하는 것입니다.

기회가 있을 때마다 ①어설픈 기술력과 브랜드를 가진 기업들이 아닌 톱 라인(top line)에 서 있는 기업들의 지분을 모아 가기, ②혹은 인간의 본성(혹은 중독성)을 건드리는 기업들이 싸질 때 사야 합니다.

주식은 암탉을 기르는 느낌으로 사고 돌보세요. 암탉은 달걀을 낳습니다. 그 달걀로 프라이를 해 먹건 스크램블을 해 먹건 내 자유입니다. 어쨌든 암탉은 수탉과 달리 달걀을 낳습니다. 당장 배가 고프다고 암탉의 배를 갈라 프라이드 치킨을 해 먹어야겠다는 일시적 욕망에 굴복하지 마시기 바랍니다.

우리의 것이 생각보다 없다

우리나라 주식 시장 전체의 몇 퍼센트를 외국인이 보유하고 있는지 아시나요? 20퍼센트? 그보다 많습니다.

금융감독원이 2019년 7월에 발표한 2019년 6월 외국인 증권 동향에 따르면 2019년 6월말 기준 외국인의 증시 보유액은 559조 8천억 원. 이는 시장 전체 시가 총액의 32.7%에 해당합니다. 우리나라 상장 기업 전체 몸값의 약 1/3이 외국인의 손에 있는 겁니다.

이를 잘못 해석하면 연말에 한국 기업들의 배당이 외국인들에게 흘러간다느니 이런 말들을 하게 됩니다. 한국 사람들도 미국, 중국 등 해외 주식에 많이 투자하고 있으니 이는 자연스러운 이치입니다. 하지만 1/3이 외국인 비중이라는 것은 생각보다 사람들이 잘 알고 있지 못합니다.

우리의 것이 생각보다 없습니다. 아이러니하게도 우리가 우리나라 기업이라고 생각하는 기업일수록, 대부분의 지분은 외국인의 손에 있습니다.

한국담배공사였던 KT&G도 외국인 지분율이 51%, LG생활건강도 45%, KT도 49%에 해당합니다. 우리가 자주 쓰는 홍삼, 담배, 샴푸, 화장품, 통신사의 주인들이 대부분은 외국인들이었던 것입니다.

그리고 연말 연초가 되면 항상 "외국인들이 우리나라 상장사 전체 배당금의 ＊＊%를 가져간다.", "국부유출" 이런 기사가 올라옵니다. 매년 그래 왔습니다. 하지만 자본에는 국경이 없고, 한국인들이 해외 주식을 살수 있는 것처럼 그들도 그들의 자본을 투하한 것입니다. 그런 기사들에 감정적으로 반응하기보다, 차라리 우리나라 상장사의 지분 0.001%라도 더 확보하는 게 생산적이지 않을까요?

매일매일 시장 체크하는 것도 바보

레벨 업, 그리고 한계

사람의 멘탈과 피지컬에도 게임처럼 레벨이 있다는 생각을 가지고 있습니다. 즉, 한 사람이 하루에 쓸 수 있는 정신적·육체적 에너지의 총합은 한정되어 있으며, 레벨 업을 통해서만 그 한계를 뛰어넘을 수 있습니다. 그래서 우리는 레벨 업을 계속 시도하는 와중에도 그 하루 치 에너지를 잘 배분해 써야 합니다.

시장 상황

주식 투자를 함에 있어 매일매일 시장 상황(시황이란 말로 보통 줄여 얘기함)을 체크하는 것도 참 에너지 빠지는 작업 같습니다. 그냥 간단히 체크하면 되는데, 솔직히 요새 보면 대한민국에 자칭 거시 경제 전문가들이 너무 많아 혀를 내두를 정도입니다.

단도직입적으로 저의 생각은 "아니, 시장 상황을 이렇게 공부해 버리면 투자는 무슨 힘으로 하나?"입니다. 축구 선수가 부상을 피하기 위해 경기 전에 스트레칭을 하는데 이걸 요가 선수처럼 1시간 정도 풀 파워로 해버리면 '그는 요가 선수인가 축구 선수인가?'하는 의문이 남습니다.

그래서 일찍이 선지자 중 한 명인, 저보다 한 살 많던 그 투자가분께서는 중요한 말을 남기셨습니다. 당시 그는 순자산 35억 원을 넘기신 시점이었죠. 주식 투자를 에프원 레이스(F1 Race)에 비유하시면서, "가끔은 멀리서 떨어져서 봐야 한다."라는 말이었습니다.

  "경기장 트랙 가까이에 바짝 붙어서 보면 경주용 차들이 얼마나 빨리 지나갈까? 아마 눈을 깜빡이면 바로 사라져 있을 것이다. 경기장에 바로 붙어서 보면, 경기 흐름 전체를 볼 수가 없다. 그러나 관중석 조금 먼 곳에서, 혹은 정말 더 멀리 떨어져서 관제탑에서 에프원 레이스를 본다면 전체적으로 더 크게 경기를 볼 수 있을 것이다. 우리는 에프원 경기를 너무 가까이서 보지 말아야 한다."

개인도 진화해야 한다

오늘은 간만에 책을 많이 읽은 날입니다. 도시 산업에 관련된 책들에 요새 관심이 많은데 운 좋게 좋은 책을 한 권 알게 되었습니다. 최근 제가 읽는 책들은 거의 다 '흥망성쇠'에 관련된 이야기들인데 가장 인상 깊었던 건 바로 '혁신'에 대한 부분입니다. 내 마음대로 요약하면,

1. 번영을 유지하려면 사회는 혁신의 사다리를 계속 올라야 한다. 슘페터가 말했듯, 산업 혁명 이후 우리의 번영을 보장한 것은 바로 그 역동성이다.
2. 미국 디트로이트(자동차 산업)를 예로 들며, 아직 생태계를 갖고 있을 때 그 생태계를 발판으로 뭔가 다른 것으로 전용하지 못한 것이 실수다.
3. 티핑 포인트가 찾아오고 지역 생태계가 하락세로 접어들기 전에 다른 모습으로 탈바꿈해야 한다. 그러기 위해서는 고유한 힘을 활용해야 한다.

이 정도로 요약이 가능합니다.

이것을 저의 현실로 대입시켜 보니, 아쉬운 투자자들이 눈에 스칩니다. 무엇보다 제가 투자를 10년여 동안 해 오면서 제일 아쉬운 때는 바로 '과거 저의 투자 롤 모델급이었던 분이 어느 순간부터 계좌도 거의 그대

로이고 분석 방법도 그대로인 것을 볼 때'입니다. 저는 주식 투자로 사회 초년기의 투자 대부분을 집중해 왔기 때문에 많은 주식 개인 투자자들을 직·간접적으로 보아 왔습니다. 그분들 중 상상할 수 없는 노력으로 자산이 퀀텀 점프하신 분들도 있습니다. 하지만 한편으로는 4~5년이 지난 현재까지 계속 그 자리에서 머무는 사람들도 많습니다. 특히 부동산에 대해서는 여전히 숏 포지션(자산을 매수하지 않음. 자산 시장에서 숏 포지션 유지 시 가격 상승은 그에게 위험이 됨)인 분들이 많으며 주식 분석 방법도 그대로인 사람들을 봅니다. 그분들을 보면서 한곳에 안주해 있으면 안 되며 끊임없이 발전하려고 노력하면서 생각을 더욱 유연하게 가져가야 함을 느낍니다.

결론은 간단합니다. 우리는 자기 나름대로의 생태계를 만들어야 하고 이를 계속 발전시켜야 합니다. 여기서 생태계란 1)투자 공부/기록 프로세스일 수도 있고 2)인적 네트워크일 수도 있으며 3)유튜브/블로그 구독 리스트일 수도 있습니다.

투자자는 이 생태계를 통해서 계속 발전해 갈 수 있고, 세상의 변화 속도와 시장 변동성에도 동시에 대처할 수 있다는 생각입니다. 천상천하 유아독존 마인드도 장기 생존에는 저해되는 마인드 같습니다.

*결론: 야구에 비유하면 아웃 직전 볼카운트인 2 스트라이크 노 볼에 몰린 타자더라도 노 감정으로 자기 스윙을 그대로 가져갈 수 있는 타자가 되기

No.1 요소를 잘 설정하는 것

대학교를 다니던 20대 중반 시절, 저는 1년이 좀 넘는 기간 동안 IT 기반의 소개팅·미팅 사업도 했었습니다. 그때는 그런 용어조차 없었는데 시간이 좀 흐르니 '소셜 데이팅'이라는 영역으로 자리잡더군요.

뉴스에도 나오고 나름 그 일대에서는 유명했습니다. 각설하고 그 당시에 참가자들의 신청란에는 이상형을 적는 칸이 있었습니다. 그런데 이 이상형이 난해한 사람들은 제가 매칭을 시켜 줄 수가 없었습니다. 너무 요구 조건이 많은 까다로운 사람들은 솔직히 후순위로 밀렸습니다.

만약 어떤 분이

1. 저랑 가까운 곳에 사는 사람
2. 키만 몇 센티미터 이상이면 돼요.
3. 학벌 안 봅니다.

이러면 최우선적으로 매칭 상대를 찾을 수 있게 됩니다. 당시 저는 일부러 '아날로그' 매칭 시스템을 고수했기 때문에 장인 정신을 갖고 수작업으로 눈과 머리를 써 가면서 만날 분들을 매칭했습니다. 주식이나 부동산 투자도 마찬가지인 것 같습니다.

큰 목표를 이루기 위해서는 공격 방법이 직관적이어야 하고 논리가 심플해야 합니다. 제가 강의 때마다 하는 얘기인데 우리는 투자 시에 No.1 요소, 올림픽으로 치면 금메달인 요소에 집중해야 합니다. 9순위, 10순위 요소에 시간과 발이 묶이는 순간, 그 투자는 산으로 가게 되고 보통 결과가 안 좋죠.

부동산으로 예를 들면, 서울 성동구에 위치한 금호자이 2차 아파트가 있습니다. 몇 해 전 이곳에 여름 임장을 갔었습니다. 그때 길도 제대로 모르고 네이버 지도 보고 더듬더듬 찾아가다가 같이 갔던 동료랑 인생 지옥을 경험했지요. 무더운 여름날이었던지라 땀으로 바지와 셔츠가 젖었습니다. 저희가 당시 내린 결론은 '여기는 너무 언덕이다.'였습니다. 그리고 임장이고 뭐고 더워서 일단 어디 들어가서 쉬고 싶었죠. 그래서 그 당시 25평의 물건이 갭(gap, 매매가-전세가) 2억 이하이던 시절이었는데 보기 좋게 놓쳤습니다. 그때 전세금 레버리지 투자를 했다면 2년여가 흐른 현재 시점에서 딱 자기 자본 이익률로 최소 100~130% 정도 수익률이 가능했습니다.

지금 생각해 보면, 그때 '언덕' 지형은 물론 중요한 요소였지만 한 5순위 정도였던 것 같습니다. 그때 저는 무엇을 중점적으로 봤어야 했냐면 '마포구/용산구/성동구+브랜드 아파트+5호선 도보로 가능' 이걸 봤어야 했어요. 이 요소들이 금/은/동메달이었고 No.1~3 요소였는데 5번 요소를 보고 있으니까 선택이 잘될 리가 없습니다. 그래서 그때 물건이 2개 정도 있었는데, 같이 간 동료와 저는 모두 사지 않았습니다.

그래서 투자에서는 1)큰 목표를 잘 설정해야 하고, 2)자신이 모은 데이터가 그것에 부합하는지 잘 판단해야 합니다. 어찌 보면 너무나 간단합니다.

근데 대부분 1번을 못해서 투자에서도 재수, 삼수한다는 게 함정이라면 함정이죠. 우리는 모든 투자에서 No.1 요소를 설정하는 데 모든 역량을 집중해야 합니다.

"당신이 투자하려는 그 주식·부동산의 제일 중요한 투자 사유는 무엇입니까?"

현금 흐름은 속이기 어려워

현금 흐름이란 말 그대로 경영 활동에 따른 현금의 움직임을 의미합니다. 기업에게 있어 현금 흐름은 우리 개인으로 치면 '통장'에 찍히고 나간 금액을 뜻합니다. 통장에는 급여 등으로 찍히는 확실히 이미 들어온 돈이 표시되고 안 들어온 돈(혹은 받을 돈)은 통장 내역에 표시되지 않아 명확히 구분됩니다.

즉, 우리는 이미 들어온 돈과 아직 안 들어온 돈(=즉, 받을 돈)을 철저히 분리해서 생각해야 합니다. 자기 돈이라면 당연히 이렇게 생각하는데, 투자하는 기업의 현금 흐름은 이 정도로 심각하게 생각하지 않는 것 같습니다.

또 알아야 될 개념이 있습니다. 현금 흐름에는 크게 현금의 유입을 뜻하는 캐시 인(cash-inflow)과 현금의 유출을 뜻하는 캐시 아웃(cash-outflow)이 존재하게 됩니다. 당연히 전자가 큰 것이 좋습니다.

기업의 선택과 결정을 크게 3가지로 나눈다면, 영업, 투자, 재무로 나누어 볼 수 있습니다. 주식 투자에 있어서 가장 주목해야 하는 부분이 어디일까요? 기업의 본질은 이익 창출이고 그 이익의 근간은 본업에서 나오는 현금에 기반할 것입니다. 따라서 영업 활동 현금 흐름을 우리는 주목해야 합니다.

현재 기준으로 안 갖고 있는 주식에 대해 왈가왈부하는 것은 제가 제일 싫어하고 실제로 하지 않는 일 중 하나인데, 이번만큼은 한번 써보려고 합니다. 한때는 시차를 두고 2회나 주주였던 기업인데, 이라이콤이라는 회사입니다. 큰 재미는 못 봤지만 적당한 금액대에서 매도했던 곳입니다. 한마디로 값은 충분히 싼데, 장기로 투자할 수가 없었던 기업이었습니다. 가지고 있는 보유 현금도 많고 기타 장점도 많았지만 치명적 문제는 바로 B2B 기업(기업-기업 간 거래를 주로 하는 기업)으로서의 고질병인 '현금 흐름' 악화였습니다.

*단위: 억원, %, %p, 배, 천주

항목	2017/12 (IFRS 연결)	2018/03 (IFRS 연결)	2018/06 (IFRS 연결)	2018/09 (IFRS 연결)	2018/12 (IFRS 연결)
영업 활동으로 인한 현금 흐름	-27.7	-187.6	119.4	-143.7	-109.8
당기 순이익	-134.0	-18.6	-18.6	48.9	106.6

2017년에 -157억 원 당기 순손실을 기록하던 회사가 2018년 중반부터 다시 순항하기 시작했는데, 이상하게도 순이익과 현금 흐름의 괴리가 상당합니다(2018년도 3분기 영업이익 76억, 4분기 영업이익 114억을 기록하는데 영업 활동 현금 흐름은 마이너스 100억대로 그 차이가 상당함).

2018년 4분기는 순이익 107억 원을 기록했는데 영업 활동 현금 흐름이 -110억 원입니다. 즉, 기업과 기업 간의 거래를 주로 하는 B2B 기업이라 일단 물건을 팔고 실제 받을 현금은 나중에 찍히는 구조라 이해는 했지만, 구조적으로 그렇지 않은 회사들(미리 돈을 받고 일을 하는 기업)도 시장에 널렸는데 굳이 리스크 테이킹을 크게 할 필요는 없다는 생각이 들었습니다.

항목	2017/12 (IFRS 연결)	2018/03 (IFRS 연결)	2018/06 (IFRS 연결)	2018/09 (IFRS 연결)	2018/12 (IFRS 연결)
영업 활동으로 인한 현금 흐름	43.5	52.6	65.8	78.9	114.1
당기 순이익	36.3	43.7	57.3	64.1	93.0

반면에 이 회사는 나이스디앤비라는 전혀 다른 업종인 신용 평가 분야의 한 상장사입니다. 신용 평가 · 인증 · 조회 이쪽 비즈니스 모델이 보면 볼수록 탐이 나더군요. 현금 흐름이 그 전 예시와는 달리 연간 기준으로 봐도 상당히 깔끔함을 알 수 있습니다(영업 활동 현금 흐름〉회계상 당기 순이익).

직원들 월급, 법인세 등 낼 돈을 다 내고 나서 회계상 마지막에 찍히는 순이익 금액보다 들어오는 현금 흐름이 더 많은 기업을 저는 좋아합니다. 이런 회사들 특징이 바로 매출 채권이 거의 없는 구조입니다. 매출 채권(Account receivable)은 기업이 상품이나 서비스를 먼저 판매하고 돈은 나중에 받게 될 때 발생하는 것으로 외상 매출과 받을 어음이 있습니다.

재고자산		0.1	0.0	0.0	0.0
유동생물자산					
당기손익-공정가치측정금융					2.6
기타포괄손익-공정가치측정					
상각후원가측정유가증권					
상각후원가측정금융자산					
단기금융자산	241.0	201.5	201.1	149.0	179.0
매출채권및기타채권	18.5	30.0	26.4	46.9	58.9

나이스디앤비의 경우 매출 채권보다 단기 금융 자산이 많음을 알 수 있습니다. 심지어 재고 자산은 0입니다. 즉, 신용 평가 · 인증 시 먼저 수

수료를 받고 난 뒤 서비스를 제공하기 때문에 그렇습니다. 쉬운 말로 이 회사는 사람으로 치환하면, 일을 하고 나서 한 달 뒤 돈을 받는 게 아니라 돈을 먼저 받고 일을 시작하는 사람인 것입니다.

이런 비즈니스는 적어도 제 기준에서는 할증료(Premium)를 지불해야 한다고 생각하고 있습니다. 따라서 저는 구조적으로 이렇게 현금 흐름에 유리한 기업들(매출 채권이 적고 영업 활동 현금 흐름이 당기 순이익보다 높은 기업들)은 시장 평균 퍼(PER, 주가 수익률)보다 약간은 더 많은 퍼를 부여할 수 있다고 봅니다.

어쨌든 결론은 간단합니다.

"투자 환경이 어려워지고 난이도가 높아지는 난세일수록 현금 흐름이 잘 찍히는 기업을 믿어 볼까?"

영업 활동 현금 흐름이 마이너스를 계속 기록하는 회사보다는 꾸준히 양의 영업 활동 현금 흐름을 기록하는 회사를 찾으세요. 왜냐하면 돈을 받고 일하느냐, 일하고 돈 받느냐 사이에는 큰 차이가 있기 때문입니다.

역대급 하락도 아닌데 뭘

(2019. 5. 9 코스피 지수 -3.04% 하락 당시 기록)

2019년도 2분기 하락장 한가운데에서의 기록입니다. 하루에 −3% 이상 시장이 하락하는 날에는 되도록 기록을 해 두려고 합니다.

2019. 5. 9. 일. 막판에 프로그램이랑 기관 로스컷 다 나온 듯. 오늘 코스피 지수는 결국 −3%대로 마감했다. 결론부터 말하자면 이런 날에 눈여겨봤던 주식을 '사는 날'로 지정해야 한다. 그리고 아무도 안 사려 할 때 매도 호가보다 1틱, 2틱 아래에 매수를 걸어 놓고 기다려야 한다. 홈런을 치고 싶어서 안달 난 타자에게서는 홈런이 안 나온다. 오히려 무관심한 마음속에서, 풀 스윙을 돌렸을 때 홈런이 나오는 것 같다.

일단 오늘 나에게 '**** 주식 아직 갖고 계신가요?'라는 이메일이 몇 통 온 걸 보면 평범한 날은 아닌 것이 분명하다.

2014년부터 2019년 현재까지 코스피의 5년 차트를 보면 많이 오른 것도 아니고 떨어진 것도 아니고 그냥 제자리다. 대단하다……. 사실 지수 떨어진 건 큰 상관은 안 하는데, 개인적으로는 환율 1,180원을 돌파한 것이 약간 우려스럽긴 하다. 사실 달러화를 모두가 무시할 때 한국 돈을 미국 돈으로 바꿔 났어야 했다. 그때가 딱 작년 5월이었다. 그런데 생각해 보면 작년(2018년) 5월만 해도 달러화를 굳이 살 필요성은 모두가 느끼지 못했다(2018년 5월 11일 당시 환율은 1년 최저점으로 1,067원이었다).

사람들은 사후적으로 모든 것이 쉽다고 한다. 가난한 사람들의 공통점이다. 하지만 이게 가능한가?

1. 2017년 8·2 부동산 규제책 나오기 전에 서울 집을 산다.
2. 2018년 5월에 가진 돈 50%를 미국 달러로 환전해 미국 S&P500 지수 ETF를 산다.
3. 2018년 10월까지 한국 주식 계좌는 현금 비중 90%로(주식 비중 10%) 운용하다가
4. 2019년 1월 초부터 한국 주식을 담기 시작해서
5. 2019년 3월에 모두 실현하고 현금 비중 다시 90%로 회귀한다.

이런 마켓 타이밍을 정확하게 연속적으로 맞히는 것이 가능할까? 운이 좋다면 한두 번은 맞을 수 있겠지만 장기적으로는 승리할 가능성이 없다고 본다. 버핏 할아버지의 할아버지가 와도 불가능하다. 그러면 답은 무엇일까?

이 정도 시가 총액이면 이 기업을 통째로 사고 싶다는 생각이 들 때 매수 버튼을 누르는 것이다. 그래서 미리 A라는 기업의 '내가 생각하는 적정 시가 총액'을 계산해 두고 있어야 한다.

또한 부동산이라면, 이 가격이면 내가 실거주하면서 5년 정도는 살 만하겠다는 생각이 들면 그때 망설이지 않고 집을 사는 것이다(무주택자 기준). 중요한 것은 '미리미리' 해당 자산(Asset)에 대한 계산과 조사를 하여 견적을 잘 잡아 놓는 것이다.

애초에 투자에 적절한 타이밍이란 존재하지 않는지도 모른다. 그냥 자기가 믿는 대로, 자기가 원래 계산한 루트대로 나의 길을 가는 것이다. 이때 가장 중요한 점은 '남의 시선과 인식'에서 자유로워지는 것이다. 대학 시절 경제학과 대학 동기 130명 대다수가 취업을 목표로 했지만 현재 블랭크 코러페이션의 대표 남대광 씨는 창업과 자기 사업이라는 본인의 길을 갔다.

※ 2016년 41억 원 수준이던 블랭크 코퍼레이션의 매출액은 2018년에 30배 가까이 증가한 1169억 원을 기록했다. 영업 이익은 77억 원(2017년), 139억 원(2018년)으로 점차 상승 중이다.

무력으로만 이기려 하는 장수가
가장 하수

투자와 손자병법

손자병법에서 손자는 최고의 전략은 싸우지도 않고 이기는 것이고 무력으로 이기려는 것은 가장 하수라고 했습니다.

엄연한 인류 최고의 병법서인데, 최고를 '안 싸워서 이기는 것'으로 치며 무력으로만 이기려 하는 장수가 가장 하수라고 하다니. 손자가 하는 말은 틀린 걸까요? 손자는 지옥 같던 환란의 시절에서 전쟁의 본질과 생존 전략을 경험으로 체득했음이 틀림없습니다.

오박사 생각

큰 위험을 안 떠안고도 큰 잠재적 수익률을 노릴 수 있다면 분명 좋은 투자 기회입니다. 실제 투자 금액을 적게 가져가더라도(본인의 철저한 분석하에) 지지 않는 전투를 하는 것이 좋은 장수이며 좋은 투자자라고 생각합니다.

스물넷, 2009년부터 주식 투자를 시작했다

지금까지 10여 년 넘게 주식 투자를 하며 느낀 것 중 하나는 "주가가 고점보다 많이 하락했다고 해서 섣불리 가지고 있는 현금을 100% 투자해서는 안 된다."라는 것입니다.

일찍이 피터 린치는 개인 투자자들에게 "단순히 주가가 떨어졌다고 해서 사지 말라."라고 조언했습니다. 바닥에서 물고기를 건져 올리지 말라는, 영어로는 "Don't bottom-fish."라는 간단한 한 문장으로 이 진리를 설파했지요.

이제 저는 경험적으로 피터 린치의 이 말이 진리임을 알고 있습니다.

"현금을 무턱대고 전부 한 번에 투자하는 투자자는 전시 상황이나 전세에 상관없이 쪽수로 밀어붙이려는 미련한 장수에 지나지 않는다."

아무도 저점을 알 수 없기에 저희는 주식을 살 때 철저하게 '분할'로 나누어 사야 됩니다(=분할 매수는 필수). 부동산은 금액이 보통 커서 분할 매수가 힘들지만, 주식은 1주, 10주 충분히 나누어서 매수가 가능합니다. 본인만 시간이 많고 인내심이 있다면 10번, 20번에 나눠서 살 수도 있지요. 그것이 보수적인 투자자가 할 수 있는 전략 중 최고로 현명한 전략이 아닐까 생각합니다.

요약하자면, 항상 우리는 아무리 확신에 차 있어도 주식을 살 때에는 분할로 매수해야 합니다.

여름, 겨울보다는
가을 같은 주식을 사자

어렸을 때 "우리나라는 사계절이 있어서 좋다."라는 말을 많이 들었습니다. 사계절은 곧 네 개의 계절이라는 '사이클'이 있다는 것이고 그 사이클이 도는 것이죠. 나이를 한 살 한 살 먹어감에 따라, 전 이 계절의 순환이 싫어졌습니다. 원시인에게도 사계절은 살아가기 힘든 환경이 아니었을까요? 개인적으로 저는 긴팔을 입어도 되고 반팔 입어도 되는 날씨, 딱 9월 말에서 10월쯤의 날씨가 좋습니다. 사계절 사이클의 좋은 점을 저는 잘 모르겠습니다.

아래는 SK이노베이션 10년 차트입니다. 제가 2010~11년경에 입사를 위해 인적성 시험을 봤다가 너무 어려워 면접 전 오엠아르(OMR) 용지를 들고 포기한 곳이기도 합니다. 현재 주가가 16만 원 정도인데, 그 당시 주가가 현재 주가보다 높았습니다.

그러니까 완전한 시클리컬, 사이클을 타는 섹터의 기업이라는 것이죠. 최고점 25만 원, 최저점 7만 원. 이걸 견디고 10년간 장기 보유할 수 있는 사람 있을까요? 솔직히 쉽지 않다고 봅니다.

KT&G의 2009년~2019년까지의 10년 차트는 좀 다르지요? 5만 원대
에서 형성되다가 13만 원에서 잠시 착륙한 뒤 다시 10만 원대에서 위아래
위위아래 놀이 중입니다. 이런 주식은 생각보다 장기 보유가 가능합니

다. 배당이 안정적이고 몇 년에 한 번씩 주당 배당금이 200원, 400원씩 올라옵니다. 담배는 시클리컬이 될 수가 없지요(경기 여건에 상관없이 담배를 피움).

물론 KT&G 10년 장기 투자가 그렇게 엄청난 수익률은 아닐 것입니다. 2009년에 8만 원에 샀다면 현재가 10만 원…… 10년간 25%밖에 안 올랐고, 물론 중간중간 나오는 4% 정도의 배당금을 재투자했으면 이익이 더 뛰었겠지요. 만약 이익을 극대화하고 싶은 분이면 이런 안정적인 기업이 일시적 우려로 급락 시 매수 후 어느 정도 반등 시 팔 수도 있는 거래(trading)도 같이 시행한다면 수익률이 높아졌을 것입니다.

어쨌든 이런 기업들은 기본적으로 바이 앤드 홀드(buy and hold)가 위에서 말한 SK이노베이션보다는 심리적으로 쉽지요.

결론

핵심은 4계절이 아닌 가을 같은 주식을 사는 게 정신 건강에 이롭고, 장기 보유도 가능하다라는 것입니다. 우리는 살면서 거대하고 엄청나고 섹시한 투자 아이디어를 원합니다. 남들이 모르는 정보를 기반으로 한 투자여야 할 것 같고, 엄청난 신기술을 가진 기업의 주식만이 돈이 될 것 같지만 이는 쉽지 않습니다. 운으로 몇 번 맞으면 좋지만, 계속 연승할 수는 없으므로 우리는 가을 같은 주식에 투자해야 합니다. 한 가지 팁은, 그 기업의 단기 주가보다는 그 기업이 현재 팔고 있는 '제품과 서비스'가 무엇인지 파악하는 데 주력해 보세요. 정유, 화학, 자동차, 기계, 철강, 반도체보다는 담배, 샴푸, 치약, 음료수가 더 안정적으로 꾸준히 팔릴 확률이 크겠지요. 이런 기업들이 가을 같은 주식이 될 확률이 큽니다.

루카스 모라와
손흥민을 팔면 바보

개인적으로 지금까지 팔고 후회되는 기업들
: 다나와, 사람인, 이크레더블

이 기업들은 제 나름의 가치 산정(밸류에이션) 작업이 50%만 맞았습니다. 싸다는 견적은 3타수 3안타였지만, 적정 시총 단계에서 3타수 3삼진을 당했습니다.

더구나 사람인은 대놓고 다나와를 매도한 뒤, 남은 포션을 어디에 집중할까 하다가 기존에 알던 기업 풀(pool)에서 다시 찾은 기업입니다.

그런데 저는 같은 실수를 반복했습니다. 이 정도 퍼(PER) 배수(멀티플)면 적당하겠지, 이 정도 시가 총액이면 제값이라고 생각해서 팔아 버리는 잘못을 저지르고 맙니다.

'다나와, 사람인, 이크레더블' 이렇게 빅3 중소형 주의 매도는 마치 토트넘 구단주가 '손흥민, 루카스 모라, 델리알리'가 잘하고 있는데 몸값이 비싸졌다고 해서 다른 팀에 이적시킨 꼴이죠. 루카스 모라, 손흥민같이 잘 뛰는 선수들은 빼면 안 됩니다.

위 기업들의 공통점을 정리해 봅니다.

1. 시가 총액이 크지 않음

2. 이익이 성장함

3. 적당한 멀티플에서 약간 할인된 가격(그러려면 우려가 일시적으로 좀 끼어 있어야 합니다.)에 사서 전년 동기 대비 매출, 이익 성장이 계속되면 매수 후 보유 포지션으로 가야 함

4. 현금을 잘 벌어들임(매출 채권이 적음)

5. 그래서 영업 활동 현금 흐름에 비해 카펙스(CAPEX, 자본적 지출이나 시설 투자 등) 투입 금액이 낮음

다시 돌고 돌아, 위 공통점을 충족시키려면 해당 기업의 비즈니스 모델이 좋아야 합니다. 반복 소비가 일어나야 되고 판매 가격(P)을 은근하면서도 은은하게 계속 올릴 수 있으면서 판매 수량, 소비자 니즈(Q)가 올라와 줘야 하지요. 이런 기업들은 한국 주식 시장에 수천 개가 있는 것이 아니라 30개 미만이기 때문에 한번 팔면 다시 살 수 없을지도 모른다는 마인드로, 살 때도 팔 때도 모두 신중해야 합니다. 지금 한국 주식에 투자하면 느리다는 소리가 서서히 나오고 있는데 이럴 때가 나쁘지 않은 기회 같습니다(2019년 5월 말).

틈틈이 적어 놓은 인생 노하우 글

자본주의 생존 공략집

투자를 하는 이유는 무엇일까요? 인생을 보다 잘 살기 위해서, 더 나아가 인생에서 불행해지지 않기 위해서가 아닐까요?

결국 투자는 인생과 밀접하다 하는 점에서 제가 틈틈이 느꼈던, 그래서 기록해 두었던 인생의 '노하우'들을 공유해 보려 합니다.

남 탓을 하지 않고
현재를 쿨하게 인정

평상시에도 저는 늘 스스로에게 이렇게 되뇌이곤 합니다.

"남 탓을 하지 말자."

살면서 이 성향을 버려야 돈이 모이고, 불어나고, 벌리는 것을 제 피부로 느꼈지만, 특정 상황에서 남 탓을 하지 않는 것은 정말 어렵습니다. 여러분이 지하철을 타고 가다가 어느 사람이 갑자기 여러분 앞에서 얼굴에 대고 기침을 심하게 했습니다. 손으로도 안 막고 말이죠. 지금 이 순간 감기에 걸릴 가능성이 32배 정도 급증한 것 같습니다. 이러면 여러분은 어떤 생각이 드실까요? '할 일도 많은데 내가 재수 없게 저 사람 앞에 서 있어서 기침 테러를 받았다! 진짜 짜증 나서 뭐라고 하고 싶다.'라는 생각이 들 것입니다.

"기침할 땐 입 좀 가리고 하세요!"

하지만 저는 이렇게 반사적인 DNA 즉, 자연스러운 반응을 바꿔야 한다고 생각합니다. 자본주의에서 돈을 벌고, 모으고, 제대로 불려서 원하는 재정적 목표를 달성하기 위해서는 말이죠. 조금 이상하게 들리실지라도 이렇게 생각을 바꿔 보는 훈련이 필요합니다.

-저 사람은 원래 저런 사람이다(난 저 사람을 컨트롤할 수 없다).
-마스크를 가지고 오지 않은 내가 잘못이다.
-그 이전에 지금 사람이 이렇게 많은 지하철을 탄 내가 잘못이다. 과거의 어느 시점에 잘못을 한 게 틀림없다.

이것이 자본주의를 대하는 저의 첫 번째 노하우입니다. 남의 탓을 최대한 줄이는 것입니다. 이와 동시에 말로 표현이 좀 어려운데, '인정'이 빨라야 합니다. 여기서 인정이란 '자신의 과거와 현재'에 대한 인정을 뜻합니다.

사람들은 어떤 결과가 발생하면 항상 그에 대한 원인 찾기를 좋아하는 것 같습니다. B라는 사건이 왜 일어났는지를 찾다가 A라는 원인을 찾으면 궁금증이 해소됩니다. 만약 우산을 안 갖고 나왔는데 갑자기 비가 와서 옷이 다 젖은 사람이 있다고 가정해 봅시다. '오늘 왜 이렇게 비가 오는 거야?'라는 의문점이 들어서 오늘 비가 내리는 사건(B)에 대한 원인을 찾으려 합니다. 그러나 정확한 원인(A)을 못 찾고 있을 때, 이 사람의 결론은 결국 둘 중 하나입니다. 궁금증을 포기하거나, 아니면 탓할 다른 대상을 찾는 것입니다(기상청의 오보 혹은 어제 본 날씨 어플이 틀렸다 등). 인간은 계속해서 원인과 탓할 대상을 찾습니다. 진화와 관련된 생물학, 심리학 분야의 책들을 읽으며 저는 사람이 습관적으로 이유를 찾는다는 걸 느꼈습니다. 현재의 우리는 원시 시대 어느 날에 사냥에 실패하고 낙담한 채 아무런 실패 원인에 대한 개선 없이 다음 날 같은 방식으로 덤볐던 원시인의 후손이 아니라, 사냥의 실패 원인을 다시 파헤쳐서 다음 날 또 사냥에 도전한 원시인들의 후손일 가능성이 큽니다.

그러나 문제는 원인을 찾는 과정에서 발생합니다. 원인이 본인의 부족한 사냥 도구와 실력 때문이면 상관없는데, 그 외에 탓할 제3의 대상을 찾는 것이 우리의 DNA일 수 있다는 점입니다. 이 과정에서 바로 사람이 '감정적'이 될 수 있습니다(증오, 시샘 등). 지나친 감정 개입은 사냥의 집중력을 감소시킵니다.

현상 자체만을 바라봐야 합니다. '내가 지금 나와 비슷한 나이대의 다른 친구들이나 사람들에 비해 모아 놓고 불린 순자산이 매우 적다.'는 사실은 현상 그 자체입니다. 이 자체만을 놓고 해법을 찾는 작업을 해야 합니다. 그러나 대부분이 냉정하지 못하고 남 탓을 하게 됩니다(국가나 사회탓, 혹은 나를 이렇게 만든 특정 인물 등). 저도 한때는 그러했습니다.

제가 어렸을 당시에는 지방 유지였던 친할아버지의 재정적 지원 아래 풍족하게 살았던 것 같습니다. 그러다가 어느 순간(고2~고3 무렵)부터 인터넷 강의 5만 원짜리 하나 신청하겠다고 어머니에게 말하는 것이 조심스러워지기 시작했습니다. 시간이 흘러 스물다섯 살 무렵 사업을 하면서 영업을 다닐 때도 있었는데, 지금 보면 거의 맨땅에 헤딩하는 광고 영업이었죠. 명함 한 장과 샘플북을 들고 지인의 지인을 찾아가 광고비를 주면 광고를 해 주겠다며 서울 시내를 돌아다녔습니다.

대부분 거절했고, 강남에서 치과를 운영하던 아버지의 친구분 중 한 분은 매우 냉정하게, "이럴 거면 빨리 다른 일을 알아보라."라고 직설적으로 충고하셨습니다.

당시에는 억울하고 화도 났습니다.

'어렸을 적에는 할아버지의 보호 아래 남부럽지 않은 집안에서 자랐고 2층짜리 단독 주택 내부에 계단도 있었는데…… 지금은 왕십리 고루한 원룸에서 돈 몇천 원에 쩔쩔매며 사업한다고 방방곡곡 영업을 다니다니…… 그리고 매번 실패라니…….'

그 시절 저는 동전을 모았고 동전이 3,500원이 되면 한양대 정문 앞에 있는 수제 버거집에 가서 햄버거를 단품으로 하나 사 오기도 했습니다. 500원짜리 7개면 좋을 텐데, 100원짜리, 심지어 50원짜리도 가끔 껴 있어서 정문까지 가려고 언덕을 넘을 때면 주머니에서 계속 동전 소리가 나던 기억이 나네요.

그 동전 소리가 제게 준 무언의 메시지는 바로 '현실을 냉정하게 바라보고 그 누구의 탓도 하지 말라.'라는 것이었습니다. 탓을 하는 일에도 에너지가 쓰이고 계속 탓할수록 부정적인 방향으로 생각이 흐릅니다. '다 쟤 탓이다, 난 잘못한 게 없는데 누구 때문이다.' 이렇게 사고가 흐르면 스스로의 발전에 전혀 도움이 되지 않습니다.

감정의 기름기를 쫙 빼고 그 어떠한 것에도 책임을 돌리지 않으며, 본인이 처한 현실을 냉정하게 바라보는 것. 이것이 최우선입니다. 이런 감정 훈련이 숙달되면 이제 무엇을 해야 할까요?

자기가 잘하는 걸
더 잘하자

저는 그 답을 대학 때 전공이던 경제학에서 찾았습니다. 모든 것을 관통하는 완벽한 학문은 없지만 그래도 경제학이 살면서 유용한 이유는 가끔 삶의 전략을 세우는 데 유용한 개념들을 말하기 때문이라고 봅니다. 그중 하나가 바로 '우위(優位)' 개념입니다. 즉, 본인이 남들보다 '비교 우위'에 있는 분야에서 놀아야 한다는 것입니다.

어린 시절이어도 좋고 몇 년 전도 좋습니다. 어느 특정 과거 시점부터 여러분의 인생을 잘 떠올려 보세요. 남들과 같은 시간을 투입했는데 본인의 성과나 결과물이 더 좋은 분야들이 있지 않았나요(없다면 지금에라도 빨리 찾든가 기억의 시계추를 더욱 오래전으로 되돌려야 할 것입니다). 남들보다 비교 우위에 설 수 있는 분야는 한 사람당 많아야 2~3개 이하라고 봅니다. 명심하세요. 남들과 같은 노력과 시간을 투입한 것 같은데 본인의 성과물이 더 좋았던 분야가 무엇인가요? 혹은 아무런 준비 없이 모두가 시작한 건데 본인이 더 잘한 게 있지 않았나요?

이러한 분야를 빨리 찾아야 하고 그때부터는 그 분야에서 집중적으로 '놀아야' 합니다. 잠도 거기서 자고 먹는 것도 거기서 해결해야 하죠. 쉬운 말로 하면 잘하는 걸 더 잘해야 하는 것입니다(저는 애들이 좀 크면 '잘하는 걸 더 잘하자'를 가훈으로 삼을까 합니다).

고등학교 때 친했던 친구 S가 있습니다. 이 친구는 손재주가 정말 좋았습니다. 미술 시간이었습니다. 한 달에 걸쳐 작은 목재 탑을 만드는 수행평가가 있었습니다. 저는 아무리 해도 그 탑을 잘 만들 수가 없었습니다. 깨끗하게 잘리지도 않았고 붙이는 건 더 어려웠습니다. 하지만 친구 S는 이미 미술 시간 첫날 50분 만에 진도를 다 완료하여 미술 선생님이 "넌 이 정도면 됐으니까 다음 시간에 만들 걸 먼저 만들고 있어라."라고 말할 정도였습니다. 옆에서 그 친구를 보며 그때 저는 우위와 열위의 개념을 뼈저리게 느꼈습니다.

그래서 당시 저는 그 친구와 일종의 거래를 했습니다. 친구의 학원 수학 숙제를 대신 해 주고 그 친구는 제 미술 시간 탑 모형을 만드는 데 큰 도움을 주었습니다. 그래서 정확히 똑같은 2개의 탑이 만들어졌습니다.

여기에 바로 삶의 노하우가 있다고 생각합니다. 우리는 각자가 비교 우위가 있는 영역에 집중해서 사회로부터 얻는 결과물을 극대화해야 합니다(보통, 자본주의 사회에서 그 보상은 돈이겠죠). 그리고 반대로 본인이 열위에 있는 분야는 타인에게 적당히 아웃소싱해서 도움을 얻어야 합니다. 같은 시간당 그 일을 그 사람보다 더 잘할 수 없기 때문입니다. 내가 일정 보상을 그에게 주고 그는 그가 잘하는 것을 나를 위해 하는 동안 저는 시간을 아낄 수 있습니다. 그렇게 확보한 시간에 본인이 잘하는 걸 더 잘할 수 있도록 노력해야 합니다.

인간은 한없이 간사하다

공기가 좋을 때면 가끔 근처 공원에 조깅을 하러 나갑니다. 나가 보면 일단 대부분의 사람들은 걷고 있는 것을 알 수 있습니다. 분명한 것은 뛰는 사람들은 극소수라는 점이죠. 그런데 다소 웃긴 점을 발견했습니다. 한 사람이 엄청 열심히 뛰기 시작하면, 그를 본 사람들 중 약 10%는 몇 초 뒤 뛰기 시작합니다. 그리고 천천히 뛰던 사람들도 20~30%의 확률로 속도가 빨라지는 것입니다.

이래서 마라톤에서 페이스 메이커를 쓰는가 싶기도 했습니다. 저도 고2 때 교내 마라톤 대회가 있었는데, 그때 제 목표는 50등 안에 드는 것이었습니다.

재학생과 교직원 거의 대부분이 참여해서 인원도 많았지만, 제 목표를 달성하는 데 있어 가장 큰 문제는 체대를 준비하는 3학년 선배들도 뛴다는 것이었습니다. 일단 마라톤 전교 50등을 목표로 잡고 3개월 전부터 동네 운동장을 뛰며 나름 특훈에 들어갔습니다. 대회를 코앞에 두고 저는 어느 정도 자신감이 올라온 상태였습니다. 그러나 실전 대회는 제 예상과 많이 달랐습니다.

혼자 운동장을 뛸 때는 전혀 예상치 못했는데, 마라톤 대회의 시작 총성이 울리자, 몇몇 장난치려는 친구들이 전력 질주를 시작해서 500m 정도를 달려 나갔습니다. 제가 생각하는 마라톤의 초반 분위기와 매우 달랐던 것이죠. 이때 웃으면서 그들을 잡으려고 뛴 애들은 다 중도에 탈락하고 학교로 돌아갔습니다. 저는 출발 전 한 친구와 모종의 계약을 했는데,

"일단 절반까지 같이 뛰고 그 다음엔 알아서 뛰자."

라는 것이었습니다. 그런데 문제는 또 있었습니다. 중반이 넘어가자 연습과 실전은 다르다는 점을 또 한 번 깨달을 수 있었습니다. 나는 평지 운동장만 10바퀴씩 뛰었는데 실제 대회는 언덕이 많았고, 연습할 때는 주로 밤에 뛰었는데 대회는 햇빛이 강한 낮이라는 점이었습니다.

정말 포기하고 싶었고 50등은 무슨…… 500등 정도 할 것 같았습니다. 그때 당시 옆 반 담임 선생님(국어 담당)이 진짜 꾸준한 페이스로 계속 뛰고 있음을 발견했습니다. 속도는 정말 딱 봐도 느려 보였는데, 어차피 완주를 못 할 것 같으니 저 선생님 페이스에 맞춰 같이 뛰어 완주나 하자 하고 마음을 고쳐먹었습니다. 당시 저랑 같이 뛰고 있던 친구는 이미 사라진 뒤였습니다.

그렇게 그 선생님이 왼발을 내디디면 몇 미터 뒤에서 저 역시 왼발 내딛고 그렇게 그 선생님 발만 보고 뛰었습니다. 그러다 보니 거의 도착지인 학교에 다다랐는데, 이때도 좀 놀란 점은, 체력이 남았던 사람들이 뒤에서 엄청 빠르게 치고 올라오기 시작했다는 것이었죠. 이것이 마라톤과 인생의 비슷한 점입니다. 경기 막바지에 다다르자 초반에 무리했던 사람들은 떨어져 나가고 전략을 후반 스퍼트로 세웠던 무리들이 빠르게 뛰기

시작했습니다. 그래서 막판에 순위가 많이 바뀌었습니다.

저는 결국 50등 근처인 56등 정도로 들어왔는데 놀란 점은 들어와 보니 상당히 많은 친구들이 웃으면서 결승선에 기다리고 있었습니다. 뭐지? 알고 보니 그들은 대부분 일찍 마라톤을 포기해 버렸던 것이었습니다. 애초에 대부분의 반 친구들이 이 대회에 죽자 사자 뛰려는 애들이 없었다는 것입니다. 당시 많은 것을 느꼈습니다. 정리하면 아래와 같은데, 삶의 다른 영역들과 많이 유사합니다.

1. 정말 간절히 준비하는 애들은 많지 않음

2. 준비하면 승산을 걸어볼 만함(여름방학 때 나름 혼자 훈련한 게 효과 있었음)

3. 초반에 너무 달리면 바보 됨

4. 페이스 메이커가 있으면 좋음(그냥 한 명 정하자, 자신보다 빠른 사람으로…… 걔 보고 뛰면 됨)

5. 막판에 순위가 많이 바뀜(진짜 막판까지 가야 등수 알 수 있음)

6. 그런데 제일 중요한 점…… 세상에는 애초에 강한 사람들이 존재한다는 것

시상식 때 체대 준비하는 3학년 선배들을 제치고 최종 등수 3위 안에 든 사람이 있었습니다. 그가 유일한 고2였다는 것도 놀라웠지만 제일 놀라운 점은 그 친구가 무려 '실내화'를 신고 마라톤을 뛰었다는 점이었습니다. 그래서 나중에 물어봤습니다.

"너 연습 많이 했어?"

그때 돌아온 친구의 대답이 아직도 기억납니다.

"일주일 전부터 동네 찜질방 가서 거기 있는 러닝 머신 뛰었어."

사실 그 친구는 태생적으로 체력이 강한 친구였습니다. 그러니 학교에

서 신는 흰 실내화를 신고 뛰어도 3등을 할 수 있었겠죠. 그때 전 깨달았습니다. 원래 유전적으로 강한 사람이 약간의 노력만 더 하면 평범한 사람의 노력을 '그냥' 이긴다는 것을 말이죠. 그렇다고 평범한 사람이 노력을 게을리하면 안 되겠죠?

원래 강한 사람들, 원래 타고난 사람들이 노력까지 하면 막기가 힘듭니다. 그래서 그들의 성공을 인정하고, 나는 나의 길을 가는 것이 첫 번째로 현명한 방법이겠고요. 두 번째로는 내가 바로 그 '원래 강한' 분야에서 활동하는 것입니다. 이 두 가지를 적당히 믹스하면서 살면 비교 우위가 있는 분야에서 남들보다 우위를 점하며 살 수 있을 것입니다.

좋을 땐
모두가 다 좋지

좋은 시기에는 모두가 다 행복하고 나쁜 일이 없으며 분위기도 좋습니다. 사람 관계가 그렇고, 주식, 부동산 등 각 자산 시장도 마찬가지입니다. 문제가 발생하는 시기는 상황이 삐그덕거리고 안 좋아지는 때입니다.

저는 결혼과 투자도 비슷하다고 생각합니다. 몇몇 구독자분들이나 주변에서 자주 하는 질문이 "지금 제가 결혼을 앞두고 있는데 결혼 전에 해줄 수 있는 조언은?"입니다. 제가 결혼 분야의 전문가는 아니지만 다음의 말만큼은 한번 생각하고 가야 한다고 사료됩니다.

"최악의 상황을 둘이 같이 겪은 적이 있느냐."

결혼의 웃기고 잔인한 점은 대부분 좋을 때 두 남녀가 만난다는 점입니다. 대개 직장 잡고, 돈도 좀 모으고 피지컬도 나쁘지 않고 건강도 좋을 때 만납니다. 근데 살면서 최악, 극한의 상황은 살면서 반드시 오게되어 있습니다. 언제까지나 인생이 계속 상승 추세일 것 같습니까? 그렇지 않습니다. 자의든 타의든 연전연패를 당하는 시기가 올 수도 있습니다. 그래서 (말이 조금 이상하긴 하지만) 둘이 극한 상황에서 서로의 본모습을 보지 않았다면 결혼은 한 번 더 생각해 보는 게 낫다고 조언합니다. 왜냐하면 살면서 언제든지 위기가 올 수 있기 때문에 미국 은행들처럼 자체적으로 금융 위기를 대비한 스트레스 테스트를 해야 한다고 생각합니다. 나와 상대방은 힘든 시기에 어디까지 견딜 수 있나? 이런 것 말입니다.

기업 투자도 마찬가지입니다. 전체적인 경기가 좋지 않을 때 그 회사의 영업 이익 추세가 어땠는지 반드시 파악해야 합니다. 두 번째로 전체적인 주식 시장이 좋지 않았을 때 그 회사의 주가 흐름이 어땠는지 파악해야 합니다. 흔들림 없는 회사에 투자하는 것이 좋다는 말은 너무나 당연해서 지면이 아까울 정도입니다.

제가 내린 결론은 간단합니다. 경기에 크게 상관없이 돈을 꾸준히 버는 기업들이 있습니다. 보통 소비재들을 팔더군요. 경기와 연동이 강하게 되는 산업에 속하지 않습니다. 그리고 주식 시장 전체가 빠질 때도 주가가 크게 흔들리지 않는 주식들은 대부분 '현금 흐름'이 좋은 비즈니스를 하고 있었습니다. 그런 만큼 항상 투자 전에 '어느 산업에 속해 있는가'와 '이 회사의 현금 흐름이 좋은가'를 반드시 판단해야 할 것입니다.

우리가 가까이해야 할 사람

어제 있었던 프리미어 리그 경기에서 2골을 넣은 손흥민 선수가 인터뷰를 하는 영상을 오늘 보았습니다. 계속 '러키(lucky)'라는 표현을 쓰면서 다 운이 좋았다는 식으로 이야기를 하자, 영국인 기자가 "왜 항상 운이 좋았다고 이야기하죠?"라고 물었습니다. 손흥민 선수의 대답은 "운이 좋았기 때문에 좋았다고 말하는 것입니다."였습니다.

세계적인 축구 선수조차 진심으로 '운' 때문에 오늘 경기가 잘 풀렸다고 이야기하는 만큼, 우리는 생각보다 인생이 '운'에 의해 상당히 좌우된다는 사실을 어느 정도 인정해야 할지도 모릅니다. 비슷한 실력과 환경에 있는 두 사람이라 할지라도, 순간적인 '운'에 의해 서로의 미래가 많이 좌우되는 것을 알 수 있습니다. 특히 프로 운동 선수들의 경우 "불의의 부상으로 인해……." 이런 기사나 인터뷰를 많이 보는데, 그 말은 즉, 지금 엄청 잘 나가는 프로 운동 선수들도, 예를 들어 NBA의 스테판 커리나 르브론 제임스도 20대 초반에 다리 골절상이나 더 큰 부상을 당했으면 지금의 커리어는 없었을 것이란 점입니다. 그리고 위대한 선수가 될 수 있었던 자질과 능력을 갖고 있던 사람들도 프로 초기에 당한 심각한 부상으로 우리들의 기억 속에서 사라진 경우도 발생합니다.

즉, 노력은 기본이고 결과를 결정하는 대부분은 운이라고 봅니다. 그러면 모든 걸 운에 맡기고 자포자기의 심정으로 살아가면 되느냐? 아닙니다. 이 부분에서 저의 생각은 이렇습니다. 그 운은 컨트롤하기가 매우 힘들기 때문에 운에만 모든 것을 맡기면 안 되며 우리가 컨트롤 가능한 것들에 집중해야 합니다. 따라서 우리는 주변을 불운보다는 운이 터지는 곳, 운이 터질 수밖에 없는 환경으로 조성하는 것이 중요합니다. 저는 이것이 간단하게 '사람' 문제라고 봅니다. 운이 터지는 환경으로 만들기 위해서는 당신의 주변을 둘러싼 사람이 좋아야 합니다. 인(人)프라가 좋은 사람이 운이 잘 터지는데 투자 쪽에서도 마찬가지입니다.

그래서 저는 '잘/꾸/간' 조건을 설정했습니다. 잘생기고 꾸미고 간지나는 사람이 아니라, 잘되고 꾸준하고 간절한 사람과 친하게 지내자는 것입니다. 주변에 투자든 사업이든 자본주의 시스템 내에서 잘된 사람들을 만나보니, 잘되는 사람들이 계속 잘될 확률이 높아 보였습니다. 마치 관성의 법칙이 있는 듯합니다. 갑자기 매번 실패하던 사람이 대박이 터지는 경우를 거의 보지 못하였습니다. 대부분 잘되는 쪽이 계속 잘되고, 안 되는 쪽은 그 원인을 고치지 못해 줄기차게 시도만 하다가 녹아웃되는 경우가 많더군요.

그렇기 때문에 우리는 각자가 운이 터지는 곳으로 가야 합니다. 그러기 위해서는 첫째, 사람 보는 눈을 길러야 합니다. 이는 장기적으로 잘되어 왔으면서 자기가 하는 본업에 꾸준하고 간절함까지 겸비된 사람들을 의미합니다(물론 이런 이들은 극소수입니다). 두 번째는 그런 사람들을 만나기 위해서는 본인 스스로 역시 그 정도의 실력과 레벨을 갖춘 사람이 되어야만 합니다. 동등하지 못한 위치에서 일방적인 도움만 얻으려고 접근하는 사람은 그 누구도 좋아하지 않습니다. 본인이 10이라는 도움을 주변 지인들에게 줄 수 있는지를 먼저 반문해 보고 그 후에 그들에게 10의 도움을 기대해야 할 것입니다.

상상과 믿음이 필요하다

제 주변 중 멘탈이 거의 탑급으로 좋은 친구이자 저보다 몇 배 많은 순자산을 가지고 더 훌륭한 주식 투자 실력을 가진 한 친구가 있습니다. 그가 얼마 전 이렇게 말했습니다.

"인간이 다른 동물들과 다르게 번성할 수 있었던 가장 큰 이유는 인간의 상상과 믿음 때문이다."

생각해 보면 우리 인간은 치타만큼 빨리 달릴 수도 없고, 물소처럼 힘이 세지도 않습니다. 그러나 혹독한 야생에서의 생존 경쟁에서 살아남았습니다. 많은 이유들이 있을 수 있겠으나, 저는 친구의 저 분석에 전적으로 동의합니다. 인간은 번성과 번영을 위해서 주어진 현실에 안주하지 않고, '상상과 믿음'을 활용해 앞으로 나아갔습니다. 현 인류는 오늘 사냥이 비록 실패했어도 내일 아침에는 훌훌 털고 '사냥에 성공할 것이라는 상상과 믿음'을 갖고 사냥을 나갈 수 있었던 원시인의 후예일 확률이 높습니다. 왜냐하면 그렇지 못하고 사냥 실패에 낙담하여 다음 날 사냥을 나가지 못했던 원시인들은 생존 경쟁에서 뒤처졌을 확률이 높기 때문이죠.

투자는 원시 시대로 치면 용맹한 사냥 활동이자, 농작물 및 과일 등을 재배하고 수확하는 행위와 유사합니다. 현재 상태에만 입각해서는 현명한 투자 결정을 내릴 수가 없습니다. 내일 그리고 더 나아가 미래를 봐야 합니다.

지금 당장에는 우리 손에 없지만, 미래에 우리 손에 들릴 영양분 가득한 과일, 혹은 사냥한 고기를 떠올리며 우리는 내일도 앞으로 나아가야 합니다. 주식 투자도 마찬가지로 일시적인 평가 손해는 얼마든지 있을 수 있습니다(사냥에 실패, 과일 채취에 실패는 언제든지 가능). 그러나 오늘의 낙담을 뒤로하고 우리는 다가올 내일을 봐야 합니다. 즉, 기업 스토리에 큰 변화가 없다면 주가의 변동성에 일희일비해 매도하기보다는 오히려 더 사야 할 수도 있습니다.

개인적 경험상, 부정적인 성격보다는 긍정적인 성격이 투자에 유리합니다. 너무 오늘만 바라보는 현실적인 사람들보다는 다소 상상력이 좋은 사람들이 투자를 잘해 왔고 잘하고 있는 것이 사실입니다. 기업의 오늘만 보지 마시고 다가올 가까운 미래(1~2년)의 변화를 한번 생각해 보시면 주식 투자 타율이 높아질 것입니다.

애자일 경영을
삶에 접목하자

제 주변에는 현명한 원탁의 위원회 멤버들이 있습니다. 그들 자신은 그들이 원탁의 기사들인지 모르며 서로 알지 못합니다. 제 마음속에서 저 혼자 칭하는 '원탁의 기사들'이기 때문입니다. 이들은 각자 분야에서 강점과 장점이 있는 제 주변 지인들로 구성됩니다. 제가 인생에서 중요한 선택이나 결정을 내려야 할 시기에 그들과 1:1로 면담을 하고, 그 조언들을 선택에 적극 반영합니다.

최근, 현명한 원탁의 위원회 멤버 중 한 명이 제게 '애자일(Agile) 경영'의 개념에 대해 설명해 주었습니다. 이를 투자에 접목시켜도 좋을 것 같다는 아이디어와 함께 말입니다.

접목에 들어가기 그 이전에, 요새 정말 절감하는 것 중 하나가 일단 우리가 어느 정도는 체면을 버려야 한다는 점입니다(이 점을 먼저 체크하고 가야 애자일을 삶에 녹이기가 쉽습니다). 좀 편한 말로는 우리가 살면서 내려놓을 때는 좀 내려놓을 줄 알아야 한다는 점입니다. 조선 시대 때부터 지속된 건지는 모르겠는데, 우리는 계속 펜(=붓)으로 승부하려 하고, 남에게 보여지는 타이틀, 겉보기와 체면을 중시합니다. 한마디로 '쪽(면)을 중시하는 DNA를 버려야 한다.'는 생각이 듭니다.

체면을 중요시하는 것의 문제점은 바로 유연해지기 쉽지 않다는 점입니다. 그런 취지에서 이 '애자일(Agile)'의 개념은 인생에 접목시켜볼 만하죠.

애자일은 한마디로 '짧게 짧게 가는 것'입니다. 대한민국 사회는 어느정도 성숙화된 사회가 되었습니다(저는 이 기점을 2010년 전후로 보고 있습니다). 좋은 표현으로 했을 때 '성숙화'이지, '고착화'로 바꿔 볼 수도 있다고 생각합니다. 따라서 삶의 난이도가 올라가고 있습니다. 한 번에 빅픽처를 그리기 힘든 사회로 가고 있으니 그래서 짧은 주기의 반복 실행을 통해 변화에 적극적으로 대응하는 전략을 펴야 합니다.

'Agile'

심사숙고해서 한 번에 100% 완성품이나 서비스를 만든다고 생각하지 않는 것입니다. 걸작을 한 번에 만들어 내겠다라는 생각보다는 끊임없이 프로토 타입을 만들어 테스트해 보고, 그 과정에서 주변 환경이 필요로 하는 니즈를 수시로 반영해서 작품을 수정해 나가는 것입니다. 저는 이 전략을 기업 경영 전략뿐만이 아닌 우리들의 삶이나 투자에 접목 시 큰 효과를 낼 것이라 확신합니다.

왜냐하면 금융 시장은 말할 것도 없고, 우리를 둘러싼 모든 환경적 변화가 급격해졌습니다. 기술은 물론이고 정치적 상황, 사회적 트렌드도 빨리 바뀝니다. 따라서 시간이 지날수록 앞날에 대한 예측은 더욱 어려워지고 있고, 3년, 5년, 10년 이렇게 중장기적 플랜을 세워도 그대로 흘러갈 확률이 제로에 가깝습니다. 어차피 현재 기준에서 완벽한 기준과 목표를 세워 봤자 환경, 즉 주어지는 값들이 계속 변동합니다. 그래서 일단 작게 시작하고 계속 상황을 주시하며 때로는 새 시나리오를 적용해 가면서 결과를 최적의 방향으로 몰고 가야 합니다.

최근 저의 투자 방식에도 애자일을 도입하여 조금 변화를 주고 있습니다. 기존에 해 왔던 제가 이해 가능한 소수(5개 이하)의 기업에 대한 집중 투자 방식은 변함이 없지만 이 안에서도 애자일 방식을 도입하고 있습니다. 그리고 이는 제 전체적인 삶의 전략에서도 마찬가지입니다.

How? - 투자 측면

포트폴리오의 운영 방식에 있어 '시기'에 변화를 주는 것입니다. 예를 들어, 한 번에 다 사지 않고 더 잘게 쪼개서 주식을 사는 것입니다. 예전의 저는 어느 기업의 주식을 공부한 후 모든 것이 확실해지면 매수를 시작했습니다. 하지만 그렇게 하다 보니 기회를 놓칠 때가 많았습니다. 애자일 방식을 도입한다면, 일단 초기에 어느 정도 느낌이 오면 '미리 주식을 매수해 두고' 그 이후에 본격적인 기업 공부를 하는 것입니다. 이렇게 되면 좋은 주식을 놓칠 위험이 줄어들고 공부할 시간도 벌 수 있게 됩니다. 그리고 무엇보다 주식을 사 두고 공부하는 것과 사지 않은 상태에서 공부하는 것에는 간절함의 차이도 있으니 일석이조입니다.

How? - 삶의 측면

저는 요새 의도적으로 한 번에 완벽하게 시도하려 하지 않으려 합니다. 그냥 일단 시도해 보는 것입니다. 유튜브를 예로 든다면, 유튜브 관련 책을 10권을 읽고 인터뷰를 50건을 찾아보고 수십만 원의 장비를 맞춘 뒤 '자, 이제 유튜브를 시작해 볼까?'가 아니라 갖고 있는 휴대폰으로 한번 찍어서 간단히 편집 후 업로드해 보는 것입니다.

살면서 한 번의 공격 혹은 선택으로 경기를 끝내려는 욕심을 버려야 합니다. 인생은 한 방이라는 말도 있지만, 그 한 방이 있기 전까지 수많은 잽과 수많은 스텝과 훈련이 있다는 것을 우리는 잊지 말아야 할 것입니다. 애자일 방식을 통해 작게 시도하고 추이를 계속 면밀히 추적하면서 유연하게 대응하는 사람만이 인생과 투자라는 경기를 승리로 이끌 것입니다.

작가의 말

현재 우리가 살고 있는 시스템은 자본주의 시스템이다.

이 자본주의에서 제일 중요한 것은 무엇일까?

경제학에서는 '생산(production)'을 꼽을 수 있다.

우리는 무언가를 생산해 내면서 삶을 영위해 가고 있다.

유튜버들은 콘텐츠들을 생산하고

기자들은 기사를 생산하고

아이돌 그룹은 노래와 퍼포먼스를 생산한다.

J.K. 롤링은 해리포터의 세계관을 생산함으로써

아기 신발도 못 사 주는 형편에서 현재는 성을 가진 사람이 되었다.

토지, 노동, 자본

이 세 가지를 생산의 3요소로 보는 데에는 이견이 없다.

토지는 직관적으로 땅이다

농경 사회 때부터 땅을 가진 자는 권력을 가졌다.

현대로 오면서 점점 그 중요성이 약해진 듯하나

소수의 희소성이 있는 지역들의 지가는 끝없이 올라가고 사람들은 그곳으로 몰려든다.

노동

우리가 학창 시절 때부터 꾸준히 훈련받아 온 분야이다.

개개인의 시간과 노력을 투입해야 한다.

제로 베이스에서 노동 없는 부의 창출은 허상이라고 믿는다.

즉, 노동이 뒷받침되지 않는 상황에서

토지와 자본만으로 부자가 될 거라고 믿어서는 안 되며

그런 말을 하는 사람들은 높은 확률로 믿고 걸러도 된다.

자본

인적 자본이란 말을 많이 들어 보았을 것이다.

인적 자본이 있으면 비인적 자본도 있을 것이다.

또한 신문이나 뉴스에서 사회 간접 자본이란 말도 많이 들어 보았을 것이다.

그만큼 자본은 우리 가까이에 있다.

자본은 무엇인가?

토지와 노동이 있다 하더라도 자본이 투입되지 않으면 진정한 생산이 이루어질 수 없다.

생각해 보면 매우 간단하게 이해할 수 있다.

자본이 뒷받침되어야지만 토지 위에 생산 시설을 세우고 그 안에 노동자를 고용할 수 있다.

현대 사회에서는 기업이 생산의 주체로 등장하기 시작했으며 그 기업의 지분이 잘게 쪼개져서 '주식'으로 거래되기 시작했다.

즉, 주식을 사는 것은 해당 기업이 이미 소유 중인 인적 자본과 비인적 자본을 간접적으로 소유할 수 있는 길인 것이다.

얼마 전만 하더라도 한없이 더운 여름이었는데
이 글을 쓰는 현시점에서는 기온이 영하 10도에 가까워졌다(2020년 1월).
우리나라는 사계절이 순환한다.
한국 주식 시장도 사계절과 비슷하게 여러 경기 순환주들로 이루어져 사이클에 따라 순환하고 있다.

현재 한국 주식 시장의 분위기가 좋지 않지만, 이 사계절 속에 분명 기회가 있다고 믿는다.
그렇게 대학교 때부터 투자를 10여 년간 해 왔다.
나는 성공한 유명 펀드 매니저도 아니고 막강한 이론으로 무장한 교수도 아니지만 한 개인으로서 직접 투자를 하면서 느꼈던 것들을 기록하려 했다.

학생 때 직장인이 되기 싫다며 사업을 하면서, 사업이 쉽지 않으니 직장인이 되고 싶다며 취업 준비를 하면서, 직장 생활을 처음 시작하면서, 그리고 회사를 그만두면서 과거 10년간 많은 심경의 변화가 있었다.

그렇게 2000년대 말부터 현재까지 10여 년간 내가 느꼈던 자본주의에 대한 여러 가지 생각들을 정리해 보았다.

이 책이 단순 투자 관련 책이 아니라 여러분의 성공적인 '인생'에 도움을 주는 책이었으면 좋겠다.

많은 시간이 흘러 여러분이 돌아봤을 때
'아, 그 책에서 그 아이디어만큼은 정말 좋았다.'
이 정도로만 기억된다면 나의 소망은 이루어진 것이다.

2020년 1월의 어느 날

오정훈(오박사)

생 존 더 하 기

다시 보는 '내가 주식을 사는 이유'와
'자본주의 생존 공략집'

얼마 전까지의 나는 미래 예측을 중시하지 않았다. 미래를 정확히 짐 작하기도 힘들뿐더러 예상이 적중한다 해도 예측에 쏟은 노력만큼 이익 이나 보상을 얻지 못한다고 보았다.

요새는 생각이 변했다. 나름의 미래 예측 없이(설령 틀릴지라도), 그저 흘 러가는 대로 살다 보면 나쁜 미래가 주어져도 그대로 받아들일 위험이 있다. 따라서 먼 미래까지는 아니어도 가까운 시점까지는 어떤 풍경이 펼쳐질지 생각해 봐야 한다.

2021년 시점에서 내가 보는 가까운 한국의 미래는 어떨까. 가감없이 써 보자면, 기존 중산층은 서민으로. 원래 서민은 수급자로 가는 상황이 올 수 있다고 생각한다. 너무 사회를 계층별로 바라보는 게 아니냐고 반 문할 수도 있겠지만, 올더스 헉슬리의 '멋진 신세계'를 읽은 직후라 그럴 수도 있으니 양해를 부탁한다.

그렇다면 원래 잘 살던 상류층은? 그들은 더더욱 천상계로 날아갈 것 같다. 초기에는 다수의 부러움, 질투, 시기를 받겠지만 어느 수준이 넘어 가면 아예 관심 영역 밖으로 사라질지도 모른다.

2020년 중반 이후 현재까지, 대부분의 음식점들은 역병으로 인해 문을 달았고, 어떤 음식점은 배달 서비스로 간신히 매출을 메우고 있다.

하지만 내가 아는 서초구의 한 음식점은 '사장님은 배달 안 하세요?'하고 여쭤보니 '안 해요.(안 해도) 사람들이 와서 테이크아웃 다 해 가요.'라는 답이 돌아왔다. 인근에서 비슷한 종류의 음식을 팔던 경쟁자들의 대부분이 1년 만에 사라져 오히려 더 희소성을 가지게 된 곳도 있다. 사람들이 스스로 찾아와서 포장해 가는 음식집도 있다. 굳이 배달 플랫폼을 이용할 필요가 없는 것이다.

언론에서는 빌딩 공실이 많아졌다는 기사를 연일 쏟아 내고 건물주들은 이제 큰일 났다라는 댓글들이 베스트 댓글로 상단을 차지한다. 하지만 내가 아는 건물주들은 오히려 이참에 건물 포트폴리오를 전면 교체하고 있다. 미뤄 왔던 리모델링을 하거나 아예 허물고 신축을 하는 경우도 있다. 1,2층을 비워 두고 맘에 드는 업종이 들어올 때까지 시간과의 싸움에 돌입한 건물도 있다(엄밀히 보면 그들에겐 싸움도 아니다). 그런데 언론에는 이게 '상권 붕괴'로 보도된다.

현금은 풀리고 있는데, 통화유통속도가 낮아짐에 따라 어딘가에 그 돈들이 소위 말해 '짱박혀' 있다. 그 많던 돈들은 어디로 갔을까? 돈은 풀렸는데 이상하게도 '돈은 나만 없어!'라는 이 역설적인 말이 모두에게 통용되기 시작했다.

자산 인플레는 기존의 자산가들을 더욱더 자산가로 만든다.

솔직히 쓰자면, '내가 주식을 사는 이유'나 '자본주의 생존 공략집'을 썼던 2017~2019년 초보다 지금이 더욱 무섭다. '자본주의 생존 공략집' 내용 중에 '인플레이션을 '이해'해야' 라는 소제목이 있었다.

이제 와 생각해 보면 그게 과연 이해만으로 될 일이었는가 싶다. 이해를 넘어 실행에 옮겨야 했고, 견뎌야 했고, 더 앞으로 나아가 목숨을 걸어야 할 문제였다(최소한 2017~2019년에는 벼락거지라는 말은 존재하지 않았다).

먼 훗날, 나와 당신은 생존자로 기록될 것인가, 아니면 낙오자로 기록될 것인가?

"오박사님, 그것은 너무 이분법적 사고 아닌가요?"라고 내게 물을 순 없을 것이다. 이미 3~4년 만에 너무나 많이 갈려 버렸다.

1) 자산을 들고 있었던 그룹과 안 들고 있던 그룹
2) 그리고 자산을 들고 있었던 그룹 중에서도 좋은 자산을 갖고 있던 그룹과 나쁜 자산을 갖고 있던 그룹
3) 좋은 자산을 갖고 있던 그룹들 중에서도 자기자본으로 보유한 그룹과 타인자본 (레버리지)으로 보유했던 그룹

결과적 차이가 어마어마하다. 순간의 선택이 미래를 결정하는 게 아니라, 바로 몇 달 뒤와 올해를 결정하고 올해는 내년을 결정한다. 내년은 향후 2~3년을 통째로 결정짓는다. 그 차이의 폭은 시간이 흐르면서 점점 더 커져만 가서 초기의 선택이 불러오는 나비효과가 점점 거대해지고 있다. 그래서 오늘이 제일 중요하다.

나는 "좋은 주식을 사 놓고 잊어야 한다"는 말에는 크게 동의하지 않는다. 그것은 정말 인사이트가 있는 극소수의 사람들에게만 해당된다. 나는 그렇게 기업과 사회의 미래를 정확히 예견할 능력이 없다. 사놓고 잊어 버리라는 말은 투자실패, 패배를 인정하지 않는 사기꾼들의 좋은 핑곗거리일 수도 있다. 적어도 나에게는 사 놓고 잊어버려도 되는 자산은 세상에 없다.

'자본주의 생존 공략집' 같은 경우에는 2019년도에 주로 썼으며, 책은

2020년 2월경에 나왔다.

그리고 거짓말같이 코로나 역병사태가 터졌으며 3월, 대대적인 폭락장이 왔다. 코스피 1,500포인트가 빠른 기간 안에 깨졌다. 당시 블로그를 통해 1,900포인트 때도 사야 한다고 했고 1,600포인트 때도 사야 한다고 (적어도 현금이 없다면 가만히 있어야 한다) 주장했는데 악플들이 달리기 시작했다. 예를 들어 '1,800 때 팔고 1,500 때 샀으면 되는 거 아님?', '일단은 파는 게 더 안전한 거 아닌가? 계속 사라고 하네. 무책임하게.' 이런 글들이었다. 대부분 처음 보는 아이디들이었는데 그런 댓글들을 확인했을 때 솔직히 당시에 내 감정은 흔들렸다. 그러나 감정과 계좌 혹은 감정과 매수·매도 투자판단은 최대한 분리해야 한다는 게 내 방침이어서 나는 감정이 계좌에 스며들지 않게 최대한 주의를 기울였다. 이것이 폭락하는 주식 시장에서 내가 얻은 교훈이다.

두 번째는 '최대한 현실을 보라'는 것이다. 지인과 현대 제네시스 GV80 시승을 마치고 나서 차가 정말 멋있다 생각하며 폰을 확인하니 주식 시장이 폭락하고 있었다. 순간, 자동차는 이렇게 발전했는데, 정말 회사가 망할까, 하는 생각이 들었다. 현실은 그렇지 않은데, 인간들의 심리가 폭등과 폭락을 만들어 내는 게 아닐까? 이 의문은 지금까지도 유효하다.

기업의 실제 가치와 시시각각 움직이는 주가 사이에서의 괴리는 항상 존재하고 있고 그것이 기회다. 이것이 변하지 않는 본질이다.

오박사 투자 노트

한 번에 선택을 잘하려 하기보다 더 중요한 것

유전적으로 타고난 천재형이나 후천적으로 최적의 교육을 받아 완성된 인재형이 아니라면 절대 한 번에 선택을 잘하려 하면 안 된다. 그렇게 하다 보면 큰 한 방을 노리게 되고 이는 실패 시 절대적 회생 불가능을 의미한다. 그래서 투자도 마찬가지지만, 어떤 분야에서든지 나는 처음에는 작게 시도하는 것을 추천한다.

그렇게 해서 해당 단계에서의 실패 패턴, 실수 등을 분석한 뒤 점차 체급과 난이도를 높여 가는 것이다. 하지만 대부분의 사람들이 욕심 혹은 욕망이 앞서 본인의 체급을 한 번에 뛰어넘으려 하고 게임의 난이도를 한 번에 올리려 한다. 투자금 1억을 컨트롤할 수 없는 사람들은 절대 3억, 5억 원을 컨트롤할 수 없다.

화려한 스킬에
중독되지 않기

2020년 6월경, 한 익명의 30대 회사원이 게시판에 글을 썼다.

자기를 중소 프랜차이즈 회사에 다니는 30세라고 하며 세후 월급 270만 원, 대학 중퇴, 자격증 없음으로 본인을 소개했다. 그리고 주식 계좌를 인증했는데, 제로베이스에서 시작해 주식으로 1억 3천만 원 계좌를 만든 이였다. 그가 말했다.

"공부 머리 안 되고 학부 공부로 승부 보다가는 인생 힘들어질 것 같아서 주식으로 올인 중이다. tip : 1억 만들고 투자 시작하지 마라. 투자로 1억 찍어 봐라."

그리고 많은 의견들이 달렸는데, 초기에 주식 투자 공부를 어떻게 했냐는 질문에 대한 그의 답이 인상적이었다.

1. 차트, 화려한 스킬에 현혹되지 마라.

2. 기업만 파고 초반에 책 많이 봐라.

3. 필립 피셔 책 읽어라(본인은 50번 읽었다고 함).

나는 그가 더 큰 부를 이룰 거라고 50%가 넘는 확률로 확신할 수 있다.

확신하는 이유 첫 번째, 그의 말처럼 화려한 스킬(뭔가 정답으로 본인을 인도할 듯한 정보나 스킬)에 혹하지 말고 '기업'에 집중해야 한다. 우리가 주식을 사는 것은 결국 그 기업의 브랜드, 이익 창출 능력 등을 산다는 것인데 당연히 주식 투자에서 기업이 제일 중요하다. 다른 지표들도 물론 투자에 참고는 할 수 있겠지만 기업의 상황이 1순위가 되어야 한다.

둘째, '1억 모으고 투자 시작하지 말고 투자병행해서 1억 만들어 봐라'라는 부분이다. 투자금을 일단 만들고 그때 한번 시작해 보자라는 생각은 다소 위험할 수 있다(정말 동감하는 부분이다). 왜냐하면 공부+실전+투자금 모으기가 병행되어야지 내가 어느정도 체급에 해당되는지 미리 알 수 있기 때문이다(쉽게 말해 깨지면서 배워서 고쳐 나갈 여지가 있다). 하지만 실제로는 2~3천만 원 컨트롤이 가능한 사람인데, 1억을 모으고 1억을 갖고 투자+투자 공부를 개시하면 예상치 못한 변수에 힘들어질 수 있다. 투자금을 만드는 것과 공부, 그리고 실전투자가 같이 가야 한다.

즉, 주식 투자 초기의 진리는 이렇게 요약할 수 있다.

1. 공부 + 실전을 병행해라.
2. 본인의 체급을 조금씩 올려가라.

그는 매일 아침 회사에 출근하면, 회사에서 키우는 개한테 밥 주는 일부터 시작한다면서 불평을 했다. 그러면서도 계속 회사를 다니고 있다. 노동력을 병행해야 하는 점을 그는 넌지시 강조하는 것이다. 요새 나보다 좀 더 젊은 친구들 사이에서 '회사? 돈 벌려고 다니면 안 된다'라는 이상한 말이 있다고 한다. 회사 다녀서 돈 버는 거 아니란 말은 즉, 회사는 2, 3순위고 투자로 대박을 터뜨려서 큰돈을 버는 것이 1순위란 말이 된다. 나는 이 말을 믿지 않는다. 당분간은 맞을 수도 있지만, 그들은 왜 2020년 3월 20~30일 사이에는 그 말을 하지 않았을까? 코스피가 2,000 포인트부터 1,400포인트 때까지 급락하던 그 시즌에, 그 말을 했다면 인정인데 그들은 왜 2020년 추석 이후부터 그런 말을 했을까? 코스피가 2,500포인트를 넘고 2,800포인트, 결국 3,000포인트가 넘으니 그런 말을 하는 게 아닌가? 회사(직장인)로는 돈 버는 수단이 아니라고 한 사람들의 5년, 10년 뒤 모습을 나는 대략 예측할 수 있다.

간단한 생각

1. 2020년 3월말, 나는 누가 패닉에 빠져 주식을 팔아 버렸는지 혹은 일단 현금화하고 기다리라고 했는지 기억하고 있다. 기업의 지분을 팔지 않는 것이 중요하다.

2. 어떤 사람이 가격은 별로 안 중요하고 기업이 중요하니까, 현재 주식가격에 일희일비하지 말고 장기적으로 10년, 20년 묻어 놓으라 했는지 기억한다.

지뢰가 터지는
환경을 세팅하라

인간은 환경에 영향을 많이 받는 동물이다. 굳이 어려운 실험결과나 이론을 언급할 필요도 없다. 어느 대학을 가는지도 중요하지만, 대학교에 입학해서 누구랑, 어떤 그룹이랑 친하게 지냈는지도 중요할 수 있다라는 말에 여러분은 동의하는가? 내가 대학교 1학년 입학하기도 전에 무작위로 신입생 오리엔테이션 조가 정해졌다. 그 이후를 보면, 당연히 같은 조원들끼리 친해지게 되고, 그들끼리 수강신청을 같이하고 (같은 수업을 듣고) 그 조원들끼리 같은 동아리에 들어간다. 그렇게 해서 군대도 비슷한 시기에 가고 비슷한 시기에 복학해서 비슷한 시험이나 취업을 준비했다.

환경을 설정하는 것은 매우 중요하다. 가끔 '하루에 투자 공부 몇 시간이나 하세요?' 이런 질문을 받는데 이게 답변이 정확히 안 된다. 차 타고 가면서 창밖을 보며 여기에 사람이 많네? 여기 뭐가 새로 들어왔나? 이렇게 생각하는 것은 투자에 대한 생각인가 아닌가 참으로 애매하다. 인터넷 커뮤니티에서 어떤 제품이 인기인데, 그 제품을 만든 회사가 어디인지 찾아보는 것은 투자와 관련된 것인가 아닌가? 답 내리기 모호하다.

그래서 수능세대의 병폐답게 하루에 몇 시간 공부해야 되나 같은 요소에 함몰되지 않고, 아예 환경 자체를 투자에 유리하도록 세팅해 놓는 것

이 훨씬 전략적이다. 나 같은 경우에는 종이신문과 잡지를 좀 봐야 한다
는 주의인데, 그러면 꼭 이렇게 내게 반문하는 사람들이 있다. '아니, 인
터넷이나 스마트폰으로 보면 다 나오는데 굳이 종이신문을 구독해야 하
나요? 효율성이 떨어지네요.'

　종이신문을 손 닿는 곳에 가까이 두고 경제 일간지는 크기가 그보다
작으므로 식탁 옆에 둔다. 그래서 시간날 때마다 잠깐잠깐 보는 것이다.
우리가 의외로 쉽게 소비해 버리는 시간이 많아서 중간중간 그런 긍정적
지뢰들을 설치해 두면 그 지뢰들은 여러분의 뇌 속에서 터지게 되어 있
다. 그 지뢰는 터져서 여러분에게 손해를 끼치는 게 아니라, 투자 아이디
어로 이어지게 되고 긍정적 연쇄 작용을 일으킨다. 무심코 읽은 지면 구
석의 작은 기사가 처음에는 지뢰였지만 미래에는 폭죽놀이로 변하게 될
수도 있다. 지뢰의 원재료는 바로 투자에 대한 정보(그것이 기업이든 부동산이
든 상관없다)와 그것과 관련된 여러분의 생각이다. 작은 경제 팩트들, 세상
돌아가는 일들, 그리고 신문지면상의 작은 광고조차도 놓치지 말라(팁 :
정말 시간이 없다면 산업, 금융면을 먼저 읽어야 한다. 국제, 정치면은 후순위다. 이들은 시도
때도 없이 자주 바뀌기 때문이다).

오박사 투자 노트

제게 일해라 절해라 하지 마세요

내게 이래라 저래라 일해라 절해라 하는 분들이 정말 많다. 질문을 가장한 숙제 떠넘기기도 상당한데 가장 난감한 질문 중 하나가 "어디에 투자하면 될까요."처럼 막연한 질문이고 "여유 자금 1억 갖고 있는데 *** 주식 사는 거 괜찮을까요." 식의 질문은 더 힘들다.

첫 번째 질문의 난점, 투자할 곳은 널리고 널렸다(단, 결과는 모름). 두 번째 질문의 난점, 1억이 본인에게 어느 정도 비중을 갖는 금액인지 나는 전혀 알 길이 없고 해당 기업에 대해서 얼마나 아는지도 모른다. 두 번째 질문이 나로서는 2배는 더 어렵다. 쉬운 말로 금융자산이 50억인 사람이 1억 원을 해당 주식에 투자하는 것과 순자산 5억 원인 사람이 1억 원을 해당 주식에 투자하는 것은 위험 자체가 다르다는 얘기다.

반대로 내가 제일 듣기 좋아하는 질문, 아니 듣기 좋다기보다는 이기적으로 봤을 때 나에게도 도움되는 질문, 본인이 A주식을 바라봤을 때 장점은 이러이러한 점 같은데 단점은 이거이거 같다, 오박사님 생각은 어떠신가요? 이런 질문들이다. 모르면 나는 모르겠다 하겠지만, 내가 좀 아는 기업이라면 의견 교환이 가능하다. 이러면서 두 사람의 win-win 전략이 발생하게 된다. 손해 볼 것이 없다.

정말 하나만 잘하면
대학 갈 수 있었을까

주식, 부동산, 사업 중에 하나만 잘하면 된다

이것이 내가 2012~2017년경까지 가지고 있던 생각이었다. 하지만 이제는 주부사(주식·부동산·사업)에서 하나만 잘하면 안 되는 세상이다. 그만큼 정보도 빨라졌고 세상 자체도 가속도가 붙어 더 빨리 변화하고 있다.

그래서 한 옵션이 막히면 바로 다른 옵션에서 활로를 찾아야 하기 때문에 기본적으로 세 가지 옵션 모두에 어느 정도 감을 잡고 있어야 한다. 자본주의의 메커니즘은 종합격투기 UFC와 똑같다. UFC도 형성 초기에는 주종목 1개만 잘해도 챔피언이 될 수 있었고, 그들이 오랜 기간 타이틀을 지켜내기도 했다. 예를 들면, '극강의 타격가, 극강의 레슬러' 등등.

하지만 현재 체급별 챔피언 및 순위권 선수들을 보면 정말 모든 영역에서 골고루 다 잘한다. 주 종목 하나는 최고로 잘하는 건 당연하고, 나머지 영역들도 상당히 잘 보완된 선수들이 많다. 즉, 약점 없는 선수가 챔피언을 한다.

러시아의 하빕 누르마고메도프 선수는 극강의 레슬링 실력을 바탕으로 타격에서도 상당히 준수한 모습을 보인다. 상대편 입장에서는 레슬링 기술을 경계하다가 타격을 허용하게 된다. 그래서 결국 우리도 이런 올라운드 선수가 되어야 한다고 생각한다(주종목 1개 + 나머지도 수준급).

반면, 한계가 분명한 조합은 아래와 같다.

극강의 레슬러인데 타격을 못함 = 준수한 선수를 만나면 한계에 봉착함

극강의 타격가인데 레슬링, 주짓수를 못함 = 레슬러 만나서 바닥에 꽂힘

지금 자본주의 세상과도 많이 닮아 있다. 어느 정도씩 다 할 수 있어야 한다.

예를 들어 주식 투자만 하던 사람이, 실거주 1채를 사고 싶은데 부동산에 대한 지식이 하나도 없다면? 부동산 중개인에 끌려다니거나 말도 안 되는 호가의 매물을 덥석 매수해 버릴 위험이 있다. 혹은 반대의 경우도 얼마든지 성립 가능하다. 부동산 투자를 잘해 오던 사람이, 오른 전세금으로 주식 투자를 결심했다. 그런데 이 전세금은 정말 리스크를 관리해 가면서 보수적으로 투자해야 하는데 말도 안 되는 급등주, 아름다운 희망을 머금은 비싼 주식을 사 버려서 변동성을 견디지 못한다면? 그 결과는 아무리 주 종목 한 가지를 잘했어도 이상한 곳으로 흐르게 된다.

군주론,
그리고 스스로 군주가 되는 법

자신의 군대가 없는 군주는 결코 안전하지 못하다. 자신만의 군대가 없는 군주국은
위기가 닥쳤을 때 자신을 방어할 역량이 없기 때문에 전적으로 행운에 의존해야 한다.

—마키아벨리, 군주론 中

몇 달 전 친구에게 의외의 선물을 받았다. 갑자기 사무실로 책 하나가
온 것인데, 나는 이 책을 주문한 적이 없다. 누가 보낸 걸까? 열어 봤는데
'군주론'이었다. 생각나는 친구가 있어 혹시 연락해 보니 그가 보낸 게 맞다
고 하였다. 그렇게 본의 아니게 고전을 다시 읽게 되었다.

'군주론'에서 마키아벨리는 군주 본인이 직접 컨트롤할 수 있는 군대의
힘을 강조한다. 즉, '자국군'이 중요하다고 강조한다. 자국군이란 군주 본
인이 통치 중인 국가의 백성이나 시민 또는 자신의 부하들로만 구성된
군대를 뜻한다. 그 밖의 경우는 모두 용병이나 원군으로 봐야 한다.

나는 이것을 어떻게 투자에 입각해서 해석했냐면, 투자를 하려는 사람
이라면 자기자본의 소중함을 알아야 한다는 것이다. 자기자본은 주로 본
업을 통한 현금흐름을 토대로 만들어진다. 초기 자기자본일수록 더더욱
그렇다. 그래서 우리는 본업을 소홀히 해서는 안된다. 특히나 나이가 젊

을수록 초기에 자국군을 육성하는 것이 중요하다. 흔히들 착각하는 것이 전투만 잘하면 된다는 생각인데, 전투만 잘해서는 전쟁에서 결코 승리할 수 없다. 전투도 잘해야 하지만 초기에 군대를 육성하는 것이 중요하다.

일본 전국시대의 다이묘(大名) 중 한 명인 오다 노부나가에 관한 책을 읽어도 비슷한 내용이 나온다. 초기에는 작은 오와리 영토에서 시작하지만, 그에게는 믿을 수 있는 소수 병력의 친위대가 있었다. 이런 것이 바로 초기 자국군의 힘이다. 그 힘을 바탕으로 전국 제패의 힘을 모아 간다. 원군이나 용병에 의지하지 않고 말이다.

> 영토를 획득하는 방법에는 타인의 무력을 이용하는 경우와 자신의 무력을 사용하는 경우가 있으며, 운명(fortuna)에 의한 경우와 역량(virtu)에 의한 경우가 있습니다.
>
> ―마키아벨리, 군주론 中

군주론의 제1장에는 '군주국의 다양한 종류와 그 획득 방법들'이라는 매우 중요한 부분이 나온다. 나는 여기서 마키아벨리의 시대를 관통하는 인사이트를 느낄 수 있었다. 난 이것을 아래와 같이 치환해서 생각하였다.

타인의 무력 = 레버리지

자신의 무력 = 현금흐름, 근로소득 등

운명(fortuna) = 아부지 뭐하시노?

역량(virtu) = 인생 개척 능력

운명에 의해 인생이 바뀔 것 같지 않다면 본인의 역량으로 인생을 바꾸어야만 한다.

> 인간에 대한 지배권을 가졌거나 가지고 있는 모든 국가 및 통치체제(dominio)는 과

거는 물론 지금까지도 공화국 아니면 군주국이었습니다. 군주국은 통치자가 몇 대에

걸쳐 오랜 가문으로부터 내려오는 세습 군주국이거나 신생 군주국입니다.

–마키아벨리, 군주론 中

인간에 대한 지배권 = 시간 뺏기와 동의어

현재 시대로 치환하면 토지나 생산 수단(공장, 브랜드 등) 소유

세습 군주국 = 부동산 증여나 지분 증여

공화국 = 공동투자 (지분투자, equity)

한 시대의 통치체제는 이 두 방향 중 하나에 해당하는데 현재 자본주의 사회에서는 저 2가지를 동시에 활용할 수도 있다. 예컨대 세습 군주국 개념으로 부모님한테 부동산을 증여받은 자가, 1가구가 세팅된 상황에서 공동투자(공화국) 개념으로 생산 수단을 확보하는 식이다.

군주는 현재의 문제뿐만 아니라 미래에 일어날지도 모르는 문제에 대해 다분히 경

계해야 하며, 특히 미래의 문제를 예방하기 위해서 가능한 모든 대책을 강구해야 합

니다. (중략) 질병은 초기에는 진단하기 어렵지만 치료하기는 쉬운데 반해서, 초기에

발견하지 못한다면 시간이 흐름에 따라 진단은 쉽지만 치료는 어려워집니다.

–마키아벨리, 군주론 中

마키아벨리가 군주 정신 차리라고 문제 인식을 질병 예방에 비유하는 것에 놀랐다. 질병은 초기에 발견하기 어렵지만 무조건 발견해야 한다. 그래야 치료가 쉬워진다. 나는 저 문장에서 주어(군주)를 자기자신으로 바꾸면 된다고 생각한다.

평범한 사람들이 써 내려간
성공 방정식

 고등학교 1학년 때 집착적으로 내가 가고 싶은 학교에 입학한 사람들의 합격수기를 읽었다. 성공한 사람들이 쓴 것들을 열 개 스무 개쯤 보다 보면 공통된 메시지와 기본 루틴이 있기 마련이다. 그러나 '천재형들의 일반화'는 정말 조심해야 한다. 정말 어느 영역이든 천재형인 사람들이 있다. 원래 강하고 원래 똑똑하고 원래 잘하는 사람들. 공부 영역에서는 원래 사고회로가 논리적이라 시험을 잘 치는 사람들이 있다. 이런 사람들과 시험에서 경쟁하면 필패한다. 운동 영역에서도 원래 강한 사람들, 소위 말해 인자강(인간 자체가 강한) 캐릭터들이 있다. 이런 사람들이 노력하면, 나 같은 일반형들이 어설픈 노력으로 맞붙었다가는 패배의 쓴맛을 보게 된다. 그래서 이런 사람들은 그야말로 '참고'만 하고, 나와 비슷한 사람들이었는데 먼저 성공의 길을 걸어간 그런 사람들의 루트는 '적극 참고' 해야 한다.

 내가 본 평범한 사람들이 이룬 주식 투자에서의 성공 방정식은 간단하다.

1. 내가 잘 아는 기업에 투자해야 한다.

   -사유 : 그래야 그 기업의 주가가 하락해도 흔들리지 않게 된다.

2. 내가 잘 아는 기업의 주식이 현재 적당한 가격인지, 저평가 가격인지, 고평가 가격인지 판단할 수 있다.

   - 사유 : 아무리 좋은 물건이라도 2배, 3배 비싸게 산다면 좋은 구매라고 할 수 없다.

3. 귀가 어느 정도 두꺼워야 한다.

   - 이 점이 정말 어려운 게, 투자하면서 여러가지 정보들을 접하게 된다. 그것은 해당 투자 자산에 대한 긍정적인 뉴스일 수도 있지만, 정말 부정적인 뉴스일 수도 있는데 이 경우, 귀가 얇으면 투자 결과가 이상한 곳으로 튀게 된다.

중요도는 1 〉 2 〉 3 순이라 할 수 있다. 내가 잘 모르는 기업, 예를 들어 '이 회사가 어떻게 돈을 버는지 다른 사람에게 설명 불가능'하거나 '이 회사의 제품/서비스가 어떤 효용을 소비자에게 주는지 나조차도 모름'상태를 가정해 보자. 제일 위험한 상황인데, 이렇게 1번이 붕괴된 상태라면 2번, 3번 단계에서 무너지게 된다. 그 기업 주식이 싼지 비싼지 판단조차 할 수 없고 근거 없는 뉴스들에 귀는 당연히 얇아지게 된다.

1번 '투자한 기업이 어떻게 돈을 버는지, 강점은 무엇이고 약점은 무엇인지' 정확히 파악하면 2,3번 단계는 대비하기 쉬워진다.

오박사 투자 노트

할 수 있는 건 최대한 빠르게

시대가 점점 빠른 속도로 변화하고 있었는데, 전염병 사태가 인류의 변화를 더욱 촉진시켰다(나는 변화의 두 축을 비대면 선호와 암호화폐 분야라고 생각한다).

유능한 공격수는 공통적으로 제칠 수 있는 수비수는 최대한 빨리 제치는 능력이 있다. 그래야 다음 두 번째 수비수에 대응할 수 있는 시간적 여유가 생긴다. 그 두 번째 수비수는 본인을 더 거칠게 밀어붙일 것이기 때문에 첫 번째 수비마크를 탈출하는 게 상당히 중요하다.

확실하게 공부하고, 고민하고 결정을 지었다면 망설이지 않는다. 이것이 철칙이다. 나는 이 책을 읽는 독자분들도 그러했으면 좋겠다. 빠르게 집중을 해서 푼 문제는 본인을 믿고 그다음 어려운 문제로 빨리 넘어가라. 정말 난이도 있는 4점짜리 수학문제가 마지막 장에서 당신을 기다리고 있다. 시험 초반에 심리적 '안정감'을 느끼기 위해 검산의 검산을 하고 있을 여유가 없다.

날빌은
한계가 분명히 온다

"날빌은 한계가 있다." 최근에 갈수록 강해지는 나의 생각 중 하나이다. '날빌'이란 말이 생소하실 텐데, 날빌은 원래 게임 용어다. 주로 상대방과 대전을 하는 전략게임에서 많이 쓰인다. 날빌의 어원으로는 2가지 설이 존재한다.

1. 날로 먹는 빌드의 약자
2. 날카로운 빌드의 약자

빌드는 빌드오더라는 뜻인데, 즉 경기를 운영해 가는 일종의 순서, 차례 등을 의미한다. 그런데 날빌은 그야말로 그 순서와 차례의 정석을 무시하는 것이다.

"원래 날빌은 날로 먹는 빌드의 약자인데, 경기 해설할 때 그렇게 말할수 없어서 날카로운 빌드라고 얘기했던 걸로 알아요." 이 설이 내가 생각하는 가장 유력한 '날빌'이라는 단어의 탄생 배경이다. 프로게이머들끼리 '저 선수 그냥 날빌이야.', '쟤 날빌 쓸 거야. 쟤 초반에 조심해.' 이렇게 자주 쓰는 업계 용어였다가 방송 중계 중 갑자기 '날빌'이라는 단어가 튀어나오게 되었다(그래서 '날카로운 빌드죠.' 이렇게 무마를 하게 된다).

스타크래프트 게임에서 날빌이란 4드론, 전진배럭, 테란 벙커링, 프로토스 전진게이트, 치즈 러시 등을 의미한다. 즉, 경기를 중후반까지 끌고 가지 않고 초반에 변칙적인 방법으로 빠르게 승부를 보려는 전략을 의미한다.

날빌을 쓰는 이유는 크게 두 가지인데

1. 실력이 비슷한 상대인데 방심한 틈을 타서 초반에 승부를 걸 때 (하지만 이때 본인이 날빌을 실패하면 거의 그 경기에서 패배한다고 보면 되어서 리스크가 큼)
2. 상대방 실력이 아예 월등해서(중후반 가면 내가 무조건 질 것 같을 때) 초반에 무리해서라도 10%의 성공 확률에 모든 것을 걸 때

대부분 2번의 경우(상대의 실력이 월등할 때) 날빌이 자주 등장한다. 왜? 1번(실력에 자신 있을 때)은 굳이 초반에 무리할 필요가 없으며, 또한 초반에 전략이 실패하면 바로 경기를 허무하게 패배하게 된다.

따라서 본인 실력에 자신이 있으면 경기를 중후반으로 끌고 가며 운용 + 전략으로 승리를 노리면 된다. 굳이 경기 초반 말도 안 되는 작전으로 리스크를 부담할 필요가 없는 것이다.

아쉽게도 2021년 현재 대부분의 주식 투자자들이 날빌로 가려는 것 같다. 날빌로 안 가던 사람들도 주변에서 다 날빌에 집중한 끝에 몇 명이 날빌에 성공하는 걸 보고 흔들린다. 결국 자기 길을 잘 걷던 사람들도 정석이 아닌 날빌 테크트리에 기웃거리게 된다.

"지금 이 사람은 상식보다 탐욕이 크다. 탐욕스러운 사람, 세상을 모르

는 사람, 세상을 너무 잘 아는 사람, 모두 다 우리를 만날 수 있다."

역대급 한국 영화라 생각하는 범죄의 재구성(2004) 대사처럼 상식보다 탐욕이 크면 언제나 그들을 만나게 될 위험이 있다(그들 = 사기꾼). 살면서 세상을 모르는 것도 문제지만 제일 위험한 상태가 바로 '본인이 가진 상식보다 탐욕이 큰' 상태다.

날빌로 단판제는 승리할 수 있으나 5판 3선승제, 7판 4선승제에서 승리할 수 없다. 상대가 대비를 하기 때문이다. 우리 인간들의 인생은 절대 단판제라 할 수 없다.

빠르고 쉽게 돈을 벌 수 있다는 날빌들을 경계하며 다시 본질에 집중해야 할 때이다.

현재 생각하는
최적의 포트폴리오 방향
(2021년 3월 작성)

솔직히 현재 한국에서 주거용 부동산을 마구 산다는 것은 좀 리스크가 있다고 본다. 기대수익률도 최고라고 생각하지는 않는다(단, 실거주 1채는 대개의 경우 옳다). 어떤 사람들은 세금 계산하지 말고 돈 생기는 대로 아파트를 사도 된다고 하는데 난 그 정도까진 아니다. 분명히 계산에 넣어야 하고 향후 금리 인상 시 이자 부담 리스크도 반드시 고려 요소에 넣어야 한다.

그렇다면 결국 큰 세 가지 틀은 '주식 + 부동산 + 대체자산군(예를 들어 비트코인)'으로 보고 있다. 대체자산군에 대한 생각이 바뀌게 된 것은 2020년 하반기부터다.

실거주 1채를 마련하신 분, 혹은 본인이 살고 싶은 곳에 미리 집을 사 두신 분들은 다음 부동산 투자를 고려할 수도 있지만, 주식, 대체자산군에 집중할 수도 있다. 단, 주식은 너무나 많고 다양해서 항상 조심해야 한다. 다른 주식 투자자들이 안 보는 쪽에서 나름 안전하게 주식 투자를 하면서 대체자산군에서 작은 승부를 걸어 보는 것도 나쁘지 않을 것 같다는 생각이다(크게 투자하면 망할 수도 있음).

물론 비트코인 자체가 정말 비관론자들의 말처럼 꿈, 허상, 사기로 밝혀질 수도 있다(2021년 2월말~3월초 1 bitcoin의 가격은 5천만 원 초중반이다. 비트코인은 2020년 5월 반감기가 있었고, 4년 뒤인 2024년에 반감기가 또 도래한다. 이것이 공급량을 한정시키고 조절시킨다).

주식 시장과 마찬가지로 새로운 암호화폐 논리가 등장하여 미래의 성장률과 꿈, 논리 등을 모두 현재로 끌어오는 시나리오도 생각해 봐야 한다. 그렇게 시장이 가격을 반영해 버리면 1비트당 1억 원도 충분히 갈 수 있다는 것이 나의 생각이다. 2천에서 3천만 원 갈 때 놓쳐서 3천만 원에서부터 사기 시작했는데 지금 5천5백~6천만 원이다. 논리는 변한 게 없고 돈은 계속 풀리고 있다.

1. 아직 대중들은 이게 뭔지 모르고 (솔직히 나도 100% 원리를 이해하지 못함)
2. 비트코인은 허상/사기라는 의견이 대다수
3. 하지만 소수의 강세론자 쪽은 더 강한 상승논리를 주장

팩트는 전세계가 각국의 명목화폐를 역병이라는 좋은 핑계하에 풀어대고 있다는 점이고 나는 이게 세계사적으로도 하나의 큰 흐름이라고 본다. 마치 1,2차 세계대전 그리고 냉전시대가 큰 흐름이었던 것처럼 현재는 위기로 인한 급격한 화폐 발행 증가 + 인기영합주의가 하나의 큰 트렌드라고 읽고 있다.

디플레이션보다는 인플레이션 쪽에 베팅해야 하며 여기에 인간이라는 호모 사피엔스 종에 대한 이해 + 수요 공급 법칙에 대한 이해가 합쳐져야 한다. 비트코인은 공급이 감소하게 설계되어 있다. 그리고 인간은 본능에 의해 같은 실수를 반복한다.

그렇다면, 개인적 차원에서의 최적 전략은?

앞서 언급했듯이 비트코인 자체가 정말 꿈, 허상으로 밝혀질 수도 있으니, 주식은 더더욱 실물과 실체 있는 기업의 지분을 사야 한다는 것이다.

대다수가 도박처럼 주식에 투자할 때(여기에 모든 신경 쏟고 있을 때) 노동소득에 집중해서 현금을 빨리 수집하고 이걸 배당주나 상대적으로 안전한 주식, 부동산에 넣어서 돌린다. 부동산은 초기 투자금이 크기 때문에 순자산이 적을수록 우선순위는 가장 마지막에 놓는다(주식에 먼저 투자한다). 이 프로세스 아래에서 나오는 현금흐름을 대체자산군으로 옮기거나 주식을 더 사거나, 실거주 1채를 마련하는 데 총력을 기울인다. 제일 중요한 포인트는 이 와중에도 노동력은 계속 돌리고 있어야 한다는 것이다(노동력 투입→ 지속적 현금흐름 창출).

지금 노동력을 간과하는 분위기가 매우 팽배해져 있는데, 노동력 돌려서 현금 수집할 수 있는 시간도 얼마 남지 않았다. 내가 대학생이면 과외 돌리면서 7은 투자, 3은 저금. 다시 7 중에서 안전한 주식 쪽에 70%, 공격수에 해당하는 주식에 30% 투입해서 결국 '배당주 49 : 공격수 21 : 현금 30' 포트폴리오를 유지할 듯하다.

예적금하면 바보 아닌가요?

하지만 예적금을 아예 하지 않으면 노동력에 집중을 하지 못한다. 직장인이라면 일단 솔직히 아부지 뭐하시노가 요새 상당히 중요해서 본인의 상황을 냉정하게 판단하는 게 1순위다. 2순위가 본업이 성장 가능성이 있는지 아니면 적어도 유지하면서 평타치는 생활인지 빠른 시간 안에 판단해야 한다. 그렇게 해서 '현금 채굴 가능 연수'를 계산하자.

나는 급여를 2010년 12월에 처음 받기 시작해서 2018년 하반기까지 받았다. 자신의 예상보다 근로 계약으로 급여를 받는 생활 자체가 길지 않을 수 있다는 것을 명심하고 보수적으로 계획을 세워야 한다.

강세장의 특징이 바로 '대부분이 투자 고수화' 된다는 점이다. 미국의 '찰리 멍거'와 같은 수십 년간 생존해 온 사람들을 퇴물 취급하면서 평가 절하하는 투자자들이 늘어나게 된다. 하지만 주식 시장의 순환을 몇 번이나 겪은 사람을 무시하면 절대 안 된다. 무시하고 싶어질 때가 제일 조심해야 할 때이다. 이내 조정장이 오게 되면 찰리 멍거가 누구인지 어렴풋 기억나고, '그렇구나, 그가 살아남은 생존자로서 극히 드문 사람 중에 하나였구나'라는 사실을 약세장, 폭락장에서 처참히 당하며 깨닫게 된다. 이 순환은 사람이 살아가는 한 계속 반복되고 이 과정 속 시장에서 아웃되는 투자자들이 속출, 그 자리를 이내 새로운 투자자들이 대신하게 된다. 아마도 생존 비결은 남들이 벌 때 더 많이 버는 것보다는 남들이 피해 입고 깨질 때 '덜' 깨지는 것에 있지 않을까 한다. 그래서 여전히 방어와 안정적 운용이 우선되어야 한다고 생각한다.

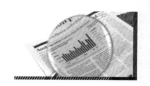

오박사 투자 노트

망하는 방법을 고민해 보자

나만의 이상한 동기부여 방식인데, '어떻게 하면 망할까?'를 생각한다. 어떻게 하면 잘 될지가 아닌 그 반대 사이드를 생각해 보는 것이다. 그렇게 하면 본인의 약점은 물론이고 현재 가져가고 있는 투자의 약점이 보이게 된다. 본업(사업이나 회사생활), 주식 투자, 부동산 투자, 대체자산 투자 등 모든 영역에서 마찬가지다.

잘하는 문제는 1,2의 문제일 수 있는데 망하는 문제는 −100, −1,000의 문제일 수 있어서 더 큰 대비가 필요하다. 그런데 대부분의 사람들이 잘 되는 것에 포커스가 맞추어져 있다. 특히 2020년 3월 폭락 이후 그 경향이 더 심해졌다.

불치하문(不恥下問)
그리고 기회

　고등학교 때 학원 영어 선생님 본인의 좌우명이라고 하면서 영어가 아닌 사자성어, '불치하문不恥下問'을 가르쳐 주셨다. 일단 나는 불치하문의 뜻을 잘 몰랐던 것도 있지만 그 선생님의 평소 성격과 대비되는 사자성어라 의아했다. 즉, 아랫사람에게 모르는 것을 묻는 것에 대해 전혀 부끄러워하지 않는다는 것이었다. 본인이 영어를 가르치지만 여전히 모르는 게 있고 그것은 너희들이 알 수도 있으니 그렇게 되면 본인이 가르침을 구하겠다는 것이었다. 당시 학원 선생님 나이가 많아야 30대 후반~40대 초반이었을 텐데, 고등학교 1학년 학생들에게 그렇게 말할 수 있는 용기가 지금 생각해도 대단하다.

　하루는 내 블로그에 사진을 하나 올렸는데, 첫째 아이가 안경을 쓰고 책을 읽는 사진이었다. 그런데 리플 중 '어린데 벌써 안경을 끼는 거냐'라는 리플이 있었는데 뉘앙스가 살짝 묘했다. 정말 걱정해 주는 게 아닌 뭔가 묘한 느낌적 느낌. 신경을 안 쓰려 했는데, 1시간 정도 흐른 뒤 글을 다시 보았다. 그 리플에 추천수가 엄청나게 많은 것이다! 나는 엄청 놀랐다. 사람들이 정말 단순히 안경이 궁금해서 추천을 눌렀을까? 나를 싫어하는 사람들도 내 블로그와 유튜브를 본다는 것은 알고 있었는데,

샤이 안티들이 생각보다 엄청나게 많다는 것을 다시금 느꼈다(나의 불행은 곧 그들의 추천이다). 내가 그들에게 손해를 끼친 적은 없는데 가끔 의아하다.

가장 의문인 점은, 싫어하는 사람의 글과 영상들에 왜 굳이 들어가서 보는가이다. 나도 인간이므로 내가 싫어하는 사람들이 있다. 싫으니까 감정에도 영향을 받고 그래서 그들의 SNS에 접속을 하지 않는다. 회사에 정말 싫어하는 상사가 있는데 매일 메신저에 들어가서 그의 프로필 사진을 보는 사람은 없다. 그런데도 나의 샤이 안티팬들은 나를 매일 추적한다. 왜 그럴까? 도움이 되는 것은 아닐까라고 긍정 회로를 돌려 보지만, 그들도 나의 (안티)팬이기에 감히 내가 제언을 하자면, 그런 감정을 먼저 버려야 한다.

남의 불행이 나의 행복으로 이어질 수 있다. 혹은 저 사람을 끌어내려야 우리가 다 같이 더불어 행복해질 수 있다는 식의 사고 메커니즘을 빨리 버려야 한다(내 예상보다 이런 사람들이 엄청 많다).

나는 어떻게 하다가 여기까지 오게 되었을까. 엄청 성공한 건 절대 아니지만 그래도 왜 10년, 15년 전 목표를 이루며 살고 있을까 생각해 보니 나한테는 이 점이 분명히 있었다.

'나보다 앞선 사람, 뛰어난 사람에게 시기, 질투를 잘 느끼지 않는다.'

이게 나의 몇 안 되는 장점들 중 하나였던 것이었다. 불치하문, 즉 나이 어린 사람에게 물어보는 것도 수치심을 느끼지 않는데, 심지어 나보다 더 뛰어나고 먼저 경험해서 축적한 노하우들이 많은 사람들을 보고 배우는 게 얼마나 이로운 일인가? 심지어 내가 조언을 구하지 않고 그들이 선공개할 때도 있다. 그들의 장점을 흡수해서 내가 잘될 방향으로 바꾸는 것이다. 즉, 어느 순간부터 열등감, 질투, 시기를 점점 느끼지 못하게 되었다.

페이스북 초기 아이디어를 구상했고, 현재는 암호화폐 사업을 하고 있는 윙클보스 형제가 있다(1981년생, 미국, 캐머런 윙클보스 & 타일러 윙클보스). 그야말로 미국 금수저들의 끝판왕인데(아버지가 와튼 스쿨 교수), 키도 195cm에 하버드 출신이다. 베이징 올림픽에 조정 선수로도 출전했고 페이스북과 주커버그를 다뤘던 영화인 〈소셜 네트워크〉에도 중요 인물로 등장했다. 이렇게 압도적인 스펙을 가지고 성과를 낸 사람들을 보면 오히려 질투, 시기의 감정도 잘 들지 않는다. 애초에 너무 달랐기 때문일 수 있다. 이런 마음을 나와 비슷했던 사람이었는데 조금씩 잘되고 있는 사람들에게도 가지는 것이다. 시기 어린 눈으로 바라보기보다는, 대체 어떤 미세한 차이점이 그들과 나 사이의 격차를 만들었을까 한번쯤 떠올려 보는 것이다. 나는 이 사고 작업을 내 또래인 사업가, 투자가 지인들에 대입해서 자주 해 본다. 그들은 내가 없는 장점이 분명히 있고 그걸 배우고 벤치마킹하는 데 있어서 시샘할 필요가 전혀 없다. 오히려 그런 사람들이 내 주위에 있다는 것을 기회라고 여겨야 한다.

내가 주식을 사는 이유
자본주의 생존 공략집

지 은 이 | 오정훈(오박사)

펴 낸 날 | 1쇄 2023년 5월 9일

펴 낸 곳 | 데이원
등   록 | 2017년 8월 31일 제2017-000009호
전   화 | 070-7566-7406
팩   스 | 0303-3444-7406
이 메 일 | dayone@bookhb.com(편집부)
              bookhb@bookhb.com(영업부)

내가 주식을 사는 이유(자본주의 생존 공략집) 합본 ⓒ 오정훈, 2023

내가 주식을 사는 이유 ⓒ 오정훈, 2018
자본주의 생존 공략집 ⓒ 오정훈, 2020

ISBN 979-11-6847-384-3 03320

부의 수레바퀴

낯선 곳에서의 아침 지음

월급 50만 원 정비공, 20억 자산가 되다!
부의 원칙에서 구체적인 방법까지, 당신을 위한 실전 생존 법!

저자 '낯선 곳에서의 아침'은 가난한 집안 형편으로, 젊은 시절에는 지금의 자신을 상상조차 못 했다. 경제적 자유, 사회적 지위, 행복한 가정까지. 여러 직업을 전전하고 생사를 오가는 인생의 굴곡을 통해 삶에 돈이 꼭 필요하고, 돈은 준비된 자에게 끌려온다는 것을 온몸으로 느꼈다. 세상을 살아가는 인생의 후배들이 고생을 덜하고 제대로 부의 길을 가길 바라는 마음에서 책을 썼다. 그는 지금도 성실하게 자신이 발견해낸 부의 수레바퀴를 굴린다.

아빠가 딸에게 전하는 삶의 지혜

낯선 곳에서의 아침 지음

가난하지 말아라. 가난은 고통이다. 절대 가난하지 말아라
사랑하는 딸에게 해주고 싶은 부자 아빠의 인생 조언 119

한국이라는 자본주의 사회에서 어떻게 하면 행복하게 살 수 있을지를 딸아이에게 마치 대화하듯 온화한 목소리로 알려준다. 한 줄 한 줄 아내와 딸을 사랑하고 걱정하는 마음이 묻어나는 이 책은 일상생활, 사회생활, 결혼생활, 노후준비 등 아이가 앞으로 성장할 과정에 따라 아빠로서 꼭 해주고 싶은 조언이 모두 119편 수록되어 있다. 언젠가 자신의 품을 떠나 독립할 딸아이를 위하여 쓴 이 책을 통해 아버지의 사랑을 엿볼 수 있다.

지능의 역설

가나자와 사토시 지음 | 김준 옮김

지능이 높은 사람들에 대한 세상의 상식은 틀렸다
우리가 몰랐던 지능의 역설! '지능의 사생활' 개정판!

지능이란 무엇인가, 무엇 때문에 있는 것인가, 그리고 도움이 된다면 그것은 어떤 것인가. 진화심리학 관점에서 풀어본다.

왜 진보주의자는 보수주의자보다 지능이 높은가? 왜 동성애자는 이성애자보다 지능이 높은가? 왜 IQ가 높은 사람은 클래식 음악을 좋아하는가? 등 흥미로운 화두를 통해 지능이란 인간의 수많은 특질 중 하나일 뿐임을 강조하고 사회학과 경제학이 풀지 못했던 인간 행동의 비밀을 설명하는 새로운 기준을 제시한다.

고객 여러분께 안내 말씀드립니다

바니 시글러 지음 | 문형진 옮김

적절한 팀을 고용하는 방법,
명료한 방향을 제시하는 법,
효율적인 피드백을 제공하는 방법,
그리고 시간과 돈을 아끼면서 원하는 결과를 얻는 방법!

창의적인 작업자들과 어떻게 소통하는지를 알려주기 위해 만들어진 책이다. 저자는 이 책에서 주로 그래픽 디자이너의 시각에서 소통에 관한 해결책을 제시하지만 저자 또한 기업체를 운영하는 대표이므로 창의적인 작업을 위한 협업 대부분에 적용이 가능할 것이다. 이 책을 통해 예산을 절약하고, 시간 낭비를 줄이고, 더 나은 성과를 얻기를 간절히 기대한다.

이모티콘으로 회사를 탈출한 키몽

키몽 지음

웹툰 작가 키몽이 알려주는 이모티콘 제작의 길!
이모티콘 기획에서 제작, 홍보까지 함께 도전하자!

2011년 카카오에서 처음으로 이모티콘 서비스를 제공하게 된 이후 많은 이들이 자신의 감정과 기분을 표현할 수 있는 이모티콘을 구입하여 사용하고 있다. 카카오에서 제공하는 통계 자료에 따르면 2012년 280만이던 구매자 수가 2015년에는 1,000만이 넘어갔고 2018년에는 2,000만을 훌쩍 넘었다.

평범한 취업 준비생에서 이모티콘 제작자 및 웹툰 작가가 되기까지의 과정을 친구에게 이야기하듯 편안하게 쭈욱 풀어 놓은 책이다.

내일의 스타벅스를 찾아라

마이클 모 지음

스타벅스와 구글을 발굴한 월스트리트 분석가
마이클 모가 공개하는 '100배 성장 주식 발굴법'

투자자라면 당연히 성장하는 기업을 찾아야 한다. 기업의 이익 성장과 주가 사이에는 거의 100퍼센트 상관관계가 나타나니까. 피터 린치도 이렇게 말한 적이 있다. "사람들은 시시각각 시장의 흔들림을 예측하려 하지만, 장기적으로 시장을 흔드는 것은 바로 이익이다." 스타벅스의 가치를 가장 먼저 찾아낸 분석가, 마이클 모. 그가 20년간의 경험을 바탕으로 성장 기업 발굴 비법을 책 한 권에 담았다. 오늘날 가장 통찰력 있는 시장 전문가로 칭송받는 투자자로서 성장 기업은 어떤 기업인지 알려준다.